十維空間理論解讀內心深處，
解鎖潛在力量，探索自我與存在的深層意義

U0059365

INNER
GROWTH

李淡 著

高維智慧

發現你的內在成長力

生命、欲望、內在衝突、死亡恐懼、專注力……
探討深層人性話題，一部獨具匠心的心靈成長之作

以詩意筆觸將複雜十維空間理論轉化為引人入勝的敘述
遊走於理性分析和案例故事間，體驗一場心靈的冒險之旅

目 錄 ———————————

第七章　重要使命

附錄　清理練習 ── 小 v 冥想

結語

目錄

自序 ——————————————————————

　　在父親確診已罹患絕症後的四年半時間裡，我曾不只一次想像過，當他離開時，我會多麼傷心，難以承受。然而那一天真的來臨時，我比自己想像得平靜很多，也許是因為已經做好了面對的準備。

　　不僅我，父親也準備好了。

　　儘管承受著病痛的折磨，他仍然溫柔地告別了這個世界，釋然了人世間的糾葛，帶著期冀而非恐懼，在眾人的祝念聲中清醒、平靜地離開。

　　生死大關，我驚訝於他是怎樣做到的，更加驚訝於在他離開後，他的身體竟然長時間保持著不同尋常的柔軟，而這種柔軟是違背醫學常識的。

　　我百思不得其解，直到父親走後第二年，我去探望病重的外婆……

　　年近90歲的外婆得了阿茲海默症，幾乎已經認不出我了。隨著病情加重，她開始無法下地行走，神智也變得異常模糊。

　　外婆總能看到很多令自己不安的幻象，一些故去的人、一些荒誕而糾纏的畫面；她也總是會懷疑身邊的人、事、物，擔心有人傷害她，擔心有人偷她的東西。她彷彿時刻在防備著眼前這個充滿「惡意」的、「恍惚」的世界，又彷彿時刻在對峙著這最後一段迫近死亡的程序。

　　衰老、腦神經退化，外婆的認知功能已經無法獲得生理支持了，她失去了清醒的大腦，失去了清晰的理智，她已無法再依靠腦來分辨眼前的人和世界，無法再用意識安排自己的生活。

對人類來說，失去「腦」，意味著失去了對親人的感知、對環境的判斷，更意味著失去了掌控現實的能力。在極致的失控狀態下，越是缺少安全感的人，一生埋藏在潛意識裡的憂慮、不安、恐懼越多。失智時，那些深埋的種子全都肆無忌憚地蔓延出來，幻化成看不見的影像，也扭曲著看得見的世界。

有一天，我走進外婆的房間，外婆睡著了，我看見她側臥在床上，雙手仍然抓著自己的拐杖。我試圖抽出那把拐杖，但外婆抓得死死的，哪怕是在睡夢中，也仍然抓得死死的。我摸了摸外婆的手臂、肩膀，才發現她整個人繃得很緊。

原來，在大腦失效之後，拐杖成了外婆面對模糊世界時，能夠用來防禦「敵人」、舒緩恐懼的唯一武器。

幾個月後，外婆去世了，嚥下最後一口氣沒多久，屍身已完全僵化，過程中出現的生理變化符合醫學常識。

是的，人大抵是如此，彷彿這樣才叫常態……

親人離世，留下哀痛，也留下領悟。

我似乎發現了一個與生命有關的祕密，那所謂常態的「屍僵」，是極致的恐懼造成的。

心身相關是每個人都會有的經驗：心情鬆弛、愉悅的時候，身體也輕鬆、暢快；心理衝突糾結、承受壓力的時候，身體也緊張、僵硬、積滯難舒。

毋庸置疑，心理對身體會產生影響，但這種影響會到達何種程度呢？一個著名的心理學試驗——催眠成板，讓人們看到了這超乎想像的力量。

人在催眠狀態下，內心接受暗示，認同自己是一塊鋼板，身體便果

真緊繃到和一塊鋼板一樣，能夠承受異常的重量。見證過試驗結果的人，常常覺得這令人難以置信……

心裡相信自己是一塊鋼板，身體就會像一塊鋼板一樣硬；那麼心裡相信自己無能、不配，相信周遭充滿敵意、冷漠或危險，相信自己的生活隨時會傾覆、失控，於是陷入孤獨、恐懼，只能拚命控制自己、拚命防禦世界的時候，身體又會緊張到什麼樣的程度呢？

在精神科做臨床醫生時，我接觸過許多「緊張型精神分裂症」的患者，他們的身體成木僵狀態，肢體可任人擺布，哪怕被強行擺弄成很不舒服的姿勢，也可以在較長時間內繃緊肌肉、維持不動。一個典型症狀叫「空氣枕頭」，即患者躺臥時，枕頭被抽掉，患者也仍然可以長時間抬高頭部，彷彿枕在空氣上面。

究竟是怎樣的不安、怎樣衝突的內心世界，才會導致如此極致的自我抑制、自我禁錮？

人心有如此多的糾結、不安、緊張、壓力……肉體安全存活時、智識猶存時，人的內心出現衝突，尚且會因為心裡的衝突變化導致身體緊繃、不暢，甚至出現令人匪夷所思的木僵症狀。那麼，面臨衰老、機能減退，面臨身體和世界逐步喪失，直至面臨死亡這一終極判決 —— 到那時，這顆放不下糾擾的心，又會有何等的恐懼從身體反映出來，其身體又會是何等的禁制與僵化！

人，在活著的時候，沒有好好活，沒有好好領悟生命的意義，到死的時候，也很難好好死。

我彷彿悟到了父親的柔軟，那是他留給我的最後一件禮物。

2017年，我40歲了，身體機能突然下降，從那時起，我開始寫這本書。

　　彷彿冥冥中正進行著某種儀式，我的潛意識裡有一個與宇宙智慧相連的部分，用「生病」這種特殊的方式提醒著我：心被欲望催得太快了，跟不上了，需要沉澱、慢下來。

　　生而為人是一場修心的旅程，說長，用來真正生活的時間總是不夠用；說短，在混沌中糾擾的每一分一秒都冗復難耐。

　　理雖能頓悟，事仍須漸修，就算已知「本來無一物」，奈何逃不脫的幻境中仍散落著塵埃……

　　作為一名心靈的門徒，只有勤加拂拭、漸行漸省。

　　於不惑年寫下這本書，智不惑、心猶惑，修心路上，願與天下同行人共勉！

李淡

2019 年 11 月 30 日

意象索引

怪老頭：思維方式（防禦網絡）

智慧老人：思維方式（開放網絡）

野獸：靈魂／生命力（日光下：高頻能量／月光下：低頻能量）

孩童：心靈（蛻變的野獸，吸納文明的靈魂）

村民：未知的世界

城堡：腦區／心智模式

地下室：通往潛意識的「結界」

心靈森林：心區／潛意識

太陽：高頻能量

月亮：低頻能量

火種：「正念」或「負念」

正念：帶有正向態度的認知觀念

負念：帶有負向態度的認知觀念

心燈：光明的指引

幻火：隱晦的危險

魔咒：幻火中暗藏的「消極評判／否定認知」

潮汐：情緒

自序

緣起 ————————————————————————

來自高空的凝視

　　一隻不幸的螞蟻，被掉落的樹漿黏住了，動彈不得，牠只能固定在唯一的一個「點」上，哪裡也去不了，牠的世界消失了，成為「0」。

　　暴風雨襲來，樹漿被雨水沖淨，螞蟻又能動了，牠發現自己被風吹到了一根繩子上面，於是有了「一條線」上的世界。

　　螞蟻沿著世界的一端慢慢爬，爬了許久，有很多新鮮的際遇，直到牠看見這條世界上打了一個奇怪的「繩結」，路被堵住了。螞蟻想：這奇怪的「繩結」後面有什麼呢？一朵漂亮的小花還是一隻充滿魅力的母蟻？牠很想知道，卻爬不過去了，於是只好掉轉頭，向世界的另一端慢慢爬⋯⋯

　　爬了許久，螞蟻爬回起點，牠沒有停留，繼續向前⋯⋯

　　又爬了許久，螞蟻驚喜地發現，眼前的世界恍然從一條線分成無數條線，線與線相互連線，相互交織，一張「平面」的世界在牠眼前展開⋯⋯

　　一個聲音對螞蟻說：「還記得那個奇怪的『繩結』嗎？繩結後面是屬於你的『蟻生』。當你找到正確的路，就能看到了。」無限的二維平面就像一座迷宮，螞蟻不斷嘗試、不斷經驗，牠相信，只要有勇氣探索，就一定會在更廣闊的世界裡找到正確的路。

　　突然有一天，螞蟻長出了翅膀，牠跳脫網，凌空飛了起來！

　　當牠飛得足夠高時，向下俯瞰，牠看到了通向「蟻生」的所有路。這隻螞蟻叫「小v」，那一天，牠擁有了立體的世界！

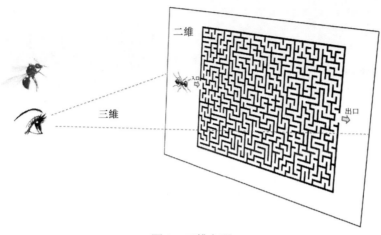

圖1　三維之眼

後來，「小v」回顧自己的成長……

　　實現一維，看零維，多了選擇；實現二維，看一維，多了機會和諸多可能性；實現三維，看二維，則在已知的可能性中發現確定性。每上升一個維度，就超越一層經驗、開啟一個視角、擁有更廣闊的世界、獲得更大的自由。

　　超越維度，意味著「小v」從一隻二維的螞蟻蛻變成三維立體的螞蟻，牠可以感受到不同於原世界的各種新鮮的事物、現象，體驗到一個全新立體的世界。在新感受、新體驗的基礎上思考，「小v」的思維也已到達更高的維度。

　　而另一隻仍然受限在平面世界中，沒有發生三維蛻變的二維螞蟻，從未飛上過高空，也從未體驗過立體世界。但是，牠也願意相信立體世界的存在，願意敞開思維，在有限的二維認知內對三維保持敬畏，從而讓思維藉助直覺的貢獻，也能夠觸到天空，觸到更高維度的智慧。

「直覺」是跨緯度的力量，即使二維螞蟻仍受限於平面，無法到達立體世界，無法直接感受三維的事物和現象，也仍然可以藉助直覺連通三維。只要敞開思維的大門，敬畏未知，二維螞蟻便有機會在開放的直覺通道內獲得對三維世界的靈性感應，像蛻變前的「小v」一樣，抬頭仰望，聽到天空傳來的靈性指引。

世界並不限於三個維度。試想一下：用連線四維獲取到的智慧（靈感），看三維的現象將會如何？用連線十維獲取到的智慧（靈感），看三維的現象又將如何？能否從更多「未知的可能性」中發現確定性呢？

一個人的經驗、認知在未來面前是有限的，全人類的經驗、認知在宇宙蒼穹面前仍然是有限的，因而很多特別重大、無從參考的決策往往來自「未知」，來自直覺貢獻的靈感。對人類來說，靈性感應是超越三維的視角；如同對一隻平面世界的螞蟻來說，天空的聲音、「小v」的發現，都是超越二維的視角。

然而，讓一隻平面螞蟻相信三維，對三維世界抱持開放的態度並不容易，因為從未有過三維體驗的平面螞蟻難以理解二維之上的邏輯。就像很多存在思維局限的人，當他們理解不了經驗之外的某些現象（包括超維現象）時，既不願打破局限的心智模式，也不願相信直覺的力量，自然也就無法連通高維、獲取靈感。

兩千年前，一個覺悟了的人拿著一碗水，告訴世人，那裡面有八萬四千隻蟲。那個時代，沒有顯微鏡，世人還不知道細菌是什麼東西。信他的人，把他看作神；不信他的人，否定信者，說他們迷信。當年，那位覺悟了的人，叫「釋迦牟尼」。

覺悟是怎樣一種體驗？或許就是超越了自身維度，擁有「高維之眼」吧！

　　一維線由無數個零維點組成，二維面由無數個一維線組成，三維立體空間由無數個二維平面組成，同理，四維由無數個三維組成。無數個三維時空的立體映像，也就是每一個時間點上的三維世界，被時間線串聯起來，構成四維。時間點上的三維世界，當中包含的全部內容都是靜止的，因為有了時間的串聯，才會演進、變化。

　　一切有形物質都存在於三維，「人」在立體世界裡是自由的，想去哪裡都行（空間）。假如能夠超越三維，進入四維以上的空間，世界將會變得更大，我們將會擁有更多自由，在無數條時間的維度上想去哪裡都行（時間和空間）。去童年看看，去未來看看，去智者的故鄉看看，去物種的起源看看……如果能夠發明時光機這種東西，我們就能夠在時間維度上瞬間移動、自由穿梭。這將意味著什麼呢？

　　現實世界中任何事物的發生、發展、衍化、推進都是在時間線上完成的，如果我們能夠在時間上來去自由，我們將會在一瞬間見證所有事物的因果、機緣。這意味著，人類將成為先知，勘破一切、預知一切！

　　如同佛陀在兩千年前便知道水裡有微生物，高維之眼，就是能夠如此輕鬆地知曉任何一個發生、任何事物的存在狀態，以及它的前因後果、它的變化趨勢。

　　如今，重力波的發現已經證明：時空在能量作用下會發生變化；速度可以改變一切，甚至時間和空間。

　　「發現萬有引力的英國物理學家牛頓（Isaac Newton），就以下述方式看待時間：他認為，有一種人類時間，被我們感知，並以鐘錶計量；還有一種上帝時間，是瞬間而非流動的。人類時間這條無限長直線，向前也向後延伸到無窮，在牛頓的上帝眼中，卻只是一個瞬間。他只在眨眼

之間就已看到一切。」[01]

　　彈指一揮，剎那間，生死寂滅……

　　這些描述聽起來太像天方夜譚了，在較低維度上生存的人們，無法超越身體維度的限制，無法點亮「高維之眼」，立足在超維視角上見證一切、思考一切，因而很難勘破其中的邏輯。但是，如果願意放下固執的思維評判，帶著好奇心回顧一下自己曾經有過的體驗，我們就會記起，其實我們每個人都曾經親身感受過牛頓的上帝時間。

　　每個人都有回憶，也許你曾經向他人講述過自己成長中真實發生過的故事。大體上，你會依循故事發生的時間脈絡，將逐個細節慢慢展開……你花了一些時間，將故事講完。對聽者來說，藉由你的表達了解了整個故事是如何發生發展的，這的確也需要花費一點時間。但是，你還記得記憶被喚醒的一剎那嗎？講述和傾聽需要時間，而喚醒對整個故事的記憶卻只需一個念頭、只需一瞬，眨眼間往事已在你心。

　　還有做夢的體驗，我們以為睡夢中的自己曾一點一滴地沿著時間線經歷著夢中的故事，但事實上，如同喚醒回憶，夢是心底的感受在一瞬間形成的影像，喚醒了多少感受，就有多少夢的瞬間。

　　高維是怎樣的世界？也許只有似佛陀、聖人、先賢一般的修行者，他們的靈魂在獲得高峰經驗時親見過。對芸芸眾生來說，身體受限於三維，而靈魂受限於身體的同時，還受限於精神世界的狀態，打破限制、提升維度的修行之路還很漫長，因此，高維仍是一個未知的世界，神祕、難以捉摸。但倘若因為沒去過，對它不了解，便「無知」地認為它並不存在，就實在是太過愚痴、傲慢了。

　　人的心智模式有一道門，當這道門願意向更高維度敞開，對未知抱

---

[01]　摘自《極簡宇宙史》（The Universe in Your Hand），作者是史蒂芬・霍金（Stephen Hawking）的學生 —— 克里斯多福・加爾法德（Christophe Galfard）。

持接納和敬畏的態度，那麼，即便沒有親見，也將有機會藉助直覺連線高維，感應到更高維度上的資訊和智慧；在哪一個維度上，心智這道門關上了，我們也就無法從中獲取靈感了！而靈感是人類文明的基石，人類所有發明創造都來自靈感，也就是來自直覺與高維的連線！

高維意味著「未知」，「未知」會讓我們困惑，但「未知」中包含無盡的可能，面對困惑與不安時，或許人類可以試著問問自己內心的「小v」：「我願意讓心智長出翅膀，跳脫有限的經驗之網嗎？」

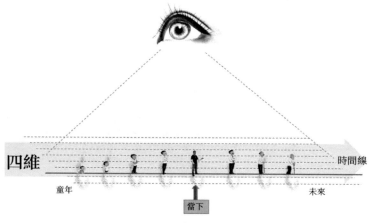

圖2　高維之眼

優秀的創新者必定會向更高維度敞開心智，這份敞開會幫助他們感覺到更多變化，體察到更多隱藏的驅力，從而感應到事物未來發展的趨勢。敞開的心智模式更加成熟，趨向更高維度探索，會為創新者帶來更多靈感。

雖然超越身體維度的限制，實現超維蛻變，對一般人來說像神話般難以企及，但開放思維、接納未知，開啟靈性通道，讓直覺發揮作用，卻並沒有想像得那麼難。心智的開放度越高，直覺對高維的感應越強，越能將更多靈感交與思維，於是思維能夠觸及的高維智慧就越多，雙手對世界的創造力也會越大。

向更高維度敞開心智，將有機會藉助直覺的力量，拓展、提升思維網絡，促使心、智都更加成熟；這與只重視強調理性思維的複雜性，去堆砌智慧，是有很大差別的。迎向高維開放思維、擁抱未知，將會感受到直覺的力量，獲得突破維度的「洞見」；而封閉在有限的經驗維度裡追求思維的極致，則是對人類「認知能力」的一種偏執。但更多人依舊不願相信直覺，他們還是更加習慣依靠富有邏輯的理性認知來掌控世界。

人工智慧的時代已然來臨，就算到達智慧思維的極限，又能如何？

智慧機器人AlphaGo大戰李世乭，僅僅一個晚上的時間，機器推演出的資料、演算法，已然讓AlphaGo和李世乭拉開了人類用一生努力都到達不了的距離。很多人覺得驚悚，更多人在唏噓、讚嘆：人工智慧太厲害了，遠遠超出了人類的極限，人類有限的生命根本無法企及！可是就算企及又如何？

我們換一個維度空間來思考這個問題。二維世界裡來了一隻智慧螞蟻，叫AlphaYi，它擅長在複雜迷宮（謎團）之中找到突破路徑。一隻平面螞蟻一生能夠走過的迷宮是有限的，而AlphaYi卻可以儲存1億、100億、1,000億，甚至更多關於迷宮路徑的大數據，它還能根據預設的程式演算法進行推演，找出更多可能性，找出各種項目間的細微差別，並根據要求推匯出最佳的解決路徑。無論是經驗資料的容量，還是演算法的速度，平面螞蟻都不可能超越智慧機器蟲，但是，平面螞蟻卻有可能生出翅膀，變成「小v」，超越自身的維度。一旦成功，它將擁有三維的視角，不但對二維世界盡收全局，還能夠在三維空間設計突破路徑。

二維世界裡，再厲害的蟲工智慧，也要局限在二維平面上蒐集資料，哪怕它做到了二維的極限，也不可能超越二維。因為它只有預先設定的採集方法和運算方法，沒有能夠連通世界的「感受」和「直覺」。智

慧機器不是生命，它沒有生命的觸角，也沒有靈魂。

現實世界中的人工智慧同樣沒有生命、沒有靈魂、沒有自主意識和自由意志，這些智慧機器無法真切地體驗情感，也無法發展出連線高維的直覺！哪怕它可以做到用「眼睛（外感器）」讀取一個人全部的行為資料，經過分析、推演，得出結論：那個人感到孤獨，此刻心情低落。它也依然無法用一顆「心（內感官）」去共情、體察、感應真相。

當科技再發達一些，人工智慧還可以分析收取到的資料，然後做出同樣憂傷的表情或聲音，但假的就是假的，你可以把自己的真情實感投射在一臺機器上面，覺得它很可愛，覺得它善解人意，但是最終你將如何自欺欺人地去相信一個透過演算法解讀你行為的機器能夠真實體會到你的心情？哪怕它的樣子再像人類，表現再像人類，它都是一臺無感受的機器，而在它面前的你，不過是一堆資料罷了。

和機器人共情，有感情的人類透過投射可以做到，但無內感受的機器，由資料和演算法構成的人工智慧則完全做不到！如同你愛上一只杯子，也許那只杯子承載了你的故事和記憶，也許那只杯子是古代帝王的遺物，價值不菲，但所有喜愛只是你的投射，杯子不會感受到你的情感，也不會愛上你！

我們熟悉的現實世界是三維的，現實世界中的所有物質存在，包括機器和人類的身體，也都是三維的，不可能穿越到三維之上的空間。因此，無內感官和直覺（無心）的智慧機器注定只能局限在三維世界裡蒐集資料、精煉演算法，哪怕做到極致，也不可能突破三維，而人類的靈魂卻沒有限制。

「外感」是身體或機器的觸角，不能探出三維；而「內感」和「直覺」是靈魂的觸角，它們可以自由連線無極世界中的任何一個維度。透過這

份連線，人類才得以共情萬物、接收靈感，不斷提升經驗網絡，創造人類文明。

人類是特殊的生命存在，一位偉大的藝術家可以用他的作品連線世界、連線人群，引起廣泛共鳴。他的創作靈感必定來自豐富的內心世界，必定承載著人類共通的情感，因而能夠跨越時空，感染一代又一代人。

倘若是一臺機器想要連線世界，與世界共鳴，你能想像，它需要收集多麼龐大的資料嗎？你又能想像，需要多麼複雜的演算法，才能夠幫它辨識清楚情緒上一個細小的分別？就算智慧機器做到了，累積了一個極其龐大的資料庫，它也仍舊只能在程式設定下複製產品、處理機率性的問題。機器沒有心，沒有自主意識和自由意志，它們怎麼可能擁有創新能力，怎麼可能像藝術家一樣創作出偉大的藝術作品呢？

人工智慧的思維網絡，注定只能局限在由程式設計師設定的某一個領域內發揮作用，除非藉由人的自主意願做出裁定、藉由人的創新智慧突破原有設定，才能擴展機器思維網絡的涵蓋範圍。機器不能自行更改程式，它終究沒有創新突破、自我提升的能力。哪怕未來真的有這樣一臺機器在人類的幫助下做到了涵蓋極限，面向三維世界中所有領域採擷資料，它也仍舊享受不了快樂、體會不了人心、欣賞不了藝術。

人工智慧沒有生命，沒有靈魂的觸角，因此沒有自我突破、提升維度的能力，它永遠無法與生命智慧相比。

人類除了擁有智慧，還擁有內感受和直覺。善用所有精神資源創造價值，遠遠比單純堆砌智慧資料創造出的價值大得多，也有意義得多。堆砌智慧資料這件事，已經有人工智慧幫我們做了，而人類用整體資源能夠做到的事卻永遠無法被機器替代。

奇妙的心靈進化

人類心靈活在神祕的精神世界裡，精神世界共有十一個維度：四維至十維是未知的高維世界；零維至三維是精神世界的基本維度，也是人類生存、發展必須仰賴的全部心智資源。這些心智資源分別是生命力、感覺、直覺和認知。

生命力是不滅的能量，是一切的起點，而感覺、直覺、認知（思維）是心靈發展過程中逐步進化而來的精神智慧。

生命要存在，心靈要發展，藉助什麼可以做到呢？

生命力將能量賦予感覺，於是可以去體驗世界、體察自我；生命力將能量賦予直覺，於是可以去感應宇宙的奧祕、體悟自身的實相；生命力將能量賦予認知，於是人類擁有了獨立意志、自主意識，擁有了智慧、思維、想像力，擁有了生存之上的「夢想」，同時也擁有了「欲望」。

人類是唯一可以按照個人意願主動選擇生存方式的地球生物，因為，人類可以有意識地統合所有心智維度，建構心智網絡，生成更加智慧的思考方式，從而不斷創新、累積各維度經驗（感覺經驗、直覺經驗、認知經驗、整合經驗），利用這些經驗，有意識地設定目標、實現目標、創造價值！

所有動物都擁有兩種直覺本能 —— 生存、防禦，而人類自進化出「認知能力」那天起，便擁有了第三種直覺本能 —— 發展本能。同時，人類的生存本能和防禦本能也受到「認知能力」的影響。

感覺是建立精神世界的第一個維度。所有動物都有感覺，都依賴自己的感覺，從而讓自己能夠生存在這個世界上。不同的動物，生存環境不同，牠們發展起來的感覺能力也有所不同，有的動物嗅覺特別靈敏，

有的動物視覺適應力很強，還有的動物對聲波或氣流有敏銳的感應。

　　動物們的神經系統主要負責感覺和運動，數量龐大的無脊椎動物更是只有簡單的神經節，這樣的神經系統針對外部刺激發生感應和反射的速度非常快，但這些動物卻沒有能夠加工處理資訊的智慧大腦。就算少數「聰明」的動物同時具備簡單的認知功能，亦沒有因此發展出成熟的獨立意志和自主意識，不會萌發生存之上的價值追求。與人類相比，牠們的智慧仍然與人類智慧相去甚遠，牠們賴以生存的主要能力仍然是感覺。

　　動物依靠感覺就夠了嗎？

　　既然沒有智慧大腦，動物們是如何評估感覺收取到的環境訊號，並做出行動決策的呢？

　　蜜蜂釀蜜築巢；魚群產卵洄游；大雁列隊遷徙；河狸攔河建壩；紅毛猩猩咀嚼藥用樹皮產生泡沫，揉搓手臂……動物們善於感應自然環境中的生存資源或生存威脅，常常能夠有效規避或對其加以利用。

　　我們不由得讚嘆，總是能夠在動物界看到嘆為觀止的社會分工、縝密精巧的幾何構造，看到無論科技怎樣發達，神奇的自然創造依然能夠打敗人工製品。這些神奇現象中透露出的智慧，如果不來自動物們的智慧，來自哪裡呢？

　　也許我們並沒有正視過，動物也是有直覺的，直覺是建立精神世界的第二個維度！

　　人們常常會懷疑動物是否像人類一樣具有意識，人類站在自己的角度，用意識框架分析動物時，常會不自覺地將動物擬人化，因為這樣更容易依靠認知來理解動物的行為。可是如果這種想法站得住腳，那麼老蜜蜂應該創辦過數學班，教小蜜蜂幾何學，順利畢業的優秀蜜蜂才能承

擔構巢大任；大雁應該專門研究過天文地理，接受過閱兵訓練，不合格、被淘汰掉的大雁學員只能就地過冬；地質勘測局裡的科學家應該是各種聰慧靈敏的動物，他們每天在研究室裡交換意見、論證觀點；而搜救狗應該擁有獨立意志，可以選擇怎樣過自己的一生 —— 是配合人類行動，指揮人類救援，還是自由地流浪？

很多動物都會表現出「聰明」的舉動，甚至反應驚人。人類在意識框架下容易誤認為牠們可以像人類一樣高水準地運用思維，但事實上，動物更善於運用的是牠們的天性本能 —— 直覺。

動物沒有足夠的「腦力」，對自己感覺到的環境訊號，無法用意識大腦分析思考。一般來說，牠們的行為不是智慧活動，而是仰賴感覺探索環境，憑藉直覺適應環境，在與環境互動的過程中生成奇妙的直覺智慧，進而慢慢進化出無意識的習性本能。

動物們的習性本能中包含著直覺獲得的生存智慧，牠們沒有意識大腦來認識自己獲得的智慧，但是卻在與環境互動的過程中活出了這些智慧，並且還能夠將這些智慧在物種內跨代傳遞，讓憑藉直覺獲得並逐漸累積下來的智慧，成為物種後代們的天性和生存本能，動物們就是這樣發展進化的！

「直覺」既是探向高維、收穫「靈感（新發現的智慧）」的觸角，也是「直覺經驗（已發現的智慧）」在物種間保存、傳遞，進而被後代動物繼承的天性本能。

對動物來說，這些本能只關乎生存 —— 獲取生存資源，繁衍生息；防禦環境危險，確保生命安全。

人類也有依賴直覺、依賴習性反應解決問題的生活經驗，比如開車、咀嚼、打字……當我們足夠熟練的時候，認知經驗也可以轉化成直

覺經驗，運用直覺自動反應，就可以不必動用意識大腦關注整個過程。比如手指自動化地完成打字動作，比如手腳自動配合駕駛車輛，這些和蚊子躲避人類襲擊、蜜蜂到了季節尋花採蜜很相似，都是自動化的直覺反應，都不需大腦主導。差別在於人類可以有意識地運用直覺，實現目的；而動物一直在大自然中，與自然環境保持無意識的連線、無意識的互動。無論哪一種情況，直覺經驗驅動行為都可以做到精準而智慧。

物競天擇，適者生存。在大自然中，動物面臨的生存條件、生態環境複雜而嚴峻，為了活下來，每一個物種都必須依靠直覺探索奧義，直至掌握獲取生存資源或規避生存風險的本領（習性本能）。最初面臨嚴峻環境的早代動物們需要承受大自然的考驗，否則就會被大自然淘汰，沒有比牠們更有知識的生物來教化牠們、訓練牠們、引導牠們。在原始生態中，沒有人類的意志參與其中，動物也不可能擁有自由意志，就算有，牠們也找不到現成的經驗認知，用來處理複雜的生存問題。動物們能夠依靠的只有自己的感覺和直覺，牠們憑藉感覺不斷體驗、探索環境，憑藉直覺無意識地連線高維，感應環境訊號背後隱藏的祕密，從而攫取自然智慧、累積直覺經驗。早代動物適應環境的過程就是探索、感應、掌握和運用新的直覺經驗的過程。

比如：變溫動物掌握了掘穴冬眠的直覺經驗，從而能夠抵禦嚴寒；魚類掌握了產卵洄游的直覺經驗，從而能成群結隊，不遠萬里，找到適宜的水域產卵，週期性定向往返；蜜蜂掌握了築造蜂巢的直覺經驗，才能有效保存蜂蜜；河狸掌握了築壩建水庫的直覺經驗，才能防禦外敵、儲藏越冬的食物；口孵魚媽媽掌握了運用身體優勢的直覺經驗，才會含住自己的幼崽，為牠們提供保護，而牠的幼崽生下來便掌握「認出」媽媽的直覺經驗，才不會誤入敵口。

更為神奇的是，動物為適應環境所獲得的直覺經驗，不但能夠影響

動物的行為，還能夠使動物的生理發生改變，從而配合直覺經驗完成對環境的適應及物種進化，比如斑馬的條紋，長頸鹿的脖子，變色龍的膚色，眼鏡蛇的毒液，蝙蝠的回聲定位能力，杜茲肺魚的蟄伏等等。在神奇的自然王國裡，到處都是神奇的魔法。可能你會覺得不可思議，但是，當你不再需要鬧鐘，體內的生理時鐘就能準點叫你起床時，相信你已經體驗到了直覺經驗對生理的影響。

人類習慣憑藉認知下判斷，可惜人類的認知經驗（知識／經驗）不能透過遺傳直接交給下一代；而憑藉本能生存的動物，直覺經驗（智慧／能力）就是牠們的「判斷」，這種判斷可以代際傳承。後代動物會繼承早代動物憑藉直覺智慧進化生成的習性，於是牠們有了與生俱來的本領、有了更好的適應能力。小蜜蜂出生後不久就會釀蜜築巢了，大雁遷徙、魚類產卵洄游、河狸築壩都是牠們的天性。這些天生的習性都圍繞著生存，是動物們憑藉直覺進化而來的生存本能。

這就是直覺在動物身上發生的奇妙作用！

人也是動物，人類也曾經歷過必須依靠「感覺」進行的漫長摸索，經歷過必須憑藉「直覺」，無意識依循自然智慧適應生存環境的進化階段。後來，人類之所以能夠從自然界脫穎而出，是因為直覺智慧幫助人類進化出了一項重要本領，這項本領為人類獨有，即人類的天賦 ——「認知」（腦力／智慧）！

雖然人類憑藉「認知」獲取到的「知識經驗」不能代際傳承，但人類祖先憑藉「直覺」進化出的「認知能力」卻可以代代相傳。這份能力源自人類祖先的直覺經驗，祖先們先是像所有動物一樣，不斷憑藉直覺適應環境、獲取生存智慧，直到有一天，「認知能力」進化而來，成為人類的稟賦和天性。於是，人類開始了有意識運用自然智慧駕馭生存環境、探

尋生存意義的新篇章。

每一個物種都在適應環境的過程中，進化生成自身種屬特有的天性本能。生命帶著先天的智慧──直覺本能，這些智慧得益於物種先輩們的直覺累積。

因此，雛鷹經過幼時的試煉就能翱翔高空，小獵豹在成長中自然學會奔跑，壁虎在幼年便能夠用斷尾方法躲避風險，松鼠從小學會秋天儲備食物越冬……每個物種中所有動物的生存習性都是天生的、一致的，動物們在成長過程中會自然而然地學習並掌握自身種屬特有的生存技能，人類也大抵如此。人類憑藉直覺進化出的最重要的本領是「認知」，從出生到成年，大腦認知神經網絡逐漸發育健全，一個人無論生長在怎樣的環境、無論是否接受過良好的教育，只要心智的生理基礎健康，就會發展出正常的智力，具備正常的認知功能。

「認知」不是一般的生存本領，除了生存，它更指向生存之上的目標。擁有了認知的人類，會萌生更多期冀、更多渴望、更多追尋。「認知」彷彿是一粒火種，將人類從蠻荒帶向文明。

這粒火種還是點亮心燈的機會，心燈會慢慢將人類從無意識中喚醒，幫助人們看清自我和世界，看清生命存在的意義，看清萬物的實相。心燈照亮內在世界的那一天，靈魂會徹底甦醒，生命將會活出自己、活出意義。只是，並不是所有的火種都能點亮心燈，有些火種也會在心靈世界裡製造火患。

「直覺」給了動物們很多智慧的禮物，也給了人類很多智慧的禮物，最重要而獨特的那份禮物就是「認知」！

動物接過的禮物是直覺經驗，累積直覺經驗掌握生存本領之後，動物們在無意識中運用這些本領──牠們仍然還是繼續依賴「感覺」體驗

環境，繼續依賴「直覺」與環境互動，生生息息、代代相傳。倘若環境改變，生存又面臨新的挑戰，感覺到環境變化的動物又會自然而然地在新環境、新感覺中慢慢摸索，直至體驗足夠，獲得新的「直覺（靈感）」，掌握新的本領。

人類則不同，「認知」雖是人類憑藉直覺智慧進化、獲得的禮物，但是，當人們急於掌控自己、掌控環境，而這份禮物又貌似能夠快速幫助人們實現掌控欲望時，人們變得越來越依賴「認知」，越來越上腦（生命能量無法沉澱至丹田，而是向上驅動大腦思緒萬千）。

「認知」能力的確強大，人們用「認知經驗」掌控環境，常常能夠快速獲得效果。

人類祖先和站在文明前端的人藉助感覺、直覺探索未知世界，將獲取到的靈感交與思維，轉化成認知經驗，保存於人類「集體意識庫」──學校、圖書館、網路……其他人只需藉助學習，從「集體意識庫」中獲取，拿來應用就可以了，不必再對每件事情都從頭感知、從頭探索。感覺體驗 ── 直覺感應 ── 發現靈感 ── 再獲取經驗，這一過程太耗時了，大部分人心很急，還是選擇獲取間接經驗更容易一些。於是，人們越來越依賴認知，時間長了，反而漸漸忘記了安住於體驗的意義，忘記了直覺這與生俱來的天性稟賦。

遙想當年，人類祖先在沒有精密儀器、沒有實驗裝置的條件下，仍能夠發現百草的藥用價值，發現人體經絡、五臟運行規律，發現宇宙自然節律的廣泛契合，發現建造金字塔、空中花園、兵馬俑等人類奇蹟的奧祕等等。人類文明的每一塊基石都依靠祖先們用直覺獲取。但如今，更多強調並習慣在意識框架下思考問題的人們，卻已經不再信任自己從祖先那裡同時繼承的「直覺」能力了。

只有少部分走在文明前端的人，仍然依循祖先的大智慧，探索未知、探索新世界。不斷運用感覺、直覺、認知，在摸索、體驗中累積創新，再把成果保存起來，提供給整個人類社會。而餘下的大多數人只需要依賴大腦，從「集體意識庫」中調取、認知、使用就可以了，他們對「感覺」和「直覺」的自主運用越來越少。

今天的人類擁有如此多的認知經驗，但開創性的「新知」只是極少數人累積下來的，芸芸眾生在感覺、直覺方面，與祖先的天真敦敏相比相去甚遠，實在非常可惜。

奇妙的心靈進化，讓人類獲得了「認知」能力，進而獲得了其他物種根本不可能獲取的自由選擇的機會。若能把握這個機會，人類的靈魂將得以在意識中覺醒，認識自己，認識周遭世界，甚至向更高維度出發，探索一切未知的祕密。

奇妙的心靈進化過程中，人類的「直覺」能力漸漸退化了，擁有自由選擇機會的人類為何會放棄利用自己的心智資源呢？放棄了直覺資源，就意味著放棄了提升心靈維度的機會，放棄了掌握命運的無限可能性，人們似乎並沒有清晰意識到這一點，是什麼在默默影響人們的選擇？

時常被痛苦禁錮、受混沌驅動的人們，真的自由嗎？

▋尋一盞驅散混沌的明燈

我叫「小v」，我不是一隻螞蟻，但我有像螞蟻一樣靈敏的觸角和倔強生存的本能。

我是「小v」，我不想做一隻螞蟻，因為我的靈魂渴望在獨立意識中覺醒，我渴望自由，渴望充滿意義的生命。只有選擇人類的身體降生，這一切才有可能完成。

也許，我曾經是一隻螞蟻，在螞蟻的身體裡面，我的靈魂是混沌的，混沌的靈魂沒有更高的渴求。作為一隻螞蟻，生命全部的意義只需滿足身體的需求 ——「活著」！

當我選擇從人類的身體降生，當我的靈魂有機會在人類的意識中慢慢甦醒，我知道我將不再像其他動物一樣，僅僅滿足於生理的需求，混沌地活著。我的靈魂要去探尋生命的意義，要去弄清自己到底為什麼活著，只有找到答案，才會真正明白什麼樣的活法能夠「活出更好」、能夠徹底活出生命的滋味！

我的身體將生存在三維世界，很幸運，我出生的地方，那裡的資源和秩序足夠保證我的物質身體安全地「活著」；我的靈魂住進身體，也住進精神世界，那裡有生命賦予我的全部資源潛能（生命力、感覺、直覺、認知），我要用這些資源建構世界、維護和平，因為，靈魂將會在心智建構的世界裡找尋生命的意義，表達更高的價值渴求 ——「活出更好」！

活著、活出更好，是人類全部行為背後的動力，就算選擇自殺的人也渴望在身體死後，靈魂結束痛苦，這是他們預想的另一種形式的更好。然而，靈魂不醒，不會知道什麼是更好，痛苦也永遠不會真正結束。

那種感受就像一個人遊走在幽暗、陰濛，沒有盡頭的森林裡，看不清方向，找不到自己真正的目標，也不知道這樣迷茫地走下去，在下一個轉角會遇到什麼……

會遇到自己想要的嗎？拚力得到後，享受的感覺能夠維持多久，羸弱的滿足感退去之後，會不會在心裡問自己：這真的是我想要的嗎？會遇到問題和障礙嗎？無常人生充滿了不確定性，下一個轉角，又一個轉

角……會不會在心裡問自己：我是否還能承受和應對？

活著，就要駕馭生活，而生活注定走向「喪失」，人們並不真正清楚到底有什麼可以永遠抓在手裡，永不失去。青春、容顏、健康、財富、地位、榮耀、情感……。一趟生命，可以經歷多少，體驗多少？又將如何失去，何時失去？如果注定有一天要失去所有，那麼活著的意義究竟是什麼呢？怎樣才算活出更好？

「終將喪失一切」的結果是確定的，但人們依然渴望活出更好的體驗，來填滿過程。

活著，經歷痛苦，穿越痛苦，在體驗中慢慢甦醒，從而找到力量，看清方向，活出更好 —— 這是靈魂的使命。如果一個靈魂選擇提前離開人類的身體，放棄人類意識火種提供的機會，它將再無甦醒的可能。於是，生命將不再有機會認識自己和世界的實相，不再有機會在廣闊的世界裡，追尋心靈的自由、豐富的價值和意義，更加不再有機會「活出更好」—— 一個更好的自己！

唯有更好的自己、更好的靈魂才是永恆。若放棄生而為人的機會，那麼一切意義都不再有，一切又將重歸混沌……

動物從不會放棄生命，牠們活著只是為了活著，這就是動物一生全部的意義；人類卻會了斷自己，難道人類世界比動物世界更加凶險萬分？還是說對人類來說，迷失自我和喪失生命意義，這樣活著比死更加艱難？

動物沒有意識，牠們的靈魂與身體同在，與環境同在。人類則不同，人類的身體像動物一樣，吃飽、穿暖、不受傷 ——「活著」所需的安全已經足夠；但人類靈魂需要的安全遠沒那麼簡單，外面的世界沒有危險，並不意味著靈魂在精神世界裡同樣也能感受到安全。

所以，有些人覺得自己活不下去了，不是現實世界中真的沒有活下去的資源，而是他的精神世界裡充滿了危險；所以，有些人流於平庸，不敢嘗試、不敢爭取，也不是他真的不想去探索世界、活出更好，而是他的精神世界裡充滿了恐懼、阻礙。於是，有很多靈魂一次次放棄了探索、努力的機會，拒絕向前。

恐懼也是一種力量，這種力量像月亮的光，月光下的世界一片幻殤。靈魂（心靈）在這樣的世界裡，一半靠本能，一半靠幻妄。每當恐懼照進夜色，火光蔓延，心靈看見火光中飄忽著野獸的影像，聽見暗影中迴盪著野獸的嘶吼，那時，月亮會掀起潮汐，表達恐懼和憤怒的力量。

圖3　月光之下

遊走在暗夜中的靈魂是混沌的。善緣時，正念入心，點亮心燈、驅散黑暗，喚醒生命的力量（太陽）；惡緣時，負念入心，製造火患、迷霧，令靈魂在恐懼中失控、迷茫。

月光幽暗，恐懼在幻殤中啃噬著內心、銷蝕著自我的生命力……

靈魂卻並不清楚，這些銷蝕自我的力量竟然也來自自我，來自生命力。因為月亮並不會發光，它的光是對太陽光的反射。

有一天，心燈照亮精神世界時，黑夜會過去、黎明會到來，那時，太陽昇起，靈魂將會發現自己煥發出勃勃生機。原來，之前在月光下不受控的「野獸」也是靈魂自己，是它在用痛苦、恐懼的嘶吼之聲，釋放一種渴望活出更好的生命力。

人生旅途就像那片必須穿越的幽暗森林，看得見的時候，心會篤定；看不見的時候，所有無法確定的暗影裡彷彿都隱藏著「危險」。「確定喪失」的終極結果和「不確定卻必將經歷」的生命過程，靈魂要獨自撐起，孤獨前行，可是，在漆黑中行走的人們，何時能看清自己……

靈魂需要正念，沒有點亮指引前路的心燈，便沒有安寧。

我是誰？從哪裡來？到哪裡去？

來到這個世界上的「我」，是有價值、有力量的嗎？如果沒有，我還敢向前邁進嗎？

世界歡迎我的到來嗎？如果被人拒絕，被人討厭，被人否定，我還敢堅持真實的自己嗎？

沒有足夠安寧的靈魂，是艱難的。艱難中尚擁有勇於面對、向前的靈魂的人是真正的勇士。為了「活出更好」，哪怕身處逆境、心靈惶惑不安，勇士也仍然會鼓勵自己，面對人生功課，勇敢經歷，從中明確自己的價值，分辨世界的態度，在自我和世界之間不斷覺察、不斷省視。

倘若還有一些靈魂，因這份艱難而止步不前，它終將會失去甦醒的機會，持續淪陷在幽暗的月光下、沉沒在洶湧的潮汐裡，更加得不到內心渴望的安寧。

當一個靈魂在月光虛幻的陰影下，越來越不安、越來越不敢迎向挑

戰，生命的路就會越來越狹窄，生命的世界會越來越僻小，莫說超越到更高的維度，就算在三維的世界裡，也將無法獲得真正的自由。

我是「小v」，我將會在人類的世界降生，我必須學會有效運用意識這粒火種——覺察、自省，點亮心燈，為精神世界建構秩序，直到靈魂慢慢甦醒。那時，我將會知道我是誰。我將會知道，這一趟生命，什麼才是活著的意義？

一切都將在體驗中發生，在體驗中生命更加豐富，在體驗中心智更加成熟，在體驗中認識自己、認識世界，在體驗中，我找到叫醒靈魂的火種！

我是足夠好的嗎？如果我做得不夠好，如果我做錯事，讓大家失望，我還可以相信自己的價值嗎？世界是安全、值得信賴、有溫度的嗎？如果我堅持做真實的自己，不肯妥協，我還能掌握世界，贏得理解、支持和愛嗎？

以我的力量，足以行走、駕馭的世界到底有多大？可以遍布三維嗎？可以超越三維嗎？

我要去經歷了，要在經歷中尋找答案，我選擇人類的身體降生，要去那裡尋找：我是誰？我，為何而活？

第一章　生命的資源

登陸地球

　　1977年5月22日凌晨，我降生在這個世界，一個三維的世界。

　　那時的我，精神還處於一片混沌，我沒有認知，也沒有具體的記憶，但我記得那種感覺 —— 很興奮，又有一點著急，像在一個幽暗的隧道內掙扎著、拚盡最後的力氣衝破束縛，終於看到一片光。我很累，「哇」的一聲哭了出來……

　　我嚮往那片光，卻並不確知那片光將會化為「意識」，也不確知它有多大機會點亮我的精神世界、喚醒我的靈魂。我奮力來到一個陌生的星球，望見兩張陌生而又親切的面孔……我似乎渴望著什麼，似乎又莫名地不安。

　　我是「小v」，但我不記得自己是誰，我的意識大腦尚未發展成熟，因此我既不認識自己，也沒有任何記憶。

　　對世界來說，我只是一個嬰兒，一個什麼都不知曉、什麼都做不了的嬰兒。我擁有三維的身體，卻哪裡都去不了，除了哭、無奈地擺動肢體，我幾乎沒有任何力量，做不了任何事。

　　我所生存的三維世界很大，而我能夠掌控的範圍卻很小。作為一個嬰兒，我只是一個無法自由活動的點，外在世界對我的身體來說是「零」。

　　但是，我有感覺。

感覺是生命的觸角，它隨心靈一同入住身體，是生命建構精神世界的第一個維度。我嘗試著在這個維度上連線世界、體驗小小的自由，我用感覺觸碰世界，去聽、去看、去聞……我的感覺到達哪裡，我的心靈就能到達哪裡，世界也就到達哪裡。

不僅如此，小小的我還有與生俱來的直覺。

直覺也是生命的觸角，它時而伴隨感覺出現，是生命建構精神世界的第二個維度。這個維度比感覺觸達得更深，感覺只觸到現象，而直覺能夠觸到現象蘊含的意義。於是，在直覺經驗的啟示和引導下，我可以針對不同的現象做出不同的本能回應 —— 哭泣、微笑、扭動、吮吸、咿呀兒語……

感覺助我發現世界，直覺本能助我與世界互動，在感覺和直覺本能的幫助下，我和世界開始建立連線……

直覺是一個神祕的維度，確切地說，它是與感覺共同探索神祕世界的維度。對初生的幼小生命來說，一切從零開始的未知世界就是神祕的世界。

小小的我感覺到舒服、溫暖，直覺經驗告訴我 —— 這裡很安全；感覺到親切、柔軟，直覺經驗告訴我 —— 這是媽媽，是愛和歸屬；感覺到激烈、緊張、刺激的訊號，或是感受到恐懼、驚嚇、無助，直覺經驗讓我警覺 —— 失控和危險。「直覺經驗」是生命的本能，是與生俱來的智慧。

生命降生時，弱小身體能夠駕馭、行走的現實世界幾乎為零，而心靈依靠兩個天生的維度 —— 感覺和直覺，已經可以建構起一個精神世界。憑藉「感覺」和「直覺」，初生的我可以探索新鮮的事物、現象，發現世界的樣貌；可以感應世界的祕密、生命的意義，依靠本能回應新世界。

儘管還沒有充分意識的我，連什麼是「祕密」、什麼是「意義」都不

知道，但我的生命卻知道「愛」和「危險」的分別，知道要趨向什麼、要拒絕什麼。這種「知道」在意識之外，是無意識的生存本能、是生命的直覺感應，它在不停向我傳達關於生存或是防禦的重要資訊。

生命將能量注入「感覺」和「直覺」這兩個維度，藉助它們表達生命中渴望活著、活好的驅動力量（生命力）。

生理的渴望說「餓了、睏了、累了」，於是身體跟隨感覺和直覺，在「生存本能」的驅動下，滿足原始需求──吃、睡、排泄、做愛、活著；心靈的渴望說「興奮、激動、好奇」，於是身體跟隨感覺和直覺，在「發展本能」的指引下去探索、經驗，擁抱新奇的事物、發現玄妙的未知，努力沿著生命的方向成長、前行，活出更好。

靈魂的渴望時常也會說「恐懼、憤怒、痛苦」，於是「防禦本能」發出危險警告，而「發展本能」發出成長訊號，好像在說「快去追逐，填滿欲望，從而抵禦危險」；又好像在說「尋找未知的自己吧，只有覺醒，才能穿越那重重迷霧般的所謂『危險』！」

幼小的我，在懵懂中跟隨感覺向前，這種下意識的「跟隨」本就是一種直覺，是注入感覺和直覺中的生命力量的驅動。彷彿冥冥中存在某種靈性智慧，指引我帶著心中的渴望驅動身體，將生命投入現實，從中體驗、感受，發現自己、回應世界。那時的我，還不認識自己，也不知道世界於我的意義究竟是什麼，但體驗中的發現是那麼奇妙、那麼令人興奮。

我有「感覺」、有「直覺」，這兩隻敏銳的觸角幫助我探索現象、敏覺奧妙。小小的我，體驗得多一些、發現得深一些，精神世界就這樣不斷充盈著，一點點變大、變豐富。

兩個維度幫我建構精神世界，同時也幫我引領現實。於是，我幼小

的身體總會跟著感覺和直覺，躍躍欲試地探索環境，在與環境的互動中悉力成長，逐漸學會了抓握、爬行、站立、行走……身體的世界很快突破了零，我不再是一個固定住的點，我能夠自如到達的三維世界，在渴望、體驗、本能驅動的成長中，也越變越大。

外部世界迅速從「零」直躍到「三」，只是那時屬於我的「三」仍然還是很小很小的世界。

我到底有多少力量可以使用呢？我一生將會探索、經驗到的世界有多大？我的人生將會豐富而滿足嗎？

我不知道，確切地說是沒有想過，儘管直覺能夠讓我感應到自己的內心盈滿了對美好世界的期冀與渴望，但我還只是一個小小的孩童，一切悸動都裹在懵懂之中，小小的我根本不知道怎樣思考，更不知道怎樣用腦解讀自己的感受。

來到這個星球時，我和所有動物一樣，帶著生命力（能量），也帶著心靈的兩隻觸角（智慧）。跟隨感覺，遵從直覺本能，讓行為彰顯天性、彰顯生命力，那就是最初的我。

但這樣的狀況並不會持續太久，因為我終究不同於動物，不能只是依靠本能，為了活著而活著。我是人類的小孩，我有更高的生命追求，因此，我要學習生活和行為的準則，我要認識自己、認識自己生存的世界。

很快，我的精神世界裡有了第三個維度 —— 認知。

大人們告訴我，我所感覺到的現實世界，它包含的每一個事物都有自己的名字和名字背後的故事。這真的太有趣了！

我看到一顆紅紅的蘋果，聞到它的香氣，嘗到它的滋味，然後有人教我記住了它的名字，知道它是樹的果實。

我看到一隻小狗，聽到牠的叫聲，摸到牠的絨毛，然後有人引我認

識了牠的主人,教我知道,狗是人類最好的朋友!

或許是造物主太神奇了,是祂創造了人類,賦予人類身體(大腦皮層)這項神奇的功能;又或許,是人類的祖先太偉大,是他們在生命歷程中超越了所有動物,發展進化出這項神奇的功能 —— 認知。

學會認識事物的我,已經不再是一隻全然懵懂,只能依從本能向前的「小動物」了,我是多麼興奮啊!那麼多謎題等待著我去發現,我已經迫不及待地要使用這個新的精神維度了。

「感覺」帶我融入微處,「直覺」帶我細覺深妙,而新維度「認知」卻能幫我有選擇地抓住重點,帶我走得更快、更遠。只是,三條維度該如何協調、如何更好地統合運用,小小的我並不知曉。一切都建立在我對世界的興趣上面 ——「認知」的貢獻最為明顯,它總能幫我快速了解那麼多有趣的事物,幫我快速發現更大的世界,我開始將更多生命力投放在認知上面,於是,「認知」漸漸成為主導生活的維度。

愛我的人更加熱衷地教我認識世界,我學得很快,認識了很多,我分辨得出什麼是樹、什麼是車、什麼是人,什麼是城市、什麼是工具、什麼是自然……不斷成長的認知,迅速擴充我的精神世界,在認知的引領下,我的身體可以和更多事物打交道。我很慶幸自己是世界上最聰明的物種,我認知的世界還在變大,我能夠掌控及自由活動的三維空間也在迅速擴張……

▍零至三維

生命包含兩部分 —— 身體和靈魂(心靈)。它們各有一個世界 ——用「眼睛」可見的世界(三維)和用「心」可見的世界(零至十維或無窮),兩個世界交疊、牽繞……

一個人，一生中歷經的世界，也許很大、也許很小，收穫的價值，也許很多、也許很少。生命終結時，實現了多大人生容量、歷涉幾何，取決於生命的嚮導 —— 心靈，活出了多少資源和自由。

生命的資源，指的是心智的能量（生命力）和智慧（感覺、直覺、認知）；生命的自由，指的是到達更高維度的宇宙世界。

「生命力」是精神世界的起點（零維），是驅動其他精神維度，及人類一切行為反應的能量。這些能量確保生命有能力活出更好，確保生命遇到任何阻礙，都有潛力面對、堅持，並最終跨越。

物種一代一代生存、繁衍、進化，一代一代將資源傳承，一代一代不斷豐富著潛意識中的資訊資源，再一代一代憑藉智慧創造人類文明。這一切的驅動力量，都來自人類的生命力。

生命力是精神世界裡的「零」，而「零」是一切的源頭，人類世界由「零」開始，無中生有……

「感覺」是第一個精神維度，它是生命的觸角，幫助人們發現自己、發現世界。

外感官是身體的觸角，它會聽、會看、會聞、會嘗、會觸碰；內感官是心靈的觸角，它會聽、會看、會體察，還會「說話」。

各種感覺不停向人們傳達生命的聲音、世界的聲音。

我是小v，跟隨「感覺」，敏銳的觸角帶我體驗、帶我發現，未曾聽懂它時，我隨它懵懂向前……

「直覺」是第二個精神維度，它也是生命的觸角，帶領人們探向高維時空，獲得靈性智慧，從而提升生命本能，實現物種進化；或拓展人類思維經驗，創造人類文明。

人類祖先及歷代智者，用「感覺」體察環境、自我，收錄並讀取資

訊；用「直覺」攫取靈感、體悟，然後藉物種遺傳和資訊傳播兩種方式將這些靈性智慧保留下來。遺傳給後代的部分，成為生命與生俱來的本能智慧 —— 生存、防禦、發展；資訊傳播累積下來的部分，建構出一整部人類文明史。

我是小v，跟隨「直覺」的經驗非常奇妙，只是，我尚未成熟的「心智」並不知道如何分辨直覺、駕馭直覺⋯⋯

「認知」是第三個精神維度，它是上天賜予人類的意識火種。

有些火種帶著正向的態度引導生命力，使內心越來越光亮，越來越自由；有些火種帶著負向的態度壓抑生命力，使內心越來越迷茫，越來越痛苦。

「認知」是人類進化獲得的獨特能力，這種能力不但能夠幫助人們滿足「生存」需求，還讓人們擁有了「發展」的渴望（追逐「夢想」）或貌似「發展」的渴望（追逐「欲望」）。

人類偏愛這項新能力，偏好用它掌控自己、掌控生活。

我是小v，跟隨認知，我可以快速抓住規律，掌握生活，但我終究無法突破認知經驗的限制，無法獲得超越維度的洞見。

「心智模式」是成長中潛移默化、逐步形成的心靈和智慧的整合模式，是人類生命在世上生存、行動的根本框架。

「思考方式」是心智模式的表現，是生命能量和精神維度共同作用下生成的經驗網絡，它統合生命資源，是一張內藏玄機的資源地圖。

這張地圖共有兩種形式：心智開放時，為「成長型心智網絡」；心智封閉時，為「防禦型心智網絡」。

一個人終究可以活出怎樣的人生、擁有多大的世界，是由他的「心智模式」決定的。

心智模式關閉，思考方式僵化局限，人們被生活裹挾、受環境影響、被動反應，無法高效應對問題，世界因而變得很小；心智模式開啟，思考方式靈活自由，人們憑藉自主意識掌控當下、主動調整，不斷發展出有效經驗化解問題，世界因而變得很大！

從「感覺」到「直覺」，再到「認知」，生命一路進化而來，唯有人類有機會運用自由意志、自主意識，主動舒展兩隻觸角，不斷體驗、感應，獲得體悟和靈感；唯有人類有機會運用「思維」接過「感覺」貢獻的體驗、接過「直覺」貢獻的靈感，生成豐富、靈活的「心智網絡」，去創造更新的價值、更多的文明。

人類的心靈世界容納了無窮無盡的潛藏資訊（個人潛意識及集體潛意識），是整個宇宙的全像投影，當心靈藉助直覺到達更高維度時，將會連線一隻能夠縱觀全局、勘破隱藏在無窮資訊中奧祕的眼睛──「高維之眼」。

「心智網絡」越是開放、延展，心靈越是能夠探出觸角連線更高的維度，連線系統視角上這隻神祕智慧的眼睛，從它那裡接收靈感、接收體悟。

一張統合全部生命資源的網絡地圖藏在心靈深處，解開其中玄機，開放資源維度，就能不斷探向高維宇宙，提升生命的自由度。

無邊的世界到底有多少維度？三維之內，我們對自己了解了多少？三維之上，我們對生命和世界又了解了多少？

宇宙全像投影

仰望星空時，想像從一顆遙遠的星球上面回望地球、回望自己，藍色星點上的一切生命猶如微塵。那時，你一定會跟我一樣，感覺到世界面前的自己是如此渺小。

渺小的生命和浩瀚的宇宙之間，到底存在著怎樣的關聯呢？

一花一世界，一葉一乾坤。

若花有靈，花看世界，種子裡面記錄世界萬千變化；若葉有靈，葉識乾坤，根鬚之中推演乾坤順逆無常。

萬物皆有靈，皆可憑靈性連線世界、連線乾坤宇宙，而人，是萬物靈長，人的心智，豈會不如一花、一葉？

人是地球上唯一擁有自主意識、自由意志的生命存在，儘管在宇宙中，人是如此渺小，造物主卻仍然將生命力、感覺、直覺、認知這些重要的生命資源恩賜給人類。

人類用這些資源為自己建構了零至三維的精神世界，它們既是人類心智之中的能量和智慧（零至三維），也是人類心智慧夠連線到的廣袤宇宙的能量和智慧（三維之上）。

再小的生命也連線著世界，再大的宇宙也投影於一花、一葉、一心之中。

時光流逝，萬物變遷，一代又一代生命，在更迭、變化中繁衍、傳承，將太多與自然、宇宙以及生命本身相關的資訊（感覺經驗、直覺經驗）留存在潛意識中，代代累積，彙整成龐大的集體潛意識資訊庫，留給生命本體。

潛意識是人類精神世界最為神祕的一部分，人類擁有它，卻對其所知甚少。那裡保存著與無限時間維度、因果維度相關的無窮資訊，如同一個龐大的資料倉儲，裡面盡是無數代生命累積下來的感覺記憶、直覺經驗，盡是世界演進變化的影像、聲音，盡是重重關聯、彼此對映、互為因果，卻又難以捉摸的資訊之間的神祕連結，即：宇宙邏輯。

從地球上最早出現原始生命，到生命不斷進化，直至出現了擁有智

慧、擁有自由意志的人類，再到人類文明不斷占領地球。幾十億年間的地球變遷，被無數生命用「感覺」觸角盡數記錄下來，保存在地球物種的集體潛意識中。

在人類尚未用認知讀取其中資訊，尚未對其中資訊意識化時，那裡就是一個神祕的世界。神祕世界裡收錄了宇宙全像投影資料，是生命的高維資訊庫，也是人心與宇宙重疊的高維時空。

如果沒有「生命力」推動，人類不會在乎生存、發展，不會有前行的渴望。

如果沒有「外感官」（視、聽、嗅、味、觸）探觸，人類不可能與世界連結，向心智中（潛意識／意識）收錄資訊。

如果沒有「內感官」（內視、內聽、內感）體察，人類不可能開啟自己的潛意識，不可能觸達神祕的高維資訊庫。

如果沒有「直覺」感應，人類更不可能連線宇宙高維智慧，從紛繁、神祕的資訊庫中發現關鍵線索，獲取體悟或靈感。

而如果沒有「認知」有意識地統合這一切，人類也不可能憑藉自我意志有選擇地體驗、感應，不斷接過直覺貢獻的體悟和靈感，在此基礎上發展、突破、創新，傳承文明。

圖4　高維資訊庫

生命力、感覺、直覺、認知，是造物主對人類的恩賜，因為有了這些精神維度，人類得以建構三維、十維，乃至更大的精神世界。

精神世界裡的資訊多到超乎想像，一代又一代人運用「感官觸角」不斷收錄感覺資訊，留存感覺記憶，內容包括：世界投影資訊、生命回應資訊、衍生資訊。

生命個體從祖先那裡繼承的集體潛意識資訊（前人累積下的感覺經驗、直覺經驗）及生命個體自行錄入的無窮資訊（感覺經驗、直覺經驗），共同構成了個體潛意識中的全部資訊內容。

◆ 世界投影資訊

我們可以嘗試用體驗的方式，理解感覺資訊的錄入過程。

某天，你帶著一臺攝影機出門採風，從出發開始，鏡頭便成為你的眼睛，你必須確保機器一直處於開機狀態，確保自己的注意力時時與鏡頭、與當下保持連線，並且在這一天當中的任何一秒，你都只能透過鏡頭來看世界。

一天結束後，回憶這一天當中發生過的事情，從你眼前飄過的人、事、物、景……一些內容還很鮮活，還有一些內容可能已經印象模糊了。於是，你打開攝影機查閱，那裡面記錄了所有細節：包括你當時注意到，並且用腦記住了的細節；包括你當時注意到，但後來忘記了的細節；還包括你並未意識到自己曾經注意到，因此並不確知自己看到過的細節。

攝影機如同感官，開關是我們的注意力，鏡頭是我們的眼睛，感官攝影機記錄了所有內容——知道的、不知道的、不知道自己不知道的……收錄這一切資訊的記憶體是我們的心智，包括意識和潛意識，所有「知道的」收錄在意識裡，所有「不知道的」都在潛意識裡。

人類探索外部世界的「外感官觸角」，除了眼睛，還有耳朵、鼻子、嘴巴、皮膚；探索自身的「內感官觸角」，還有本體。

這意味著採風的時候，除了視覺在收錄畫面，聽覺也在收錄聲音，觸覺也在收錄清風的吹拂，嗅覺也在收錄空氣中的氣息和味道。甚至可能因為餓了，胃在記錄輕輕的抽搐；走久了，左腳小趾在記錄微微的痠麻……

只要注意力和感官連線，確保感官是開機的，觸角就會自動連線世界、連線自身，有意識或無意識地融入細節，不斷體驗、採擷，然後將大量感覺資訊，透過感官收錄進意識或是潛意識。

錄入的資訊雖多，腦能發現的卻很少。大腦在同一時間內，只能有意識地關注並感知環境中的少數對象，因此，各種感官觸角收錄進來的資訊雖多，卻只有少部分被大腦發現，存入意識。大部分內容大腦並不知曉，但我們仍然擁有這些資訊，它們被感官採擷後，直接存入潛意識。

和沒有自主意識，卻能時刻專注當下的動物一樣，人類的注意力只要能夠與感官保持連線、與環境或自身保持連線，「感覺觸角」就會不停記錄周遭世界裡的故事。這些有意或無意記錄在心智裡的內容，遠比我們知道的多──這意味著，我們的感覺很多，但感知有限。

至於有些感覺記憶是如何來的，曾經發生過什麼，與哪些細節有關等，我們的大腦並不明確知曉。因為事件發生的時候，意識要麼沒有參與體驗過程（完全沒印象），要麼因為大腦的「感知對象」數量有限，無法參與全部細節體驗（不知曉關聯），因此我們無法確知這些感覺記憶是被如何收錄進來的。

這部分資訊占據非常大的比例，因為「感覺」觸角會隨時自動採擷，不斷向潛意識庫錄入大量或客觀或主觀的感覺記憶及情緒記憶。

3歲前的孩童，尚未發展成熟的意識，無法參與任何體驗過程，因

此，3歲前的孩童基本是不記事的，完全不知道自己曾經經歷了什麼、體驗過什麼。留存在孩童心智中的資訊通常都是感覺記憶，而這些感覺記憶的收錄過程，大腦都沒什麼印象。

3歲前的孩童與依靠本能生存的動物一樣，儘管沒有清晰的意識，生命仍然可以無意識地關注世界，將生命能量（生命力）直接賦予「感覺觸角」，驅動感覺連線世界、探索世界，自動採擷資訊，自動將資訊錄入潛意識。

孩童3歲前的感覺記憶（包括胎兒孕育時在母體內的感覺記憶）對其一生都將產生重大影響。

成人後，人們對童年時保存在潛意識中的「感覺記憶」的發生過程，通常無法用語言準確表述，也無法用意識清晰回溯，人們不知道如何確認童年發生的事件、細節與自己內心壓抑的某些感覺記憶之間究竟存在怎樣的明確關聯，但人們卻能夠深刻體會到這些感覺真實存在，這就是原生家庭帶來的影響，這些影響都真實保存在人們的潛意識裡，潛移默化地塑造著人們的心智模式。

3歲之後，人類的認知網絡漸漸豐富，意識漸漸強大，「有意注意」發展起來。但大腦在同一時間內，透過「有意注意」能夠關注到的對象數量甚少，更多時候，人們仍然藉助「無意注意」、藉助「感覺觸角」自動採擷，豐富、擴展自己的潛意識資訊庫。

這一過程不在人類意識框架之內，故而似乎有些難以理解，這裡舉一個例子來說明。

你可以想像，在某個黃昏，自己躺在溫暖、細膩的沙灘上，海風徐徐吹來，海浪輕輕推送著浪花，你慢慢地睡去了……一覺醒來，你感覺周身舒暢，以至於多年之後，你仍然懷念那個在海邊度假的日子，懷念那次黃昏的小憩。

但是，這舒舒服服的一覺，其過程細節是怎樣的？翻過幾次身，側臥還是平臥，指縫間可有細沙流過，髮絲和衣衫可曾被海風吹拂⋯⋯這些細節你都不記得，因為你睡著了。睡眠狀態下，你的意識沒有參與體驗，因此大腦不了解感覺觸角採擷資訊的過程，那些與舒服相關的過程體驗作為感覺記憶，自動錄入了潛意識。

再舉兩個例子。

例如，生活中你可能有過這樣的體驗，你在朗讀一本書，眼睛看著文字，耳朵隱約能聽到自己讀出的聲音，但內容並沒有讀到腦子裡去，你的一部分注意力跟著大腦神遊走了（受意識流影響），而另一部分注意力仍然可以分配給眼睛、耳朵，無意識地完成閱讀過程，雖然這些文字資訊並沒有在心智中形成意義。

又如，在下班的路上，你有一點心緒不寧，一直在想事情。而這條熟悉的路，你跟著感覺也能走，遇到人群擁擠時，也能下意識地躲避。

這種注意力分散的狀態很多人都經歷過，雖然既沒能好好地感知，充分收錄資訊，也沒能好好地思考，聚焦重點，卻的確是感官跳過大腦自動收錄資訊的例子。

「感覺觸角」經常有意識或無意識地收錄著資訊，只是我們通常只清楚知曉自己有意識地關注了（收錄）哪些對象，而無意識關注了（收錄）哪些對象卻不甚清楚，因為這些資訊儲存在意識之外，通常是我們不知道自己不知道的內容。

潛意識中，除了這些不確知收錄過程的感覺記憶，另外還有一些感覺記憶，它們是如何來的，有怎樣的收錄過程，大腦曾經是記得的，但後來忘記了。

有這樣一個真實的案例。

一位男士常常感覺到自己身上散發出特殊的氣味，讓身邊的人不舒服，儘管身邊絕大多數人都沒聞到過什麼氣味，但男士自己仍然很介意。他常常為此焦慮不安，愈是焦慮不安，氣味的影響似乎愈是嚴重，然後他愈加焦慮不安。為了緩解影響，他習慣了勤洗澡，對著裝也尤為在意，會為自己選購很多精緻考究的衣服。

男士的感覺很真實，就算其他人沒有感覺到氣味，他也依然相信自己真實存在的感覺，而這些感覺究竟是怎麼來的呢？

男士認為自己的感覺跟「氣味」有關，跟「焦慮情緒」也有關，這是他能夠在意識範圍內自行查詢到的原因。然而，在催眠回溯的過程中，開啟潛意識，男士又重新記起了很多小時候發生過的事情。

童年時，男士家境貧寒，男士的哥哥更獲父母疼愛，男士從小只能撿哥哥的舊衣服穿，因為太頑皮有時會弄得髒兮兮的，因而常常被別人嘲笑。他清楚地記得，有一次，一個親戚又因此笑話他，讓他感覺自己丟了父母的臉，那種感覺既痛苦，又羞愧，又無能為力。因而，男士小時候很不喜歡照相。一次，家族中所有親戚一同照全家福，因為衣服破舊，男士很自卑，便藉故躲了起來，母親找到他後，把他大罵了一頓，他卻無法向母親說清自己內心的矛盾感受。

隨著年紀增長，男士有了獨立的生活，有了不錯的經濟收入，他終於有能力為自己購買很多體面考究的衣裳，維護自己的尊嚴和人際關係。但是，不論他擁有多少「新衣」，童年那件「舊衣」帶來的恥辱感卻仍然沒有脫掉，那件「舊衣」不但沒脫掉，反而漸漸像「皮膚」一樣穿在了身上。

如果不經回溯，男士不會知道自己的感覺竟然跟童年有如此大的關聯，那麼，當初生命收錄這些感覺資訊，藉助感覺提醒自己關注、向自己回饋的真相是什麼，也就無從知曉了。

　　每個人的潛意識裡都儲存了很多此類的內容，例如童年的挫折，快樂的時光，有年代感的歌曲，或是老味道……相似的人、事、物會開啟感覺記憶，但這些感覺最初發生在怎樣的情境下，為何會發生，有怎樣的故事，大腦不一定回憶得起來，所有忘卻的故事和不停錄入的感覺記憶都一併儲存在潛意識裡。

　　我們每天都會經歷很多，會記住很多，又會忘卻很多……錄入意識的認知資訊，腦會忘卻；而錄入潛意識的感覺資訊，心卻不會忘卻。只要注意力和感官保持連線，透過感覺觸角曾經記錄過資訊，那麼這些資訊（感覺記憶）就會永久留存在潛意識裡。

　　只是因為無法有意識地對儲存在潛意識中的感覺資訊進行整理，因而潛意識裡的感覺記憶 —— 畫面（內視）、聲音（內聽）、感覺（內感）非常雜亂。有時它們會出現在夢裡，組合成貌似荒誕的情境，讓習慣了在意識框架下思考問題的人們感到難以理解。

◆ 生命回應資訊

　　所謂生命回應資訊，是說這些資訊是生命個體的感受記憶，是生命針對自身外部體驗產生的內在回饋。

　　例如，眼睛看到了草地、鼻子聞到了花香、皮膚感覺到清風吹拂，此時身體感覺到放鬆、心情感覺到愉悅。放鬆和愉悅，是生命對自然資訊的回應。

　　黃昏，躺在沙灘上，觸碰溫暖、細膩的沙子，感受海風徐徐掠過，聽海浪輕輕推送浪花的聲音，慢慢睡去……醒來時周身鬆弛、心情舒暢，這也是生命對自然的回應。

　　假若外部體驗是負面的，眼睛看到的是暴力、失控的畫面，耳朵聽

到的是尖銳、冷漠的聲音，此時，身體會感到緊張不適，心情也會感到恐懼、焦慮、痛苦，這些同樣是生命的回應。

生命在感覺、感受的過程中，在獲取資訊、回應資訊的過程中，探索著世界，更探索著自我。自我的能力、自我的價值、世界的態度、自我與世界之間的關係──這些都是生命的重要課題。

生命和世界從來無法割裂開來，人是在與世界的互動關係中不斷成長，不斷省視，然後才學會逐漸掌握自己的生活，掌握自我。

我們用感官從世界那裡收錄了無窮資訊，又從祖先那裡繼承了無窮資訊，生命針對這些資訊無時無刻不在做出反應，在回應的過程中又產生更多資訊。但無奈的是，大量資訊的互動關聯都在潛意識中進行，我們對潛意識中的無窮資訊所知甚少，我們對生命針對這些資訊在潛意識中做出的回應同樣也是所知甚少。

為什麼身體會有各種奇特的反應？為什麼人類會罹患那麼多動物不曾罹患的疾病？為什麼我們的情緒總是難以控制？埋藏在內心深處的重重感覺到底在訴說什麼？

生命是什麼？我是誰？這些答案一直記錄在潛意識中，記錄在世界對生命的映像反射中，記錄在生命的自動回應裡，但那裡就像一間漆黑的屋子，單純運用意識的能力根本無從勘破、無從知曉。

◆ 衍生資訊

衍生資訊只存在於人類的潛意識中，其與「意識流」有很大關聯。

「意識流」並非意識，而是種入潛意識裡的「意識信念」。它要麼是開啟潛能的實相鑰匙，要麼是儲存魔咒的黑匣子。

真相是生命對自我、世界的正確認知，當生命開始對自我和世界抱

持正向態度時，黑匣子就會慢慢解鎖，魔咒在陽光下無所遁形，生命能量將擺脫約束，綻放出來。

這時，意識信念種入潛意識，人們更加自信；潛意識中的資訊意識化，人們更加了解自己。心智合一，一片光明，將不存在「意識流」無意識驅動大腦、行為的狀況。

反之，如果意識流裡儲存著魔咒，那麼意識流將會成為真正的黑匣子，帶著黑魔法影響未來的人生。（本書提到的「意識流」單純指潛意識中儲存魔咒的黑匣子。）

黑匣子裡的「意識信念」是如同魔咒一般的模糊認知，比如「我什麼都做不好」，再比如「沒有人值得相信」或「世界很危險，我無法掌控」。

這些模糊認知與早期經歷相關，尤其與原生家庭中的成長經歷相關。

所有經歷都是世界給予生命的資訊，生命用感官將這些資訊收錄進來，隨之產生本體感覺及情緒感受，以此回應世界。

如果是動物，互動到此，基本為止了；但人不一樣，人有逐步發展起來的認知能力，人會利用自己的認知能力解讀感覺和感受，間接理解世界的態度，理解自我的價值。

例如，一個男孩的某次考試失敗了，老師批評，同學嘲笑，這些資訊用感官（視、聽）收錄進來，男孩感到慌張、羞恥、難過……

在生命與環境的互動過程中，男孩解讀自我與世界之間的關聯和意義，因受他人態度影響，故而產生的認知是「我很笨」、「沒人喜歡我」、「大家都不值得信任」。經過強化，這些模糊認知會種入潛意識，變成壓抑潛能的魔咒。

設想同樣一件事：男孩考試失敗，被批評、嘲笑，感到慌張、羞恥、

難過（感受資訊）。

假若此時，有人引導男孩，用溫柔、信任的態度給予男孩正面回饋，令男孩獲得正面資訊（感覺資訊和認知資訊），從而使其感到平靜，心裡湧起能量（改寫感受資訊），之後再面對並重新體會老師和同學的態度（改寫感受資訊），就會產生新的認知，比如「我努力了，這很棒」、「只要堅持，我一定會做到更好」、「老師批評、同學嘲笑，不能否定我的價值，反而可能幫我看到是否存在問題，存在哪些問題」、「我將慢慢學習分辨，接受有用的回饋，拒絕無用的回饋，以便下次做到更好」。經過強化，這些認知也會種入潛意識，變成開啟潛能之門的鑰匙。

「意識流」裡包含了人們對自我、他人、世界的核心態度（認識）。

如果人們知曉生命的資源，相信自己的生命中包含著無窮的能量和智慧（生命力、感覺、直覺、認知），相信只要運用這些資源不斷嘗試，累積經驗，就有能力面對、突破一切難題，那麼生命就會對自我、對世界建立起正向的態度。

如果「意識流」裡包含的人生態度是正面的，生活中遇到難題時，正面態度會激發生命能量，強化人們自我肯定的意識，支持人們行動起來，面對問題，解決問題。這樣的意識流不是黑匣子，而是引導光明、開啟潛能之門的鑰匙。

如果「意識流」裡包含的人生態度是負面的，生活中遇到難題時，負面態度會激發恐懼、擾動思緒。黑匣子裡儲存著魔咒，模糊的魔咒認知流入意識，人們將不停懊悔過往、擔憂未來，沉溺於萬千思緒中難以自拔，進而衍生出更多負面感受。這些衍生感受也將儲存在潛意識裡，直到有機會正視，不斷改寫，才能慢慢釋放掉這些重重壓抑的衍生情緒能量。

　　之前的案例中，那位感覺自己身上散發特殊氣味，讓身邊人不舒服的男士，他發現每當自己遇到壓力，焦慮、不安的情緒加重時，身上的「氣味感」也會加重。

　　這是因為男士的潛意識裡曾經種入了「我髒兮兮的，沒人會喜歡我、在乎我」之類的模糊認知。「不配在關係中得到愛」成為意識流裡的魔咒。每當他遇到生活壓力，狀態不好，擔心因此影響關係，焦慮不安時，意識流就會激發大腦，擾動萬千思緒，進而衍生出更多負面感受，加重焦慮、不安，也加重「氣味感」。

　　一次次經歷壓力性事件，一次次衍生負面感受，疊加的衍生資訊全部收錄在潛意識裡，繼續不停強化模糊意識，不停繁衍出更多負面的感受記憶。直到痛苦累積了太多，讓男士無法不去正視真正需要面對的人生課題。

　　他開始慢慢與自己和解，慢慢轉變對待自我、他人、世界的態度，慢慢改寫核心認知，向潛意識中持續種入正向信念。至此，舊的累積循環才開始慢慢被打破。

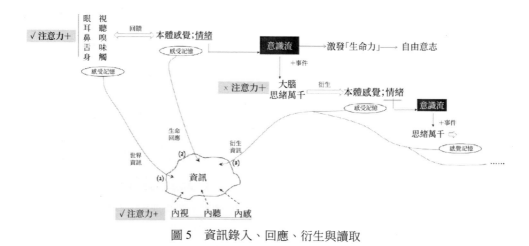

圖 5　資訊錄入、回應、衍生與讀取

　　前人將與時間相關的無窮資訊及蘊藏在無窮資訊中的與因果相關的神祕關聯（宇宙奧祕），留存、累積在集體潛意識裡，一代一代傳承給後人。

　　後人不但繼承了這些寶貴的資訊財富，也透過自身體驗，像前人一樣累積著與自身所處環境相關的諸多資訊——世界投影資訊、生命回應資訊、衍生資訊。這些資訊以感覺記憶或感受記憶的形式儲存下來，其中一小部分與意識資訊庫內的認知經驗重疊，而大部分是未知的、神祕的，等待著進一步開啟。

　　一花一葉尚且遵從宇宙法則、蘊藏宇宙規律，宇宙永珍投影在潛意識中，大量神祕資訊複雜關聯、重重對映，其中更是蘊藏著宇宙、人性的奧祕，更加折射出宇宙存在、變化、驅動萬物執行的高維智慧。

　　因此，潛意識如同一個資源寶庫，裡面不但有取之不盡的資訊，更有資訊凝整合的無窮根本智慧。內感官是一把鑰匙，用來開啟潛意識之門；而直覺是一塊吸金石，用來探測潛意識中紛繁、散亂、雜糅的大量資訊，從中感應到解決人生課題的關鍵線索。

◆ 開啟潛意識的意義

　　內感官，即內視、內聽、內感，是幫助人們開啟潛意識之門、讀取潛意識中資訊、與高維空間獲得連繫的能力。潛意識中的無窮資訊均以感覺或感受的形式儲存，藉助內感官可以連線到這些資訊——畫面、聲音、感覺，以及情緒幻化出的畫面、聲音、感覺。

　　這些內容我們並不陌生，夢境中常常能夠與之連繫；當然，清醒時，也仍然可以有意識地運用內感官連線自己的潛意識，和內心的感覺、感受在一起，靜靜等待直覺從中發現祕密。

直覺幫助人們感應線索，獲取靈感、體悟或直覺經驗，這些都來自宇宙的高維智慧。靈感和體悟可交與思維，而直覺經驗則繼續儲存在潛意識裡。

宇宙、人性的奧祕無窮多，已經獲取的靈感、體悟、直覺經驗只是少數，更多智慧仍蘊藏在無窮資訊之中，等待著人們運用內感官和直覺，進一步探索、發現。

開啟潛意識有兩個非常重要的意義。

第一個意義：世界投影在潛意識裡，宇宙的規律和智慧也投影在潛意識裡，只有用內感官開啟了潛意識，直覺才能藉助蘊藏在無窮潛意識資訊中的神祕連繫，連通宇宙高維智慧，獲得與世界有關的靈感，解決現實難題。

第二個意義：生命在與世界互動的過程中不停探索、不停求證，並且將所有互動資訊儲存在潛意識裡，只有用內感官開啟了潛意識，直覺才能藉助世界的映像、藉助生命的回應，獲得與自我相關的體悟，突破人生課題。

生命渴望前行，又時常帶著恐懼前行，於是，太多感受不停在潛意識裡發聲，呼喚意識成長，原始生命力無意識地驅動著感受，讓感受不斷浮現，只是為了讓人們能夠有意識地回觀自我、探索生命，進而無畏前行、拓寬世界。

人生似一場修行，無論主動還是被動，我們都在體驗人生；無論願意還是不願意，「無常」和「痛苦」總會把功課帶到每個人面前 —— 生命的意義是什麼？什麼樣的活法能讓人活出更好？我是誰？從哪裡來？往哪裡去？來去之間將經歷什麼、收穫什麼？一生可以自在到達的世界有多大？

　　人生總會遇到困境和難題，藉助認知無法在意識倉庫中找到線索，幫助人們解決難題時，直覺、投影在潛意識無窮資訊中的高維智慧及大量收錄在潛意識中的與問題相關的資訊資源，這三者就是破解難題的關鍵。

　　人們要學會連線潛意識，聽懂不安的呼喚、痛苦的吶喊，聽懂生命原初的力量和渴望。與生命實相、宇宙奧義相關的一切答案，都記錄在潛意識裡！

　　有人分享過這樣一個故事：一位賽車手在一場比賽中即將奪冠，他駕車行駛到最後一個彎道，只要透過這個彎道就能衝線贏得比賽了。在這關鍵的一瞬，他卻下意識地猛踩剎車，這個衝動行為連他自己也感到意外，而這個意外卻挽救了他的生命。因為轉彎後的賽道被幾輛車堵死了，如果沒有剎車，繼續高速衝刺，後果不堪設想。

　　聽起來難以置信，但這神奇的直覺反應並非沒有依據。

　　作為一個優秀的賽車手，專業訓練讓他練就了敏覺環境的強大能力，他習慣了關注當下，習慣了藉助「感覺觸角」與環境保持緊密連線，習慣了隨時收取環境資訊，從而掌握環境、隨機應變。

　　賽車手的感官是隨時運動的，哪怕在賽道上高速行進，他的視野也自動收入了這樣一個畫面：賽場外圍本該朝向選手歡呼雀躍的觀眾，正驚愕地注視著另一個方向 —— 這是一個不同尋常的訊號，然而這個訊號意味著什麼？如果用腦思考答案，恐怕早就來不及了，更何況意識並沒有注意到這個畫面，這瞬間的視覺資訊儲存在賽車手的潛意識中，是「直覺」連通「上帝」的視角（高維智慧），瞬間調取，給予其警示！

　　大腦在同一時間內注意到的環境對象很有限，資訊儲存容量和潛意識比較起來，亦極為有限。因而，若希望大腦增長智慧，必須依靠潛意

識中的感覺資源，依賴直覺從高維視角獲取靈感。

「感覺」和「直覺」是潛意識的維度，一個儲備、讀取潛意識中的資訊資源，一個利用潛意識中的資訊資源生成智慧；「認知」是意識的維度，人類最為熟悉，只是「意識流」驅動下的非自主性思考不具有建設性意義。因此，掌握「注意力」，才能掌握生命資源的有效運用。

人生旅途中不斷體驗，遇到難題時，開啟潛意識，藉助「內感官」、「直覺」獲得靈性資訊，再藉助「認知」將這些資訊意識化，在意識中繼續分析、延展，如此獲得的智慧將會幫助人們解決生命中遇到的各類難題，幫助人們離自己的目標、夢想越來越近。

這既是人生以世界為背景的前行、修練，也是人生不斷回歸自我、活出自我的過程。

哪怕生命只是偌大宇宙中的一粒微塵，它也在用自己的資源、方式呼應著時間，呼應著世間同伴，呼應著宇宙最高法則。

▍攫取智慧的本領

「邏輯思維」源自人類的認知能力，它和「直覺」都能幫助人們發現事物、現象背後的奧義，差別在於「邏輯思維」基於人類的集體意識，超出集體意識庫，對「邏輯思維」來說，就是超綱之題；而「直覺」基於潛意識、基於廣闊的宇宙投影，能夠觸到無邊的智慧。

但純粹的直覺是無意識的、不自主的。若沒有意識，直覺便不會服務於生存之上的目標；若沒有自主性，沒有自由意志，人類也不會根據個人意願，有意識地運用直覺，獲得靈感。

宇宙包含更高的維度，直覺之所以能夠連線高維，從那裡獲取靈

感,是因為人類的心靈世界（潛意識）中存在宇宙的全像投影,那裡折射出全部高維智慧。

人類的「外感官」負責覺察外部世界,收錄資訊;「內感官」負責開啟潛意識,超維度共鳴,喚醒心靈;此時,「直覺」才能藉助全像投影,連通高維,獲得靈感、體悟;直覺將這些靈感、體悟交與「思維」,繼續分析、處理,加以延展,不斷豐富、發展出經驗網絡,提升人類的思考方式,服務於人類的自由意志。

這就是「感覺」基礎上,「思維」和「直覺」兩種力量的彼此補充、相互整合。

但現實中,這兩種能力未必能夠整合在一起,因而常常出現脫離思維的直覺或脫離直覺的思維。

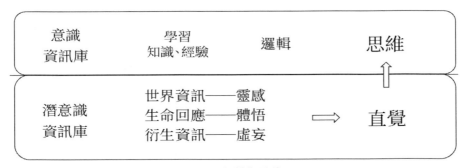

圖 6　超越與靈感

脫離思維的直覺是動物性的、無意識的本能反應,比如蜜蜂築巢,大雁列隊,河狸建壩……

動物沒有自由意志、沒有清晰的意識、沒有獨立思維,牠們只是在懵懂中跟隨自己的原始動力「生存」——是為了生存而適應環境,在漫長的、無意識的環境體驗中,動物們憑藉直覺最終獲得解決生存問題的靈性智慧。

　　靈性智慧讓大自然和動物之間建立了靈性連繫，有了這層連繫，一切都是聯動的，如同上了發條，音樂盒就會歌唱……環境訊號刺激動物們的直覺本能，就像是為動物們的行動上了發條，瞬即引發動物們的群體反應。

　　人類能夠理解動物的智慧 —— 正六邊形蜂巢用料最省，空間卻盡可能寬敞；大雁採用人字或一字形列隊飛行，可以利用氣流節省體力……雖然憑藉直覺獲得智慧、創造神奇的是動物，但牠們卻沒有意識去理解自己已經獲得的智慧，更不懂得如何將這些智慧運用於生存之外的理想或目標。

　　動物們的反應基於生存、出於本能，都是無意識的，沒有自由意志、獨立思考的動物終究不具備生存之上的夢想，因此也不可能根據個體意志創造個性價值。

　　脫離直覺的思維，唯人類獨有。

　　走入文明世界的人類，擁有了自由意志、自主意識，並且漸漸擁有了生存之上的「動力」—— 歸屬、尊重、自我實現，一個「活出自我」的夢想，這一切都和人類進化出「認知能力」有關。但是，局限在現存認知經驗範圍內打轉的思考方式，並不足以幫助人類解決所有問題、實現所有夢想。

　　認知經驗無法像直覺本能那樣跨代傳承，因此新生兒降生後，一切都要從頭學起。「學習」是提升自我的重要方法，但不是唯一方法。能力不夠了，掌控不了生活了怎麼辦？趕緊學習，透過累積知識、經驗來提升能力。可是，這樣的能力只是經驗資料的堆砌，不具備創新性，就算學到極致又能如何？比得過人工智慧採集資料的速度嗎？比得過人工智慧儲存記憶的容量嗎？況且人工智慧不會忘事，還不會疲勞。

　　創新能力需要感覺、直覺、認知三個維度整體發展，進而提升個體的心智模式和思考方式。

　　感覺和直覺是突破有限經驗，探索未知、探向高維的兩隻重要觸角、重要能力。忽視這兩隻觸角的人，不管學到什麼程度，最終也只能在大時代中難逃被人工智慧淘汰的命運。

　　人類的個體認知（個人意識）、集體認知（集體意識）都是有限的，在有限的範圍內求索，人們擁有更高的追求，卻常常受困於經驗容量，受困於缺少在體悟基礎上領悟智慧的能力，因而無法獲得真正的滿足。

　　因此，脫離直覺的思維，同樣欠缺創造力，無法挑戰未知領域。

　　迎向高維敞開心智、開放思維、接納未知，就是在思維的基礎上為直覺的力量解鎖。在這個世界上，只有人類同時具有直覺和複雜思維兩種能力，所以只有人類擁有自由意志 —— 能夠有意識地憑藉直覺獲取靈感，再憑藉思維接過直覺貢獻的靈感，突破限制，創造新的文明！

　　人類的靈魂有機會在意識中慢慢覺醒，頓悟解脫的一瞬，靈魂的能量與宇宙融為一體，從而見證一切實相。儘管修行尚遠，儘管跳脫身體限制（跳脫三維）、成為覺醒開悟的自由靈魂十分不易，但我們的確具備這樣的潛能。

　　那一天來臨之前，我們的眼睛（外感官）看不到那般壯觀的景象，但我們的心（內感官和直覺）可以連線那裡。

　　感覺和直覺究竟是如何連線高維的呢？這似乎很匪夷所思，但其實「高維」並不神祕，它就在我們身邊。

　　2012年，伊朗藝術家Bahareh Bisheh在孤兒院拍下了一張令全世界感到悲傷的照片：一個在戰爭中失去母親的伊拉克小女孩，在地上畫了媽媽的懷抱，然後蜷縮在裡面……

圖 7　超越與靈感

　　閉上眼睛，試試看，我們能不能聽到哭泣聲、呼喊聲、炮火聲，能不能看到那個女孩憂傷的表情，看到死神帶走了她的媽媽，看到她身處的冷酷世界，看到更多在戰爭中淪為犧牲品的無辜生命；試試看，我們能不能體會到感同身受的痛；再試試看，我們能不能因此收穫一份深刻的生命體悟……

　　我們沒有在「2012年、孤兒院」這個時空維度裡，我們的身體無法穿越，但我們在自己的時空，藉助感受（內視、內聽、內感）和直覺，依然能夠連線到另一個時空維度中的畫面、聲音、體驗、意義，因為人類的心靈本就是相通的。心理學家榮格（Jung）將凝集人類共通感受、共通體悟的複雜經驗印記，稱為集體潛意識。

　　人的「意識」相互獨立，不同的人常常有不同的目標、想法、見解，人群之中常常出現很多分歧、很多思想衝突，由此人們做出不同的行為或選擇，這與沒有意識的動物呈現出很大分別。

　　而人們的「潛意識」是連通的，儲存在潛意識中的感覺經驗、直覺經驗被激發之後，可以在人群之間傳遞、連線、共鳴。

　　假如能夠拋開意識的影響，就會發現整個人類群體會基於相通的感

受，做出極為相似的直覺反應；即便不拋開意識影響，在人類的微表情及身體語言中，也依然能夠找到感受引發共性反應的證據 —— 這與動物總是基於本能對環境做出高度同化的群體反應具有相同的本質。優秀的文藝作品或廣告企畫正是運用了這一點。

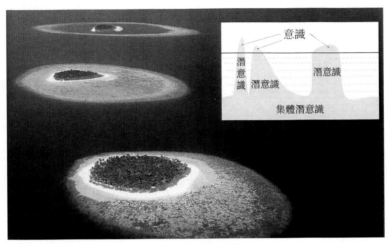

圖 8　集體潛意識

好比大海中數不盡的山川、島嶼，暴露於海平面之上的部分是「意識」，「意識」與「意識」可以在空中相互致意，但卻彼此保持獨立；隱藏在海平面之下的部分是「潛意識」，「潛意識」深邃、難測，但它們都在水下連通於地球，進而連通彼此。

「意識」與「意識」總是不容易直接連線，一個人若不用語言表達意圖，另一個人就很難猜透他的想法；即使一個人用語言表達了意圖，另一個也很可能理解錯誤。

但人們的「意識」可以藉助「潛意識」的天然連線間接獲得連線，一個「內感官」和「直覺」都很敏銳的人，能夠透過自己的感受連線到另一個人的感受，與之同理、共鳴，然後再藉助這份感同身受的情感體察讀懂對方的動機和想法，如犯罪心理側寫、消費者心理側寫、演員角色代入等等。

「集體潛意識」收錄著人類共通的感覺印記、情緒印記、體悟印記，這些印記展現著宇宙、人性的根本規律，會跨代繼承，儲存在每個人心裡，一旦被激發就會引起廣泛的同理、共鳴；而「集體意識」是人類所有認知經驗的集合，歷代都在累積卻無法直接繼承，因此只能儲存在個人心智之外的資料庫（網路、圖書等）裡，不同的人有不同的經歷、不同的目標，因而從集體資料庫中選取的資源不同，思想不容易統一。

「感覺」和「直覺」能力強的人是「有覺者」。他們感性而敏銳，對環境或是對人有很高的敏感度，善於發現細節、覺察自己或他人的情緒。

「有覺者」不是那些容易被情緒掩埋的人，他們有能力從主觀情緒（低頻能量）中抽離出來，用抽離的「第三隻眼睛（內感官觸角）」看到自己的情緒漩渦、看到漩渦中的心理動力，並且能夠相對客觀地注視情緒、探索情緒，相對客觀地體察環境、感受他人。

「有覺者」有能力結合自己的認知經驗，深度領悟感覺觸角探測到的資訊 —— 自己的情緒、他人的情緒、環境細節等等。

他們總是有意識地放鬆，保持注意力，舒展「觸角」連線自我、他人、世界，藉助親身體驗深度感悟自己頭腦中已經獲得的針對自我、他人、世界的經驗認知，從而能夠做出更加深切的判斷。他們善於讀懂自己、讀懂他人、讀懂環境，他們是「有知有覺」的人。

「無知無覺」，既愚鈍又遲鈍；「無知有覺」，近似敏感動物具有的特性；「有知無覺」，這樣的人重理廢察，喜歡強調道理，卻沒有感受他人、理解他人的能力，故而常心生評判、分別，難獲智慧。

而「有知有覺」者聽得懂自己、讀得懂他人、看得懂細節，故而善於體察、同理，善於連結、觸動他人內心，甚至善於影響他人的行為，使之發生改變。

藝術家，心理師，諸多領域中的創新者，比如優秀的產品設計者或是品牌企劃者，他們都是有覺有知，即「感知力」很強的人。他們有能力學習掌握人類已經累積下來的認知經驗，也有能力憑藉自由意志掌控「感覺觸角」深刻體察，掌控「直覺觸角」配合認知深刻體悟。

「體察」和「體悟」是連結萬物的橋，它們可以突破文化、地域、語言的限制，讓人與人、人與物、人與景，乃至人與整個世界產生同理和共鳴，無論我們是否到達過那人、那物、那景，無論各自是否處於交錯的時空線，都不妨礙我們藉助兩隻觸角——「內感覺」和「直覺」與之連線。

無法到達高維也無妨，若能謙卑下來，接受自身局限，便能敞開心智，相信高維的存在，然後，在自主意識主導下，運用直覺接收自高維降下的靈感，發現人類未曾發現的新內容。有如此心智的人不但會擁有超強的「感知力」，還會逐步提升出超強的「靈性直覺」。

基於「認知經驗」，人們在已經掌握的經驗領域裡，看感覺到的已知同類現象時，想看懂不難，比如資深的心理師看人心，能夠做到「有知有覺」；基於有限的「認知經驗」，人們在未曾深涉的新領域裡，看感覺到的未知現象時，卻總是無法看懂，在現存的經驗系統中找不到答案。此時，若直覺力強大，便能夠依靠直覺，抓住關鍵。

一種情況是，與已經掌握直覺本能的敏銳動物相似，人的直覺決策可以跳過大腦直接驅動行為，比如賽車手彎道剎車的例子；另一種情況是把直覺決策帶入大腦中來，意識也無法盡數闡明其中邏輯，人們仍然只能憑藉直覺做出判斷，比如企業家判斷行業未來趨勢。這兩種情況都是「無知有覺」。

人類與大自然中適應生存的動物一樣，也會在生命力驅動下，「無知

有覺」地運用超維智慧適應環境、征服環境，但人類的自由意志並不甘心讓這些智慧一直沉沒在潛意識裡。人們會有意識地思考、理解這些無意識的智慧過程，結合以往的認知經驗進行研究，最終獲得突破維度的洞見。

大自然的祕密就這樣一步步揭開，人們不但可以弄懂自身的直覺經驗，還可以運用感覺、認知、直覺，弄懂很多動物們的直覺智慧，如蜜蜂巢穴的精妙、蝙蝠聲波的原理等等，人類將這些智慧應用於各項發明。

如果宇宙是萬物的世界，那麼人類「意識」這粒萬物的火種，或許終將藉助某些人的心靈，點亮宇宙中所有未知。

那些人必定是直覺力超強的人，他們的心智在開放、接納的修練過程中容納越來越多的智慧，經驗網絡不斷提升、發展，越來越豐富靈活，因此他們具備更高的能力 —— 有意識地運用「直覺」連結「高維」，運用「思維」抓住「未知的奧義」。在感應到高維資訊的一剎那，直覺觸到了靈感，思維也接過了靈感。

故而，他們不但能夠敏覺（感覺）現象，發現事物細節上的微妙變化，敏覺（直覺）現象背後的奧祕，感應到暗藏在細節之中的神祕規律，還能夠藉助靈感，解讀（認知）埋藏在紛亂資訊中的關鍵線索及突破核心問題的關鍵策略。

這種神祕強大的能力，是來自高維的靈性洞察。那些能夠敏覺到未來趨勢，締造或影響人類文明的人，諸如偉大的領袖、恬淡的修行人、探索真理的科學家、傑出的企業家和思想者，他們的直覺必定時常和高維保持連線。

丟失的耐性

我是小v，我降生於地球，住進人類的身體，有幸擁有了零至三維的生命資源。

生命力驅動我探索世界，用感覺、直覺、認知建構心智網絡。但我並不知曉我有多少生命能量，也不清楚自己的心智網絡到底能夠開啟多少生命資源。

我懵懂地降生，懵懂地成長，懵懂地擁有了很多，又懵懂地錯過了⋯⋯

我是人類的孩子，我掌握了「認知」，擁有了「智慧」，這神奇的能力加快了我對世界的理解速度，也讓我變得不再有那麼好的耐性。

充滿欣喜、迎望世界的小小的我，看不見未來；不再耐心、不再安住的小小的我，也並不知曉，自己的未來正由此刻悄悄改變⋯⋯

長大後，我時常會困惑：為什麼人總是活在期待中？期待關注，期待認同，期待更多、更快的結果⋯⋯似乎總是不夠、總是急迫，似乎想要的總在遠方；為什麼長大後，心裡會漸漸升起很多欲望，而兩隻老天賦予的心靈觸角 ——「感覺」和「直覺」，卻已跟不上「欲望」想要的節奏？

我的生命資源是怎樣浪費的？我的耐性又是怎樣跑掉的？

人們教育後代，總是著重發展認知能力，期待培養出強大的腦力，幫助後代認識世界、分析世界，在未來掌控自己的生活。

但大腦是自動節能的，它善於篩選重點，善於評估已知資訊，從中找出邏輯，快速應對已知領域裡的問題；卻不善於儲存更多感覺資訊，不善於從無窮未知資訊中發現關鍵，解決未知領域裡的問題。

　　大腦用「認知」篩選重點，需要關注的對象不多，錄入意識裡供邏輯思考使用的資訊也相對不多；而心靈用「直覺」探索奧義，卻需要關注並採集大量資訊，錄入潛意識，以備不時之需。

　　當孩童早早學會了分類、整合資訊，當孩童已經有了基本認知，能夠根據一般規律或機械的標準，快速使用及應對某些事物，這時，大腦何必再耗費精力去關注更多感覺、更多體驗？何必再細細體察那些已經「掌握」的對象？孩童對這些事物的興趣已經不似先前那般濃厚了。

　　想想看，如果已經認識了茶杯的性質和功能，多少人還會特別去在意同類杯子上的紋路是否存在細微的不同，在意不同材質的杯壁是否呈現出不同的觸感和溫度？或是更深一層 —— 去在意這些新鮮的發現意味著什麼，將會收穫怎樣的靈感，帶來怎樣的驚喜？

　　正在認知世界的孩童，通常會下意識地將自己的注意力分配給其他更加新鮮有趣的事物，並且期待著繼續用「認知」快速抓住新內容。一旦習慣了這樣的方式，他就會很容易失去耐性，也很容易過度依賴「認知」，放棄深度體驗。

　　隨著慢慢長大，人們越來越難以沉下心來、放慢腳步，留意每一個當下，在生活中一點一滴地發現驚喜。儘管懂得的知識在不斷增多，但放在體驗上的時間越來越少了，因而對事物的深度接觸、深度覺知也越來越少。

　　出生後，我便不記得自己是誰，我是「小v」？我不記得了！但我依稀還記得，「感覺」和「直覺」這兩隻觸角曾經還在我的精神世界裡發揮重要作用時，我是多麼有耐性。

　　那時的我雖然不記得「小v」，卻能夠體察到小v的存在。它們在我心裡說話，又時常從我的心裡探出頭來向世界張望……雖然我聽不懂它們

的聲音，卻總是會毫不猶豫地跟隨它們。

　　我喜歡帶著好奇心，透過「感覺觸角」觸碰每一個事物、連線廣闊的世界；我喜歡靜靜展開「直覺觸角」，用它接收那些奇妙的靈感、驚喜的發現。

　　那時的我，總是能夠安住在當下，仔細觀察，用心體會，專注發現事物的妙處。哪怕一片樹葉、一粒鈕釦，我都會和它們待上好久。對我來說，童年的一片樹葉不僅僅是一片樹葉，它有時是一葉小舟，蕩漾著童真划進自然，它有時是一架飛船，裝載著想像遊入太空；童年的一粒鈕釦，也不僅僅是一粒鈕釦，它有時是媽媽的愛，我把它縫在布娃娃上，它有時是一粒糖，我把它鑲成甜甜的笑。

　　轉頭回想，我很慶幸自己出生在一個物資稍顯匱乏的年代，沒有過多的玩具，也沒有功能強大的電子產品，聽不到那麼多嘈雜、尖銳、疊加在一起的聲音，看不到那麼多快速跳躍，大量色彩、沒有重點的畫面。更重要的是，沒有人怕我輸在起跑線上，因而過早灌輸我大量認知。很慶幸，沒有這一切來爭搶我兒時的注意力，打破我兒時的專注力。那些放慢節奏、舒展觸角的日子，才是體驗深刻、創意有趣的人生。

　　但是，後來，我終究還是在強化過程中慢慢改變了習慣。

　　大人們更看重我學到了什麼、記住了什麼、懂得了什麼，而不是體驗了什麼、感受了什麼、發現了什麼。就這樣，在環境的影響下，我也越來越偏好「認知」，越來越習慣用認知這個維度建立精神世界，期待用認知主導的精神世界引領現實、引領未來。我幾乎開始相信，只要我懂得更多，裝下更多知識和道理，我就能夠駕馭更大的環境，擁有更大的自由。而「感覺」這個維度能夠幫我多少呢？「直覺」這難以思索的能力

真的存在嗎？

　　大腦擅長在宏觀上抽象概念、掌握規律、抓住要領，而感覺總是針對事物的微觀細節，顯然，直接用腦認識世界速度會快得多。相比之下，充分感覺後再用腦認識小細節需要花費更多時間；在充分感覺的基礎上靜待直覺出現，發現靈感，再將靈感交與大腦——這整個過程需要花費的時間更長。

　　人心往往等不及，想必是覺得那些已經被前人驗證過的知識經驗，尤其最簡單、最基本的知識經驗，直接學來、掌握精髓就好了，何必還要重視深度的細節體驗呢？何必非要自己去尋找、發掘現象中包含的每一個意義呢？

　　就比如，米飯入口，知道它好吃、能飽腹還不夠嗎？真的需要細細體察一粒粒米的色澤、形狀，在舌頭上的質感，在牙齒上的彈性，攪拌唾液後滋味的變化，吞嚥時喉間的蠕動，以及食糜滑過食道的觸感嗎？做這樣的細節體驗能收穫靈感嗎？如果不能收穫靈感，為什麼還要體驗？如果能夠收穫靈感，獲取那樣的靈感又有什麼意義呢？

　　看得到這份意義的人並不多，更多大人們喜歡看到孩子快快懂事，掌握越來越多的知識和道理。大人們不是總有耐性陪伴孩子體驗一片片樹葉、感受一粒粒細沙，或是安靜地摺一頁紙，不是總有耐性靜靜等待孩子們在成長過程中，自己去發現哪怕一個小小的驚喜或意義；他們更願意教孩子們一下子認識整棵樹、整座島、整片沙灘，更習慣於在他們充分體驗之前，就教孩子們懂得已經被前人總結出來的道理和意義。

　　孩子們總是對世界充滿好奇，他們每天問為什麼，想發現更大的世界，想知道更多。但很多祕密提前劇透了，探尋細節的興趣也就減弱了。小孩子們就是這樣，在「喜新厭舊」中成長，於是，大人們就去商店

裡買回一樣又一樣逐漸堆積成山的玩具，在孩子們快速掌握了玩法、意興闌珊時，可以有充足的替代品轉移他們的注意力，從而應對孩子們逐漸降低的耐性。

儘管生命時時刻刻都離不開感覺，但是我們越來越不專注於感覺，越來越不懂得感覺了，更加等不及在靜靜的感覺中，守候直覺出現，獲得驚喜。我們喜歡在頭腦裡搜尋，喜歡快速獲知答案，喜歡憑藉意識在短時間內就掌控更多外部資源，而不是在體驗中花費更多時間，耐心地發現世界、發現未來。

科技發展得太快，人類累積下太多知識、經驗，導致這個時代資訊爆炸，這竟然是一件如此悲傷的事情，因為在這樣的環境下，人心變急了，不但自己急，也急著讓後代長大，急著讓他們學習更多、懂得更多，用大腦裝下更多認知來抓住世界和未來……

就這樣，一代複製一代，復刻對認知的重視，人們唯獨沒有為自己和後代的「感覺」留下足夠的時間。沒有敏銳的「感覺」，便沒有連向高維的「直覺」，沒有衝破未知的靈感，於是也就沒有了創造力。

另一個更加傷感的問題是：遇到困境時，我們總以為自己只能依賴大腦抓住有效答案。或許繼續想，或許透過學習，或許向他人求教，假設那個答案存在，用腦就是獲取它的唯一方法。但這是真的嗎？不管最終問題是否真的能夠藉助思考獲得有效解決，執著思考的人數都不會輕易縮減，因為這就是我們從小強化出的經驗，遇到問題不去思考，還能夠怎樣找到答案呢？

人們時常忘記了「感覺」這個維度，尤其遭遇困境，焦慮、痛苦時，人們更容易淪陷在「意識流」裡，忘記多留一點時間給「感覺」，也忘記多留一點耐性等待「直覺」。

世界和內心都有資訊等待著我們去發現 —— 去面對挫折，聽一聽外面的響動，哪怕會讓人不安；去面對真實，聽一聽內心的呼喚，哪怕是痛苦。

如果人們終究還是不願意面對，不願意安住在感覺之中，無法靜靜地和世界待上一會，和自己待上一會，便永遠不會知道如何傾聽世界，又如何傾聽自己，更加不會知道如何與世界相處，又如何與自己相處。

就是這樣，對世界和自我「感覺」得不夠時，「直覺」也就消失不見了。

在這樣的時代背景下成長，我和自己內心的「小v」也越來越遠，我不記得「小v」，甚至慢慢地我開始關注不到它的存在。它仍然在發聲，但我越來越少聽到它的聲音，又或者是我遮蔽了它……

假如它不在，生命和靈魂在哪裡？我還在嗎？

一直以來，習慣了向大腦索取答案，卻從來不清楚大腦不知道的答案，它通常躲在感覺背後，要在體悟中用直覺獲得。

時間是一部永動機，世界複雜而多變，每個人的未來都充滿了未知、各種不確定性，面對這一切，心急的人們瘋狂擴充認知，寄希望於用大腦抓住世界，從而確定未來。但即使一個人一生無休地吸納知識經驗，最終到達容量極限，又能有多少？就算像搜尋引擎一樣，連結人類全部集體意識，自由調取任何一條已知經驗，又能如何？還不是不足以應對無常人生中的所有問題！

想要突破瓶頸，深刻地洞察世界、洞悉實相，若不藉助體驗，怎麼可能做到呢？

如同文字之於不同的讀者，哈姆雷特之於不同的觀眾，不同的人在經歷中獲得的體驗不同，因而即使面對相同的對象，洞察和感知的程度

也必定不盡相同。越是完整保留「感覺」觸角的人，越能憑藉「直覺」獲得智慧、交與「認知」，於是越能看得更深、感知更透。

因為「感覺」觸角是我們連通環境、連通內心的橋（外感官連通世界，內感官連通內心）。沒有向外感覺周遭環境的能力，我們將會與世界脫離開來，陷入可怕的混沌與黑暗；沒有向內覺察身體和心靈的能力，我們將會與生命隔離開來，如行屍走肉。

真相總是隱藏在細節背後，若沒有「感覺」去體察那些細微之處，向潛意識中收錄資訊、讀取資訊，我們怎麼可能獲得與世界、與自我相關的深刻洞察！

只有和世界、和自己的心建立了充分的連線，「直覺」才會出現，從而藉助來自高維的靈性智慧，將靈感和體悟帶入意識，帶入生命，幫我們聽懂感覺，聽懂世界和內心的聲音，幫我們走向世界，開啟生命的潛能。

「感覺」本是人們與生俱來的能力，但是很多人在後天不同程度地忽視了它。忽視了感覺維度，等於忽視了探索未知的觸角，更加折斷了必須在感覺基礎上才能連向高維的「直覺」。

去仔細感知一粒米，真正的意義不在於米的價值，而在於感知米、洞察實相的能力，在於我們極大程度保留了精神世界裡的兩個重要維度——感覺和直覺。

懂得運用感覺和直覺擷取智慧的人，在才思枯竭、壓抑苦悶的時候，會主動選擇慢下來，給內在一點時間，靜靜心、採採風，吃飯的時候就體驗吃飯，行路的時候就體驗步伐，踏踏實實地去感受自我，感受與目標相關或貌似不相關的一切，而這個時候通常能夠突破限制，獲得靈感。

　　和古人比較，現代人感覺和直覺的敏銳性極大退化了，因為古時候人類累積下的知識經驗尚少，沒有那麼多現成的內容提供給大腦，讓大腦快速掌握。古人們必須親自實踐、探索未知，那時候，「感覺」和「直覺」還是他們賴以生存的最重要的精神維度，他們需要不斷使用這兩隻觸角，體驗環境、探攬奧妙，每每透過直覺連線高維，每每將靈感運用於洞察、運用於創造。文明越累積越多，經驗越總結越豐富，人類的時代就這樣到來了。

　　古時候突破創新的人占大多數，他們運用的智慧通常是自己親身驗證過的智慧；而現代，只有極少數站在時代尖端的人更有能力保持開放的心智模式，主動呼叫自身資源（生命力、感覺、直覺、認知），其他人多數時候只是在人類已經累積下的經驗系統內不斷重複罷了。

　　這個時代，人類已經積存了大量認知經驗，直接拿來應用是最快捷、最節能省力的方法，因此，「認知」成為人類精神世界的主導維度。

　　除了有意識地運用認知能力，攻克目標、化解難題，潛意識中的「意識流」驅動大腦思考也成為常態。

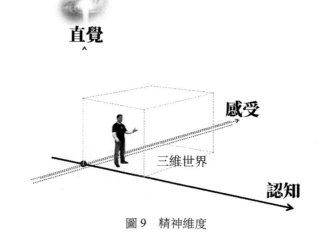

圖 9　精神維度

　　在意識流影響下，注意力時常上腦，無意識地陷入無盡思緒，有意識地思考著令人惶恐、糾結或是受誘惑的內容。而有意識或無意識分配給「感覺」的注意力越來越少，感覺越來越被忽視，敏銳性越來越差，無法提供充分的體驗資訊，致使人們運用「直覺」攫取靈感的能力也受到抑制，甚至消失不見。

　　「認知」能力越來越受人倚重，儘管人們將注意力分配給「感覺觸角」的時間越來越少，分配給大腦的時間越來越多，但衍生、壓抑在潛意識裡的「本體感覺、情緒」，這些感受資訊從未放棄表達，從未消失！

　　我們每天都在思考，事業、家庭、收入、人際關係、夢想與目標，抑或是熱播劇的某個橋段、媒體曝光的某個熱門焦點、電商網站上看到的一款紅裙……排著隊等待我們思考的對象太多，我們甚至來不及注意到自己的大腦很少能停下來，放空一會；也來不及注意到，究竟是什麼樣的模糊信念形成「意識流」，藏於我們內心深處，驅動大腦不停思考。

　　如果思考過程或思考出來的結果能夠滿足人們對生活的期待、滿足人心不斷增加的欲望，人們因思考而感到愉悅，那麼，在獲得「滿足感」的一剎那，人們會更加順理成章地依賴大腦、運用大腦；哪怕到下一剎那，「不滿足感」再度浮現，內心再度感到空虛，人們也依然會繼續依賴大腦努力思考答案、努力追趕新的欲望。

　　如果思考過程或思考出來的結果不能滿足人們的期待，甚至與人們內心的期待、欲望相違背，那時，壓抑在潛意識中的衍生感受又被喚醒，空虛、矛盾、衝突、重重不安，「意識流」擾動萬千思緒。越是不安，越是思緒不寧，大腦在紛亂的思緒中製造出更多「衍生感受」——恐懼、悲傷、憤怒、焦慮……但越是如此，人們越是不肯輕易收回下放給大腦的權利，多少人一邊想一邊苦惱，一邊苦惱一邊更加寄希望於用

思考來擺脫苦惱。痛苦的時候，心靜不下來，腦更停不下來。

太多壓抑、循環衍生的「感受資訊」從未消失，它們帶著生命的動力，傳達著生命的渴望和不安，時常從內心浮現，影響人們的行為甚至頭腦，但人們未必能夠正視，也未必能夠有意識地體悟它存在的意義。

我們總以為是意識在驅動、掌控我們的行為（腦指揮行為），但事實上，並非所有人都懂得如何掌握自己的自主意識、自由意志，更多時候是情緒激發了潛意識中的「意識流」，驅動大腦思考。在這種情況下，大腦會選擇性地關注環境資訊（少數對象）、防禦性地思考處理決策。

人們常常以為自己知道自己為什麼行動、為什麼選擇、為什麼思考，但其實，那些「意識流」（隱藏驅力）是無意識的，人們並不自知。

比如學習。我們選擇看一本書，但是為什麼看書呢？也許我們會想到一些現實目的 —— 要累積知識、要提升能力等等。然而，到這裡就能發現真相了嗎？

躲在看書行為背後的內心動力是什麼？感受是什麼 —— 好奇、愉悅，還是不安、焦慮？所以，看書、累積知識、提升能力是為了發自內心的熱愛，還是為了逃避糟糕、無能的感受，緩解對未來的擔憂、焦慮情緒？

用大腦想一想，或許答案會是：兩者都有。

但身體是最誠實的，用「感覺觸角」覺察身體的資訊，就會知道什麼是真正的答案了。身體是放鬆的，還是緊張的？是敞開的，還是防禦的？心身相關，能夠讀懂身體，就能夠讀懂心裡的感受，藉助體悟發現真相。

人活著，總想要活出更好，於是，前方總有很多目標，也有很多坎坷。

　　我們為什麼追逐？是因為我們聽懂了內心的聲音，知道這就是自己想要的，我們享受經歷的過程，更重視在過程中獲得體驗和成長，還是因為這樣做，也許可以擺脫心底的不安和焦慮，這樣做，也許可以從他人的眼中看到認同，從而讓自己的心獲得短暫的滿足和安寧呢？

　　人心複雜，是因為在人心底隱藏的、納入生存背景的「感覺」非常複雜，這些感覺總會潛移默化地影響我們，進而影響我們的生活，而這些影響又常常遊離於我們的意識之外。

　　我們信賴並且依賴著大腦，但我們的大腦幾乎沒有學習過如何與自己的心靈、與自己的感覺相處，於是那些在意識中無處安放的感覺常常被壓抑到內心深處，壓抑到潛意識裡，不斷衍生、累積，時常透過逆境挫裂的縫隙蔓延出來，不受控制地瀰散著，呼喚意識正視它的存在。

　　每一次不安、心痛等負面情緒被意識流推動著湧現出來，都是生命在盡最大的努力，藉痛苦這種最為深刻的感覺記憶傳達重要訊息。

　　不安是生命的低吟，痛苦是生命的吶喊，在生命不停的呼喚聲中，儲存在潛意識裡的本體感覺、情緒感受循環衍生、壓抑，變得越來越複雜、越來越疼痛，也越來越微妙。

　　人生不易，身體要活著，如果受傷了，威脅到生存，疼痛會告訴我們保護自己、療癒自己；心靈要找到活著的意義，活出更好，如果遇到阻礙，陷入迷茫和黑夜，痛苦會告訴我們認識自己、活出意義。同樣都是生命的提醒，但前一種疼痛我們容易聽懂，後一種卻很難。難在我們太早學習用認知和準則規範自己的行為，卻沒有學習過如何運用自己的內感官傾聽自己的內心；更難在形成這樣的模式之後，人們已經不再有耐性傾聽了。

　　人生之旅，外在或內在我們注定要經歷很多，靈魂既然住進人類的

身體，便注定要在無常中修行，注定要藉助人類的資源（感覺、直覺、認知）和意識聽懂生命的聲音，破除黑匣子裡的魔咒。

「意識流（黑匣子）」隱藏在潛意識裡，因為不自知，因而人們只能在無明中慣性跟隨。每當情緒受到擾動，來自意識流的無意識動力出現，心、身、腦在動力裹挾之下受慣性驅動，被動反應。這時，若沒有能力掌握注意力，運用「感覺」和「直覺」抽離覺察，捲入無意識動力漩渦的人們將喪失自主性，大腦雖然在思考，但基本沒有太多建設性的意義。

潛意識裡有太多生命的功課等待著我們去發現，有太多世界的奧祕等待著我們去探索。我們需要慢下來，耐心陪伴心靈世界的感受，聽覺察（感覺）和體悟（直覺）告訴我們藏在心底的祕密；耐心發現現實世界的細節，聽體驗（感覺）和靈感（直覺）告訴我們發生在宇宙未來的故事。

感覺、直覺、認知都非常重要，然而是什麼樣的原因促使生命將更多生命力（動力／能量）投入認知，過度依賴認知掌控人生呢？

一代又一代的人們，如此心急……

我是小v，我很想知道，這一切究竟是為什麼？

為什麼大家都失去了耐性？為什麼我沒有打開更多生命的資源？還有，潛意識裡，生命借用感受不停表達的聲音到底在述說什麼？

第二章　無中生有

選擇

　　1985年夏季的一天，老宅翻建，家中大人們在院落中忙忙碌碌，專心打理著手中的工作。我坐在一個安靜的角落裡，悄悄注視著，一秒又一秒……看人、事、物默默改變著狀態，一些疑問悄然出現在我心裡。

　　「如果剛才我沒有從舊屋走出來，那麼現在這一刻，我會在哪裡？會做些什麼？會有什麼不同？」我忽然特別好奇！

　　直到今天，我仍然沒有找到確定的答案，但那天收穫的奇妙而深刻的感覺一直留存在心底。

　　後來，我時常會產生更多疑問：我從哪裡來，去往哪裡？為何每一個永不重複的時間點上，我都只能做出唯一的選擇？這唯一的選擇之外，還有多少種可能性？是什麼力量驅動生命向前，驅動生命在無限的可能性中確定了唯一的選擇、確定了由無限唯一塑就的這唯一的我？

　　我可以弄清楚自己心裡的動力嗎？我可以有意識地掌握自己的選擇嗎？

　　藏在懵懂中的、對世界和未來的渴望推動我向前，我很想知道我是誰，是什麼決定了我的方向。

　　我是「小v」，可我從來不認識自己……

　　小小的我在這複雜多變的世界上生存，既要了解有形的事物，又要理解無形的現象，我彷彿每天都在學習，除了掌握知識，還要懂得道

理、遵守準則。可是，用這樣的方式認識世界就夠了嗎？這樣能夠認識自己嗎？我究竟是誰？

「你應該懂事一點……」

「你必須做到更好……」

「不，這樣不行！」

「停下來，這是錯誤的！」

「不要這樣，住手！」

「太任性了，不可以！」

……

我很不開心，「認知」是老天賦予我的生命資源，這個維度不是幫我開啟更大世界、幫我掌控更多，從而讓我更加自由的麼？為什麼現在反倒束縛著我？

生命將能量（生命力）注入心靈，感覺和直覺是心靈的兩隻觸角，它們幫助生命以原始的方式探查心底（潛意識）儲存的感受資訊，向生命和意識大腦傳達內在的動力和渴望。

渴望受阻時，我感到生氣、沮喪，有一點悲傷，然而這些聲音在述說什麼呢？

小小的我，不太能聽懂自己的心，不太能聽懂內心的感覺和直覺。是的，我無法用意識聽懂自己，無法用語言說清感受，更加無法用懵懂的自我控制內心的情緒。

這些情緒彷彿來自生命的起點，原始而直接，像一隻藏匿在深海中的小野獸，每當來臨，我都很想把它宣洩出來，但又有點害怕它出現，因為愛我的人也不怎麼喜歡我那小野獸般不易調服的負面「情緒」。

不知何時，我模糊地發現，那個帶著負面情緒的我是一個不被人喜歡的小孩，那個不懂規矩、屢屢犯錯的我是一個令人擔憂的小孩，「不被喜歡」、「令人擔憂」意味著什麼呢？

「沒有價值？」、「不配擁有？」、「不該存在？」……這些模糊的認知像魔咒一樣令我不安。

我很想把生活的主導權重新交還給感覺，只是任性地跟著感覺走，但那樣做，彷彿整個世界都會悲傷。我不想看見世界憂慮、否定、厭棄的眼神，我想告訴他們：「我可以的，可以像你們期待中的那樣好！我身上那個不夠好的小孩，請你走開！」

可是，那個小孩，那隻小野獸，怎麼趕也趕不走……

我太小，對世界懵然無知，大人們代表世界，教我學習什麼是對、什麼是錯，什麼是好、什麼是壞，什麼是贏、什麼是輸……

有時候大人們認為對的、好的，我很喜歡；有時候大人們認為對的、好的，我很討厭；還有些時候，我喜歡的，大人們認為是錯的、壞的，而我不喜歡的，他們偏偏認為好，還要強迫我接受。

認知取代感受，道理覆蓋體驗，大人們常常以世界之名傳授經驗準則，因而，我心智裡的判斷標準總是間接獲得、被動灌輸，又常常不容我反駁。

我本應該獲得更多一些時間，慢慢長大，慢慢在個人體驗中學習、領悟、掌握這些道理，一邊覺察（感覺、直覺）、一邊認知，慢慢靠近更大的世界。但是，大人們沒有那麼好的耐性，在這個快速反應的時代裡，大人們常常擔心，自己的孩子若不能跑得快一些，跑在眾人前面，早一點懂事、聰慧、贏過他人，就無法占領更多社會資源，無法更好地生活了。

小小的我總是很困惑：這些被動獲得的道理究竟有多大用處呢？在未來，它們會幫我變得更強大、更自由，還是變得更糾結消耗、更不敢突破舒適區？

有多少大人們已然懂得了那麼多道理，卻依然過不好這一生。更何況，這些不斷強化給我的道理，我既不知道如何驗證它們，也不知道如何更好地接受。

大人們認為對的、好的，一定是對的、好的嗎？或許只是因為那是他們自己喜歡的；大人們認為錯的、壞的，一定是錯的、壞的嗎？或許只是因為那是他們自己討厭的。對錯、好壞、輸贏之間是什麼？黑白過渡的灰色地帶，對「黑」和「白」的判斷要如何掌握？

這些，我都不清楚。

儘管惶惑，但小時候，我仍然模糊地以為：大人就代表世界、代表道理和準則！

當我和道理、準則產生矛盾，當我和「世界」貌似背離的時候，大人們彷彿又代替造物主回饋了更多模糊資訊。我總是透過這些模糊的回饋來認識自己、認識世界、認識周遭的人，這些認識每每讓我更加惶惑不安。

背離大人的意願，彷彿等同於背離了世界期待的方向、背離了生存法則，那麼，這樣的我是否還有價值，是否還有資格贏得關愛，是否還有力量掌控生活？

小小的我，無法自己找出正確的答案。

我總是帶著靈敏的觸角觀察大人們的反應 —— 他們的眼神、語氣、態度、擔心、憂慮、否定……這些資訊總會被我的「感覺」觸角收錄進潛意識，生命用不安的感受做出回應，並且將稚嫩的大腦在情緒作用下生

成的模糊認知也種入潛意識，裹挾著負面感受，匯成意識流。

意識流如同黑匣子，裡面隱藏著很多模糊資訊，例如「我是不受歡迎的小孩」、「我是糟糕的小孩」、「沒人在乎我」、「沒人值得信任」、「世界很危險、很失控」。

我開始體驗到痛苦，我是如此排斥這些痛苦的感受，但令這些感受不斷衍生的模糊認知卻像魔咒一樣種入內心深處，藏進黑匣子，不知如何根除。

漸漸地，我對世界的態度充滿矛盾，渴望前行，又抗拒前行；我對周遭人的意願也充滿矛盾，想親近，又想疏離；我對自我的感知更加充滿矛盾，時而自負，時而又自卑。我的心裡總有兩個聲音在說話：一個說「我要做自己」，一個說「我要做好孩子」。

有一天，一個小朋友搶我的玩具，我動手打了他。

大人們不高興了，生氣地看著我，眼神、表情、語氣很複雜，那裡面透露著焦慮、急躁、擔憂、否定……我稚嫩的意識分辨不清楚，也表達不出來，但我敏銳的感覺卻能把這些資訊一絲不漏地收錄進潛意識。

我用稚嫩的意識對這些資訊進行解讀，從大人們那裡傳遞來的這些感覺資訊彷彿在說「打人的孩子是壞孩子」、「壞孩子不配得到愛」、「世界不需要壞孩子」。

我模糊地解讀著這些從大人們那裡獲得的感覺資訊及自己內心產生的感受回應，解讀出的模糊結果令我極為不安，因而我只能強迫自己做出選擇 —— 要麼隱藏真實的自我，要麼做「壞孩子」。

我是誰？什麼是真實的我？那一刻的我真的很生氣，「真實的我」很想打那個搶我玩具的小朋友。做一個不打人的「好孩子」，那不是真實的我！

　　難道真實的我是壞的，是令人討厭的，是應該被世界淘汰或拋棄掉的？

　　做真實的自己，與世界為敵；或是戴上面具，壓抑、隱藏真實的自己。我該如何選擇？什麼動力決定著我的選擇？成長不易，人生究竟為我提供了多少選項，給了我多少探索及試錯體驗的時間？

　　我渴望世界的接納和信任，渴望大人們代表世界給予我多一些接納和信任，渴望他們多一些耐心，但我不知道如何發出請求，更不知道如何表達感受。潛意識裡，原初的渴望、衍生的感受和矛盾模糊的認知把我弄糊塗了，我很困惑，不知怎樣平衡心裡的秩序，也不知怎樣平衡自己和世界之間的秩序。

　　任性，還是妥協？壓抑，還是釋放？生命中每一個重要的時間點都面臨選擇，我有多少選擇，又該如何選擇？

　　一次又一次，模糊認知裏挾著不斷衍生的負面感受，強行植入我的系統。

　　黑匣子用黑魔法打破了我精神世界裡的和諧平靜，不經意出現的魔咒如同在精神世界裡製造火患的火種，時而點燃我的怒火，時而催生我的恐懼。我的防禦本能被激發出來，我很想反抗，以便讓自己在連片的火海中找到屬於自我的空間！

　　一開始的時候，我選擇任性，肆意宣洩情緒，釋放怒火，可世界也著火了，大人們也越燃越凶，火從外面的世界又燒到裡面的世界，燒得我害怕極了，我只能妥協，然後外面的火才慢慢熄滅。

　　生活中，火情時而出現，我在緊張的火勢中慢慢摸索，終於漸漸把自己訓練成一名防火員。我下意識地學習迴避怒火（衝突），學習隱藏真實的感受、隱藏真實的自己，我開始掌握向世界妥協的方式，比如何時

妥協、如何妥協、妥協到什麼程度。

但也有例外的時候──心裡的火不肯妥協，它在叛逆的柴中解鎖，燒啊燒，從裡面燒到外面，一直燒到世界膽怯了或世界開始反思……終於，世界妥協、做出調整，漸漸平息表面上升騰起來的怒火。

每一次火勢平息，煙霧仍在瀰漫，我在迷霧中茫然自語：做自己，還是做他人期待的樣子？我是誰？我到底成了誰？

在內心的徬徨中，在自我與世界的拉鋸戰中，在硝煙瀰漫中，我摸索著適應生存的方式，尋找著自己。人生中有那麼多我應該懂得的準則、道理：有些，我欣然接受；有些，我必須壓抑自己的感受，向世界妥協、被動接受；還有一些，我就是不接受，就要任性，怎麼樣呢，世界會真的拋棄我嗎？

年輕的我不確定問題的答案：世界會拋棄我嗎？我還要不要繼續做別人眼裡期待的「好」？我有多麼在乎這個答案，就有多麼期待能夠從他人的眼睛裡看到認同！就有多麼渴望能夠在現實的佐證下證明自己！

我漸漸長大了……

人家說，長大了，心思就不再單純。單純的時候，心裡只有一個聲音在說話，跟隨感覺就可以做自己，喜歡就爭取，不開心就離開。不再單純的時候，生命發出兩個聲音，心裡有兩個感覺在說話：一個動情地說「可以」（生命系統價值觀），它要我做自己；一個不安地說「不可以」（社會系統價值觀），它要我做別人期待中的樣子。不聽誰的，我都很難過。

原來長大後，「感覺」會變得很複雜，那些「道理」、那些儲存在黑匣子裡的模糊認知，深深影響著我對世界、對自己的「感覺」。

我已不再是一個懵懂的小孩，我漸漸有了自己的價值觀，有了自己

看待世界的立場和角度，我也常常會代表世界，跟別人講我認為正確的道理，講我認為人們應該遵守的準則，我看起來也是一副很成熟、很理性的樣子。然而，我所認為的對的、好的，一定是對的、好的嗎？或許，只是因為那是我自己喜歡的；我所認為的錯的、壞的，一定是錯的、壞的嗎？或許，只是因為那是我自己討厭的。

無論我是否長大、成熟，我的「認知」裡都摻雜著個人「好惡」，摻雜著情緒化的價值選擇。儲存在潛意識裡的「衍生感受」也在深深影響著我對世界、對自己的「認知」。

我不再是單純的小孩子了，我的心變得很複雜，常有不同的力量表達著不同的聲音，驅動我關注不同的方向，這些交錯的力量讓我變得分裂。

內心深處到底住著多少個「我」？誰來決定我留在舊屋，誰來決定我走向院落？人生由無數「唯一時點」累加在一起，對每一個時點來說，誰來掌握主控權，誰來給出唯一確定的選擇答案？

很多貌似偶然發生的選擇，其實並非偶然，背後都有動力在驅動。我的自由意志能夠參與這些過程嗎？我能夠有意識地為人生選擇什麼呢？

能量投資與不安全感

宇宙時空之中，生命從哪裡來、往何處去，人們一直在尋找答案，卻一直沒有找到確切的答案。人們只是發現，生命從不停歇，它永遠帶著動能和渴望，沿著時間線一路前行。

能量是前行必備的動力源，「活出更好」的渴望是前行的目的，儘管怎樣能夠活出更好，生命未必知曉，但這份渴望一直都在、一直為前行

提供著指引。

驅動生命為滿足渴望而前行的能量是「生命力」（生命能量），生命力決定了人的全部行為、選擇，是驅動一切發生、發展的根本動因。

人類的精神世界裡有一個隱祕的洞穴，裡面收藏著數不盡的「金銀財寶」，這些「金銀財寶」都是人類的「生命力」。假若將生命的能量財寶一直存放在洞穴中，不讓它發揮作用，那麼這些財寶等同於不存在。沒有展現出價值時，再多財富也只是「零」，只是潛在的資源，只是精神世界裡的一個點（零維）。

心智固守在一個點上，感覺、直覺、認知沒有能量驅動，無法形成心智網絡，也無法發揮作用，生命將沒有自由的空間。

然而，生命怎會甘心放置著這些資源不動、不取呢？生命渴望前行，期待利用資源拓寬世界、創造價值、活出更好。這些期待和渴望如同寫入虛無能量中的生命密碼，詮釋著生命的隱藏屬性 —— 向更好的方向前行。

每一個生命都渴望更好，能量在世界面前，總是充滿好奇、蠢蠢欲動。

因而，人們會有意識或無意識地拿出自己的能量財富做人生投資。

有些投資是成功的，在能量財富支持下，人們拓寬了自己的世界，豐富了人生的價值，在持續的累積中提升、發展，活出更好；而有些投資是失敗的，資源耗費在不能掌控的領域，耗費在與自我、他人、世界的對峙中，故而人們常常感受到無力、匱乏，逐漸放棄試錯、挑戰，慢慢躲進舒適區裡，舒適區外的世界沒有投放資源，因而不知如何到達，更不知如何駕馭。

為什麼有些人懂得投資能量，而有些人的投資卻總是很失敗呢？

　　能量是生命前行的動力，方向直指兩個目標——活著、活好。活著是活好的前提，二者都是為了一步步「活出更好」，對人類來說，它們有什麼差別呢？

　　馬斯洛（Abraham Maslow）認為，人的需求有五個層次：生理、安全、歸屬和愛、尊重、自我實現。

　　將五個層次歸納起來，人的根本需求只有兩個——生存（活著）和發展（活好），前四個需求層次都是為了滿足生存、滿足活著，只有最後一個需求層次「自我實現」，是發展的需求，是真正的「活出更好」。

　　「生理」和「安全」得到滿足時，物理存在的「我」安全，於是「肉體」便可以生存下來；「歸屬和愛」、「尊重」得到滿足時，精神存在的「我」感到安全，於是「心靈」才可以生存下來。

　　心靈安全的人才會產生資格感、價值感，相信自己有能力生存在這個世界上、有力量應對世界的變化，身心都獲得自由，進而憑藉「堅強的心」和「自由意志」（心／智）連結生命的資源寶庫，有意識地取用能量財富，投資未來，開始真正的前行。在前行中，一步一步活出更好的自己，慢慢趨向自我實現。

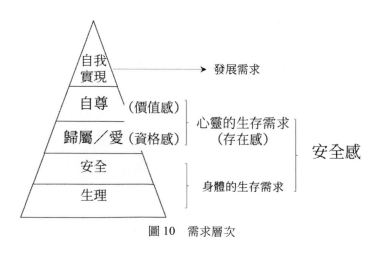

圖 10　需求層次

　　缺少安全感的心靈，無意識地掌握著生命能量大權，是投資大忌！

　　在心靈獲得安全感之前，人們不認識自己，人們精神世界的洞穴裡面儲存著無窮財富，人們卻並不知曉自己擁有這些財富，更不會有意識地將這些財富投資於前行的旅程。

　　當然，生命從來不是靜止的，生命一直在前行，只是並非所有前行都是有意識的選擇，也並非所有前行都意味著拓寬世界、累積價值。更多時候，所謂前行只是在時間線上被動反應，在舒適圈裡循環打轉。

　　缺少安全感的心靈，時常無意識地耗費著能量，不斷去驗證自己想要的答案：向世界要證明，證明我是有能力生存的（價值感）；向他人要證明，證明我是配享生存資源的（資格感）。彷彿不這樣做，就無法集中能量、將動力投入真正的前行，努力活出更好。

　　人，在家庭裡、在世界中成長，在成長中付出代價，因而心底總會積壓下很多疑問、很多不安……

　　「如果我做錯事、如果我失敗了，你還願意相信我嗎？」

　　小時候，孩童在父母的眼睛裡尋找答案，長大後，在他人和世界的回饋中尋找答案。

　　沒有獲得肯定答案時，心找不到「價值感」，人們不知道自己擁有能量資源，因而常常徬徨不安，常常質疑自己的生存能力：「我是一個有力量（潛能）、值得被信任的人嗎？我有能力駕馭自己生存的世界嗎？我能相信自己會活出更好嗎？」

　　「如果我不是你期待中的樣子，你會失望嗎？你還願意愛我嗎？」

　　小時候，孩童在父母的眼睛裡尋找答案，長大後，在關係，尤其重要關係裡尋找答案。

　　沒有得到肯定答案時，心找不到「資格感」，因而徬徨不安，因而自

我質疑：「我能做自己嗎？做自己還能被愛嗎？真實的我是否配享世界的關注、配享美好資源？」

對答案的渴求投射於環境、他人、他物。一方面，在生命力驅動下，人們竭力爭取做到「好」，收穫讚許、贏得價值、滿足欲望、掌控環境……藉助這些證據，為內心注入短暫的自信、片刻的溫暖、虛假的充實；另一方面，在生命力驅動下，人們又要掙脫這些證據的束縛，掙脫他人的目光、規則的綁架，渴望做真實的自己，渴望被沒有條件的愛和信任環繞。

每個人的內心都潛藏著不同程度的「不安全感」，這意味著人們有兩個人生功課尚未完成：一是懷疑世界是否接納自己的存在（「資格感」功課），二是懷疑自己的存在是否有價值（「價值感」功課）。前一個功課影響到「關係」，後一個功課影響到「自信」。

有資格感的人，不論他人是否友好，內心的「愛和歸屬」都不會被破壞，他們先接納了自己，進而有能力贏得他人的接納，哪怕暫時沒有贏得，內心的秩序和安全感也不會被破壞；有價值感的人，不論外部世界反映出怎樣的結果（成功或失敗），內心對自我的「尊重」都不會被破壞，他們先信任自己、尊重自己，進而有能力在成長中、在潛能綻放的過程中一步步成就自己，哪怕暫時沒有獲得成功，內心的秩序和安全感也不會被破壞。

價值感、資格感，兩個功課互為影響。

有價值感的人，在關係中也能做到內心安定、放鬆、自在，他們有獨立自我，尊重自己，也尊重他人，因而易獲取他人尊重，易與他人建立良好的信任關係；有資格感的人，在獨處時也能做到內心安定、放鬆、自在，他們善於在關係中掌握界線，給予他人恰當的接納、支持、理

解，因而也能做到與自己良好相處，接納自己的情緒、感受，哪怕孤單地深陷谷底，也能幫助自己找回自信。

然而，缺少價值感的人不相信自己，也不相信別人會善待這樣的自己，故而衝突出現時，常對他人懷有敵意，關係容易遇到問題；缺少資格感的人，不善於掌握關係中的界線，在遇到關係問題時，分不清責任，常常擔心並懷疑別人討厭自己、疏離自己，因而覺得自己很糟糕、沒有價值，更加喪失自信。

多少人，一輩子都在追逐接納、認可，在關係裡面，滿足歸屬和愛的內心渴望，結果卻被關係束縛；一輩子都在追逐能力證明，在世界面前，滿足自尊、滿足價值感，結果卻被自己禁錮。

心理上的需求在沒有被填滿的時候，內心深處的匱乏總會讓人不安。

人的所有行為都需要能量驅動，生命能量被不安的心無意識地利用著，很多人卻不知道也不相信自己擁有這些資源。正因為不相信，心靈才如此不安；為了消除不安，心靈才如此執著地耗費能量去驗證答案。

外求驗證、驅除不安……缺少安全感的心動用大量能量資源（生命力）解決內心的恐懼，然而，黑匣子裡已經種入了懷疑的種子，此後無論耗費多少能量，在人生中獲得多少證據，也依然消除不了循環衍生的負面感受，消除不了深藏於潛意識中的重重不安。

隱藏在黑匣子裡的祕密，若沒有機會得到生命的關注，沒有機會在自主意識引導下釋放負能、消除魔咒，心靈的恐懼不安將一直稽留到生命最後那一天，稽留到智識退化、肢身僵硬、幻象重重，不得不去面對死亡的那一天。

一個缺少安全感的心靈，疑慮重重、執念難消，總是無法做出恰當

的投資判斷。

老天恩賜給人類四種生命資源，最重要的資源就是生命力（能量），擁有無窮生命力的人類，本可以憑藉這些能量破解人生課題、超越現實阻礙、創造未來，但是因為內心缺少安全感，不敢相信自己擁有資源，因此，面對重大挫折時，很多人要麼找不到內心的力量，不敢面對有價值的目標或急待解決的難題；要麼下意識地浪費能量，執著於無效目標或不斷膨脹的欲望。重要的生命資源並沒有被合理運用，常常難以發揮效果。

心靈缺少安全感與成長歷程有關、與「原生家庭」有關，原生家庭總會為一個人的成長帶來重要影響，而這些影響都化作祕密，藏入潛意識中的黑匣子。

一名孩童剛剛「登陸地球」的時候，精神世界裡還沒有黑匣子。

充滿生命力的孩童，一邊帶著心靈的兩隻觸角（感覺、直覺），依靠本能探索環境，透過環境回饋的資訊，認識世界，進而認識自己；一邊依靠稚嫩的意識（認知），藉助大人們的引導、教授、干預（實際是態度回應，也就是直給資訊），在懵懂中理解自己獲得的感覺、感受，認識自己、他人、世界。

這是兩種獲取認知經驗的方式：一種是「體驗」，一種是「直給」。

如果僅僅依靠第一種方式，僅僅依靠動物性本能，在體驗中自行探索，那麼，人類的認知經驗，哪怕只掌握一條，歷經幾個世紀的進化也未必能夠做到。

如果僅僅依靠第二種方式，由大人們直給資訊，孩童被動接受，這樣一來，貌似只需耗費一點點時間將資訊強化給孩童，就能夠做到了。但由此產生的問題卻可能會影響孩童一生。

大人們採取簡單「直給」的方式教育孩童，無非是希望孩童快一點懂事、長大。

為什麼希望孩童快點懂事、長大呢？

因為大人們害怕孩童沒有能力照顧自己未來的人生，他們以為只要讓孩童的大腦快速強大起來，就能解決一切問題了！

可我們發現，原來大人們也是缺少安全感的！

因而，不安的大人們才會動用自己的生命能量（無意識的能量投資），不斷關注孩童掌握了多少知識、懂得了多少道理，同時代表世界，直給資訊，干預孩童的行為。

有一個孩童輸了一場比賽，心裡有點難過。

看到孩子難過、失敗，父母是不安的，因而急迫地想要改變孩子的行為。

在父母看來，行為改變了，結果就改變了。他們下意識地認為：只要孩子不再輸掉比賽，就不會再難過、不會再失敗，自己也就不用再面對這失控的處境，不用再擔心、不安。

不安也是生命的能量，在這些能量驅動下，父母產生干預行為，看似是為了解決現實問題，實則是為了消除現實問題引發的不安。

人生不可能一帆風順，不可能永遠成功、沒煩惱，不去試錯、經歷失敗，就不會成長，也就不可能成功。

這些道理，相信父母們都懂得，但是他們依然很緊張，依然不願放手。不安的動力總令他們難以自控，雖然這些動力仍然帶著趨向「更好」的渴望，但在不安狀態下，人們難以針對客觀現實做出冷靜判斷，心智中潛藏的不安全感總是令人喪失智慧。

　　父母們常對孩童說「不要緊，輸了就輸了吧，下次努力」，這些回應，貌似是為了解決孩子的「難過」，鼓勵孩子自信；「平時就知道玩，就你這樣的，能考好算怪了」，這些回應，貌似是為了解決孩子的「失敗」，提醒孩子努力。然而，父母們直給的感覺資訊，比如表情、神態、語氣、眼神……這之中才隱藏著真正的干預動力（動機）──不安（消除不安）。

　　心越是不安，動用能量干預得就越多。有時，明明知道沒有效果，還是控制不住自己心裡的動力（不安的生命能量），要去強行干涉、強行直給。

　　生命降臨人世，必然要學習如何走人生這條路，成長中難免試錯，會摔倒、會受傷、會失敗，原生家庭將教會生命在挫折境遇下，用怎樣的方式對待自己、對待前路。

　　摔倒了，怪路不平；摔倒了，怪自己太笨；摔倒了，拿起鞭子抽打、驅趕自己站起來前行；或是摔倒了，給自己一個擁抱，溫暖自己，再給自己一個肯定，信任自己，用調整好的太陽般的能量投入前行的旅程。

　　不同的方式，不同的人生！

　　「鞭策」的方式，貌似教育出很多「菁英」，因而被廣泛認同。

　　「鞭」並非意味著身體遭受真實虐打，「期待的目光」、「失望的態度」、「苛問的語言」、「焦慮的傳遞」、「內疚性操控」等等，這些都是打在心上的鞭子。

　　當一個生命學會了用「鞭打」的方式對待自己，迫使自己站立前行，結果將自己的心弄得傷痕累累，這樣一來，不安的心如何還能掌握生命能量，堅持前行呢？

　　不堅持，內心立刻會滋生出更多恐懼，害怕自己被生活淘汰、害怕

自己沒能力應付未來。這些恐懼、不安與兒時父母對待自己的態度如出一轍，他們也是害怕看到自己的孩子犯錯，害怕孩子因此喪失了未來。

堅持，會犯錯，心不安；放棄，會被淘汰，心更加不安。衝突的心總是持續消耗著能量。

就算他人施加的強硬「鞭策」，有時也能令一個孩童改變，促使孩童成長，但逼迫出來的能量是有限的。假如生命一直處於強壓下，先是被父母逼迫，之後被自己逼迫，不斷沿著眾人期待的方向去證明自己，而這條前行的路卻不是內心的真實選擇，不安的心一路努力、一路困惑，既不知道自己真正想要的是什麼，也無法欣賞沿路的風景，那麼最終的結果只能是 —— 越前行越累，越對自己施加壓力，來自內心的抗力越大，後勁越是不足。就算一路也曾贏得很多，擁有很多，內心仍然空虛、迷茫，充滿不安。

不安的大人們，很難替孩童留下足夠的成長時間。他們對負面結果的關注越是迫切，行動就越簡單粗暴。他們以為自己在教育孩子成長、懂得人生道理，然而，在微妙的、情緒性的互動中，除了孩童的意識錄入了大人們強化的道理，孩童的潛意識更加錄入了大人們的不安、焦慮、急迫、緊張、擔憂、憤怒等一系列負面的感受資訊。

「不要緊，輸了就輸了吧，下次努力。」母親一邊這樣說，一邊流露著擔憂，孩童從母親眼睛裡看到的是一個被人擔憂的自己，這樣的自己怎會擁有資源呢？「平時就知道玩，就你這樣的，能考好算怪了。」父親一邊責罵，一邊流露著憤怒，孩童從父親眼睛裡看到的是一個被人看輕的自己，這樣的自己怎配得到信任？

大人是孩童的鏡子，不安時，他們無意識地代表世界，針對孩童的行為給出「情緒性的回應」。鏡子不夠客觀，情緒性的回應並非客觀現

實，而是受意識流（大人們的黑匣子）驅動產生的大量衍生感受和黑匣子裡深藏經年的模糊認知 ──「我不能失敗，否則生活就失控了」、「我不能犯錯，否則將失去所有」、「我不能接受我的孩子失敗、犯錯……」，不安和恐懼越來越多，然而，這些資訊並非實相。

孩童與大人們互動，有時討好大人的期待，有時任性做自己，他們無意識地探索著，希望透過大人的態度認知自己是不是被愛，是不是有資格得到生存資源；孩童與世界互動，有時成功，有時失敗，在大人們的耐心引導或急躁干預下，認識自己是不是有能力戰勝挫折、迎接挑戰、掌握未來。

對於孩童來說，大人們就是孩童的世界，他們著實代表了世界，他們的回應彷彿就是世界的態度、就是造物主的標準回饋。

然而，父母們總是有很多焦慮 ── 孩子站不穩怎麼辦？跑不快怎麼辦？摔倒怎麼辦？落下怎麼辦？瘋鬧中撞傷了怎麼辦？帶出去沒禮貌、不討人喜歡怎麼辦？上學成績不好怎麼辦？升不了好學校怎麼辦？長大了沒有好工作怎麼辦？找不著媳婦、嫁不出去怎麼辦？

憂慮如此多，父母們總是難以自控地干預孩子的行為，要求孩子用行動和結果向自己提供證據 ── 孩子做得好、令人滿意的時候，父母才相信自己的孩子；一旦失控、令人失望，父母們眼中就會寫滿質疑和憂慮。

焦慮不安的大人們，不相信自己生命中的資源寶庫，也看不到孩童生命中的資源寶庫。孩童透過不安的大人們，以為自己看見了實相，但事實上他們根本無法看到真正的自己。

孩童的意識尚弱，但感覺尤為靈敏。

他們用童稚的大腦聽進很多道理，就算其中大部分是正確的，但是

沒有在體驗的基礎上激發心靈感受時，心智無法對這些道理形成統一、客觀的深切感知。心腦不一，知行更加不一，如此一來，這些道理很容易變成正確的廢話，知道卻做不到。

相反，他們用敏銳的心靈觸角自動收錄了很多大人們直給的感覺資訊（眼神、語氣、神情⋯⋯），心靈對感覺資訊做出感受回應，尚弱的意識對負面感受自行解讀，模糊的認知結果令孩童開始懷疑自我、他人、世界。這時，衍生情緒出現了，「黑匣子」也出現了。

黑匣子和衍生情緒打破了精神世界的秩序，引發出越來越多的焦慮、恐懼、不安。生命力因此分裂成不同的部分，彼此衝突，相互消耗。

一位母親扶起摔倒的4歲兒子，一邊幫他拍灰塵，一邊氣惱地訓斥：「不讓你在我身後走，非不聽話，還跟那麼近，踩到我摔倒了吧。」男孩的淚在眼中打轉，他抹了一下眼角溢出的淚水，深吸一口氣，忍住不哭，然後推開媽媽的手，獨自走開，媽媽跟了上去。

為什麼男孩要跟在媽媽身後，又跟得那麼近呢？

4歲的幼小孩童缺少安全感，眼睛要看得見媽媽才能心安，所以才跟在媽媽身後，又要跟得很近，結果一不小心摔倒了。

媽媽是心疼孩子的，男孩堅持要走在後面，媽媽看不見身後的孩子，也會很不安心，加上男孩「任性」、「不聽話」，媽媽很無奈，無力感和失控感襲來時，她更加不安⋯⋯

終於，擔心的事情發生了 —— 男孩摔倒，這似乎驗證了媽媽的「擔心」很有道理，媽媽生氣又心疼，於是急躁地罵了男孩，態度讓男孩很傷心。

收進黑匣子裡的模糊咒語出現了，彷彿在對男孩說：「世界很不安

全，而你真不讓人省心，你就是一個糟糕、令人討厭的小孩！」

採用「急躁干預性直給」的方式教育孩童，是無法幫助孩童獲得實相感知的；尤其是大人們採用這種方式的動機，源於自己內心的不安全感，動機錯了，動力源頭必定有問題。

追溯到源頭，急躁干預的動力必定來自大人們的「黑匣子」，來自其中魔咒引發的不安全感。不安的心看不到實相，自然無法幫助孩子看到實相，一代又一代，不斷以不安的動力向下傳遞，受家族動力影響的後代孩童，將無法在這樣的教育方式中感知到真實的自我、他人、世界。

因而，「體驗」加「耐心引導性直給」，兩種方式配合，才是培育孩童成長的最佳方式。

大人們帶著耐心和智慧，一邊協助孩童體驗，發展心靈的能力 —— 感覺和直覺；一邊引導孩童感知，在「心」的基礎上，發展「智」的能力 —— 認知。雖然耗費的時間長一點，但慢下來了，孩童的心靈觸角 ——「感覺」和「直覺」，獲得了反應及轉化的時間，心智得以合一，同步接受，深度成長。

這時孩童收穫的「道理」不是模糊的，而是深刻而明確的。心靈對認知內容有深刻體會，自由意志也能掌握這些道理，孩童漸漸在成長過程中形成成熟的心智模式。長大後，人們就可以有意識地憑藉這些智慧，掌握生命能量，投資未來。

有一個孩童，輸了一場比賽，心裡有點難過。

看到孩子難過，父母陪伴在他身邊，既不強迫他馬上努力，也不強迫他馬上高興，他們只是陪在孩子身邊，不著急、不擔憂，允許孩子難過，理解他的難過，同時發自內心地相信他一定會更好。

透過父母的態度（直給資訊），孩子們會感受到失敗的自己也不糟

糕，失敗的結果也不可怕。

耐心、智慧的父母，會知道專注過程比執著結果更加重要，因此，當孩子的負性情緒釋放完，感覺好一點了，他們會繼續引導孩子關注真正的價值，引導孩子問問自己：「我是否盡力了？我是否享受這個過程？」

無論孩童是否盡力、是否享受過程，父母們都要肯定孩子渴望更好的初心。這份初心來自生命力，尤為珍貴，要小心保護，善加引導，切莫壓抑。

人會做對事，也會做錯事，不論做得對錯、好壞，行為背後的動力（動機）都是為了「更好」，因此都值得肯定。

肯定了動力，等於肯定了孩童的初心，肯定了孩童存在的資格和價值，會令孩童感到安全、自信。在此基礎上，才能更好地引導孩童勇敢綻放生命力、綻放自己，將能量財富投入學習、成長、改變（例如專注細節、享受過程），面向未來累積更多人生資本。

孩童在成長中收穫的「實相認知」具有非常重要的價值，這些認知是幫助孩童開啟能量資源寶庫、釋放生命力的鑰匙。

一個人，心智合一、能量也合一時，將會綻放出無盡的生命力，將這些力量注入心智網絡，不斷發展感覺、直覺、認知，發展智慧的思考方式，人們將會在未來生活中勇敢探索、自在前行，享受前行的過程。

全然在這種教育方式下長大，是一種絕對理想的狀態，假如能夠成為現實，那麼「黑匣子」將不會在潛意識中出現。

事實上，體驗和直給 —— 兩種方式配合或後一種方式主導，兩種情形都會出現在成長過程中。配合的方式是耐心的引導，這種教育方式越多，潛能越綻放；單一直給的方式是急躁的干預，這種教育方式越多，

潛能越被壓抑。

　　每個人在原生家庭中都會或多或少經歷過壓抑生命力的成長故事，因而每個人的潛意識裡都存在黑匣子，解鎖黑匣子是每個人的成長功課。

　　一旦黑匣子在潛意識裡出現，人們看待世界、看待自我的眼光變了，衍生的重重不安將會影響生命的能量狀態，生命力的投資方式也將因此改變。

　　因為不安的心，投資「世界」的方式變了，因而人們渴望擁有的「更大世界」在變小──在「外求、驗證」的過程中，人們浪費了很多能量，而有效應用的能量只夠駕馭小小的舒適圈。

　　因為不安的心，投資「自我」的方式也變了，因而人們渴望活出的「更好自我」不夠好了──不相信自己擁有資源潛能，不敢試錯、迎接挑戰，總是習慣於在固有經驗中強化、打轉，執著於站在原點上耗費能量，驗證自己的價值、資格，卻沒有信心和耐性取用能量，在真正的前行中投資自己的成長，無謂地蹉跎了很多時間，突破限制的能力卻沒有太多累積。

　　在不安的心看來，世界彷彿真的危險重重，彷彿人們會產生不安全感，真的是世界的過錯。世界是失控的、是惡意的，令人不安，因而人們才不敢為自己拓展更大的世界；而自我彷彿根本不配在世界上生存，彷彿存在真的是個錯誤，自己太沒用了，沒力量、沒價值、不討人喜歡，因而隨時可能被世界淘汰、遭他人拋棄，所以還是盡量離大世界、離某些人遠一點。

　　黑匣子裡面隱藏著生命對自我、他人、世界的模糊認知，大人們的黑匣子裡已經儲存了這些模糊認知，處理孩童教育問題時，意識流被激

發，催生出「衍生情緒」，大人們用自己的衍生情緒代表世界，評價著孩童的行為。孩童採錄了從大人處獲得的資訊，終於生成自己的黑匣子。

人們不清楚自己的成長功課，看不到自己心底的黑匣子，就會在原生家庭的重要關係裡將負面資訊傳遞給後代。這些資訊是歪曲的模糊認知和不安的負能量，不經發現，就會代代相傳……

黑匣子裡的模糊認知改變了一個人看待世界的方式，甚至改變了一個家族看待世界的方式。消極、懷疑的態度悄悄改變著身處的世界，改變著自我，甚至改變著傳承。

一名孩童向世界提問。

孩童問：「我能大聲講話嗎？」

大人們代表世界，不耐煩地說：「要有禮貌！」

孩童問：「我能不說話嗎？」

大人們代表世界，煩躁地說：「不要太任性！」

孩童問：「我能哭嗎？能發脾氣嗎？」

大人們代表世界，不高興地說：「你就不能乖一點嗎？」

孩童問：「為什麼那麼多不可以？」

看到孩童沮喪的樣子，大人們又代表世界，擔憂地說：「你該懂事了！」

於是，孩童又問世界：「我能做一匹野馬嗎？」

大人們代表世界，生氣地說：「夠了，聽話！」

孩童很疑惑，該聽誰的話？

大人們的語氣、態度、神情、動作、眼神中閃爍的情緒及規則教育，都被孩童收進心底，時常令孩童惶惑不安。心裡的小野獸帶著衝動

的能量想要衝破束縛、自由自在，但闖禍的後果是換來加倍約束，小野獸終於被慢慢馴服。

後來，孩童終於長大了，他也會常常問自己很多問題。

「我能否活出不一樣的人生？」

一個魔咒般的聲音從心底冒出來，它說：「現實一點，別做蠢事！」

「我能否在無人悅賞時，仍篤定內心的選擇？」

那個聲音又說：「異想天開，你會讓所有人失望的！」

「錯了當如何？失去當如何？」

那個聲音回應：「錯了意味著無能，失去意味著不配，因此你將沒有未來、無處立足！」

長大的孩童感到惶恐，他繼續問：「為何不能堅持內心、選擇所愛？」

那個聲音反問：「你控制得了嗎？」

他終於不想再問下去了，說：「能爆發嗎？實在受夠了！」

心底的聲音吼道：「成熟一點吧，否則一切只會更糟，進一步證明你的無能！」

魔咒總是不經意跳出來否定真實的內心，慢慢地，被馴服的野獸不再習慣聽取內心的聲音，徬徨中，更加不知道如何掌握自由意志、駕馭未來。野獸終於變成了文明的人類，但是卻沒有學會對自己說話、聽自己講話。

黑匣子展開黑魔法，生命力不斷分裂、自我攻擊，能量在對峙、抗衡的過程中越來越消耗，人們變得不再自由。

人性真的很複雜，堅持自我還是向世界妥協？如果遭到世界的拒

絕，該怎麼辦？如果真的邁上錯誤的方向，又該怎麼辦？心裡有很多衝突，這份衝突的感覺彷彿在不停提醒人們：你或許真的很糟糕，無益於世，不受歡迎！

重重壓力下，人們時常想發脾氣、宣洩、反抗、拳打腳踢，如果這樣能夠掙脫束縛，讓自己自由，是不是聲音就能消失了？

然而，掙扎總是徒勞的，對抗意味著「對手」一直存在；爭逐也是徒勞的，占領多少資源證據也依舊無法徹底填充內心的不安，無法永久抵消心底對生命的困惑、對自我的魔咒審判。

越抗拒、越受困，那些彷如魔咒般的聲音總是像重錘一樣叩打自己。

內心難安時，人們腦中會湧起很多思緒，彷彿黑匣子裡的「魔」拿著評判的鞭子，對自己執行家法：「不該有這種疏漏！」、「真不該說這句話！」、「當時為什麼沒想到？」、「用什麼辦法杜絕這些問題？」、「還能怎麼做？」、「怎麼還是想不出來？」、「他們很失望！」、「為什麼控制不住情緒！」、「完了，愚蠢！」……念念思緒、念念不安。心裡那頭情緒野獸，彷彿越是遭受壓抑、束縛、馴化，越是要按捺不住了，它何時會衝將出來？

處境、外物、他人是人們觀照自己的鏡子，從這些鏡子裡面能夠看到什麼呢？是真我的實相，還是魔咒的預言？是「自我」存在於世的意義、掌控生活的力量，還是「自我」的無能、不配？

認知如同一粒火種，既能點亮心燈（釋放生命力），也能製造火患（黑匣子）。然而，無論如何，人類是有了認知能力、有了智慧之後，才從蠻荒走向文明的。

希臘神話中，普羅米修斯（Prometheus）從天上取得火種，將其帶

至人間，於是，文明降臨了世界，戰火也降臨了世界。認知就是那粒火種，它給了人類意識，給了人類覺醒的機會：善用這個機會，人類將會走向光明；而誤用這個機會，人類即使離開混沌，也終會復入衝突、迷陣、硝煙、戰火⋯⋯

生命終究會邁向死亡，心裡一個聲音帶著能量和渴望大聲吶喊：世界那麼大，它要向著死亡的方向努力活過，活出更好！

然而，對自己和未來的質疑、不確定總讓「生命」感到恐懼，也許因此生命「向死而生」的勇氣越來越小，前行的力量越來越弱。魔咒時常響起，它說：回頭吧，你沒有能力走那麼遠；何況，遠方的世界並不歡迎你。

當一個生命真的轉回頭，脆弱的心退向來處，去尋找極致的安全時，這一趟旅程活過的意義便消失了。不安的心為生命選了一條「向生而死」的路，退向生命的來處（安全區、家、媽媽、出生前的子宮），自行斬斷未來，越活靈魂越羈礙，越走世界越狹小！

未知的未來一片漆黑，在幽暗中行走的「生命」需要一盞明燈，用它照亮前路。

有時「意識」點亮了心燈，生命能量被堅強、勇敢的心靈和自由意志投資於體驗、挑戰，投資於成長，投資於人生價值的累積、生命意義的體驗。此時，心智合一，生命勇敢前行。

有時「意識流」製造出大火，生命能量被不安的心靈投資於自我「價值」、「資格」的不斷取證──透過占有更多資源來證明自己，透過獲取更高地位來證明自己，透過操控他人或世界來證明自己⋯⋯不斷外求，不斷激發欲望，卻總是慾壑難填。漸漸地，人們固守著舒適圈，不敢挑戰更大的世界，生命慢慢向生而死。

生命力是無盡的資源寶藏，但是，只有堅強勇敢的心和自由意志才懂得如何運用這些能量，為人生創造價值；不安的心也擁有這些寶藏，但是可惜，人生一世，他們終究還是無意識地浪費了太多資源。

太陽資源與月光動力

生命有兩箇中央指揮系統，一個是「心」，一個是「智」，心、智都具備調取生命能量、驅動生命前行的本領。心喜歡什麼、好奇什麼，就會取用能量，去感受什麼、探索什麼；心恐懼什麼、排斥什麼，就會取用能量，去防禦什麼、控制什麼；而腦關注什麼、重視什麼，就會取用能量，去分析什麼、思考什麼。

心會影響腦，驅動腦去關注心喜歡的內容，或是驅動腦去重視心恐懼的內容；腦也會影響心，擾亂心內的秩序，或是重建心內的和平。

心對生命能量的取用、投資，是無意識的選擇；而腦對生命能量的取用、投資，有時是有意識的、主動的選擇（生命渴望更好，「自由意志」知曉什麼是更好的方向、目標，知曉自己的「心」想要什麼），有時是無意識的、被動的反應（「意識流」和「衍生情緒」驅動大腦選擇性關注、防禦性思考，雖然生命仍然期待獲得更好的價值，但思考方式和行為反應卻常常與「更好」背道而馳）。

生命力是如同「太陽」般的能量，令人溫暖、充滿力量、看到希望，這些能量被心取用，注入感覺和直覺兩個精神維度之中，生命就開始了無意識的探索。

探索過程中，生命力若能夠克服障礙、綻放出來，源源不斷地注入心靈，內心太陽般的能量越來越充分，支持兩隻心靈觸角勇敢地探索世界、探索自己，生命將會在探索中發現實相──越來越感受到自己內在

的豐盛，感受到真實的自己擁有無窮資源。

帶著這些感受，「認知」能力發展起來。「智」藉助「心」獲得的充滿能量的感受讀懂了自己，看清了自己的資源能量。因而，生命能夠有意識地從資源寶庫中調取能量，有意識地運用這些能量服務於生命的渴望，服務於內心的期待，也服務於自由意志想要實現的目標。

在這個過程中，心、智合一，心智與生命合一，三位一體，統合所有生命資源，如生命力、感覺（外感官／內感官）、直覺、認知，指導行動方向。

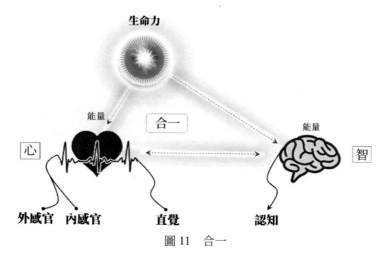

圖11　合一

能量驅動生命前行，當「智」認識了自己的能量，這些能量將不再是隱藏能量，而是生命的顯效能量、顯性資源。「心智」可隨時調取這些資源，投資未來的人生，為世界創造價值，為自己活出意義。

就算遇到挫折、挑戰，擁有顯效能量的人，也可以憑藉自由意志隨時連線生命力、獲取能量，連線自己的心、連線內心對自我的信任，從而應對人生中的難題。

能量自「零維」綻放，生命將實現無盡的可能性，實現真正的自由，

實現「無中生有」的奇蹟！

　　一個生命在成長過程中，內在的生命力能否克服障礙、綻放出來，變成顯性資源，決定了這些資源潛能是否能夠轉化成價值，是否能夠被生命自由取用，創造未來。

　　「成長」是一輩子的功課，一個人的生命力在成長中克服了多少阻礙、綻放了多少能量，這個人就能活出多少自己，實現多大程度的自由。

　　生命最初降臨世界時，是很弱小的，弱小的生命也燃燒著希望的火苗，只是獨自承受環境中的風暴、在風暴中試錯時，小小的火苗不懂得如何應對環境、克服外部障礙，幫助自己勇敢地燃燒起來。

　　風暴是生命的試練場，生命需要在磨礪中慢慢長大，但是環境中的風暴很多、很大、很難辨認，有時會超出弱小生命的承受能力，因而，生命需要協助。

　　協助並非意味著代替弱小生命去承受和應對風暴，而是要助燃弱小的生命，讓生命感受到自己的價值、能量被重要他人信任。透過重要他人信任的眼睛，生命將學會信任自己、信任自己的資源，然後才會懂得如何調動「生命力」，投資正確的人生方向。

　　父母的眼睛非常重要！

　　焦慮、質疑的目光傳達負面的態度，會令孩童產生不安全感、模糊認知，最終形成黑匣子。黑匣子裡隱藏著與自我、世界相關的負向認知，這些魔咒般的負向認知，仿如植入生命程式中的病毒程式碼，不時在精神世界裡製造衝突，引起戰火。隨處火患、硝煙瀰漫時，心靈越來越迷茫，越來越尋不到方向，「生命力」受到壓抑，越來越消耗，甚至越來越枯竭。

　　只有溫暖、信任的目光，才能傳達正面的態度，引導孩童以正向的方式認識自己、對待自己，將與自我、世界相關的實相認知這些智慧的火種植入內心。「正面態度」會燃亮一盞心燈，指引生命前行，前行中，希望之火會越燃越旺、越燃越亮，生命將勇敢地面對風暴，在風暴中試煉、成長。溫暖、信任的目光，終會助燃孩童的生命力量，支撐太陽在內心世界升起！

　　「助燃」成長的過程，就是植入「正向信念」，突破障礙，不斷綻放生命力、獲得顯性資源的過程。

　　「助燃」是重要他人的職責，每一個生命在成長歷程中遇到的最重要的他人就是自己的父母。世上所有人都有可能成為弱小生命的風暴，但生命的來處、生命的父母卻應該努力成為生命助燃的力量，否則，「黑匣子」將會出現在弱小生命的心智之中。

　　黑匣子是內心的障礙，外部障礙好除，內心障礙難消。

　　成長中未曾跨越的內心障礙、受到壓抑因而未能綻放的生命潛能 —— 與之相關的所有人生課題都隱藏在黑匣子裡，等待人們尋機破解。

　　世上沒有不想協助自己孩子成長的父母，只是人人都有人生功課，人人都須破解自己精神世界裡的黑匣子。黑匣子未曾破解時，常會破壞內心秩序，令人產生很多不安全感。黑匣子裡的魔咒越強、內心的不安越多，人們越是看不見自我和世界的實相，生命力越是綻放不出來，心智和生命越是難獲自由。

　　父母也有自己的黑匣子，他們尚且看不見真實自我、不知道自己內心隱藏著無窮資源、做不到無條件地信任自己，自然更加不可能無條件地信任孩子，幫助孩子藉他們的眼睛認識自己的生命資源。

　　但是，父母透過目光回饋給孩童的態度太重要了！多少人一輩子都在向父母、世界證明自己，在與父母、世界的互動中驗證態度，然而在執著驗證的過程中，卻不小心弄丟了真實的自己。

　　想掙脫束縛，找回真實、獨立的自己是不容易的，很多人誤以為正確的方式是改變父母、他人，讓父母、他人，甚至世界主動改變態度。可是，任何人都是獨立的個體，操控他人改變是根本不可能完成的任務，如同父母一直按自己期待的方向干預孩子，孩子的行為卻常常背道而馳一樣。

　　被父母干預過多的孩童，會經常問父母：「少管點行不行？放鬆點行不行？」父母們通常會回答：「你不會懂的，等你以後有了孩子就知道了！」

　　是啊，以後養了孩子就知道了，這份焦慮的能量和「黑匣子」裡的魔咒會在家族中代代相傳，可不是以後就知道了麼！

　　越愛，越在乎，越不安，越是在不安和魔咒驅動下干預孩子的行為，越會影響後代的人生。但是，有何厚非呢？父母對孩子的愛是真實的，而且他們已經做到了所能知道的最好。

　　父母疼愛孩子，卻未必能夠幫助孩子突破障礙，綻放生命力，獲得顯性資源。他們想改變孩子，孩子也想改變他們，背後的驅動能量是無意識的隱藏動力，未被發現時，人們無意識地執著其中，受慣性牽引，看不到正確的方向，也無法做出突破性的調整，因而總是無法有效解決問題、獲得真正的價值。

　　生命力如同「太陽」（高頻能量），溫暖、明亮、充滿支持、充滿希望，太陽般的生命能量是一切發生的起點，是一切動力之源。

　　生命帶著這些能量前行，在這個過程中需要突破很多障礙。每一個障礙，都是生命需要正視的功課；每一次突破，都會綻放出生命力，獲

得顯性資源。

功課尚未修完、障礙尚未掃除、能量尚未綻放時，資源雖然還在，卻以隱藏的形式驅動人們反應，帶給人們截然不同的感受。

心底缺少安全感時，仍然有能量驅動人們思考、行動，但這些能量完全不似太陽的感覺，陷入大量不安情緒中的人們，既感受不到溫暖，也連線不到希望。

不安的能量更像「月光」（低頻能量），冷清、昏暗不明。心靈困守在月光下，看不清世界的樣貌，更看不清自己的樣貌，時常孤獨、無助、徬徨不安。

人們喜歡太陽，討厭月光，卻不知月亮從不會發光，它的光芒也來自太陽，來自對日光的反射，它的本質也是生命力。

不論月光多麼令人不安、令人失控、令人厭煩，甚至令人憎惡，這份生命的能量都沒有放棄趨向「更好」的渴望，它始終拚力掙扎著為超脫痛苦尋找方向。哪怕方向錯了，投資失敗，陷入匱乏，它也終究還是來自太陽的能量。

從太陽到月光，從高頻到低頻，促使能量狀態發生改變的原因，是「黑匣子」。

黑匣子就在月亮上面，它吸收了太陽的能量，卻反射出月光，然後與月光一起投射到內心深處，在月光籠罩的心靈世界裡製造火患，驅動人們一邊強化痛苦，一邊利用大腦的能力思考化解痛苦的方法。

在黑匣子影響下，月光動力出現，促使另外三個資源維度也發生重大改變。

心靈的觸角 —— 感覺（外感官／內感官）和直覺，它們的探測能力被恐懼限制，失去了「宇宙觀」，取而代之的是「魔咒觀」和「魔咒對抗觀」。

　　月光動力下，外感官「選擇性關注」與痛苦感受相關的外部環境資訊；內感官「選擇性拒絕」陷入痛苦不安的真實自我；而直覺探觸到的是藏在心底的魔咒預言。

　　月光籠罩，內心世界昏暗不明，心靈的觸角失去了探向高維的機會，失去了完善、檢索宇宙投影資訊的能力，不再獲得靈感和體悟，只能感應到莫名的不安。針對不安，直覺又將探測到魔咒對抗觀（生存本能）給予的指引——「防禦」。

　　於是，月光動力隨著意識流進入大腦，驅動大腦思考「防禦性策略」，急迫地控制環境、隱藏自我，消除外部影響，進而平息魔咒之聲，平息內心不斷湧出的恐慌不安。

　　人們總是一邊認同、一邊對抗黑匣子裡的魔咒，卻離宇宙客觀呈現的實相資訊越來越遠。當下的環境、他人的情形是怎樣的？更多資訊已被心靈遮蔽、被大腦濾除，人們的注意力無意識地上腦，捲入「慣性思維」、陷入「衍生情緒」，「感覺」和「認知」都脫離了當下。

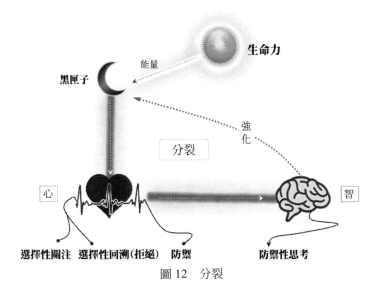

圖12　分裂

　　「月光」是不安的能量，月光下的內心世界總是昏暗不明。人們不喜歡月光般的能量，因為害怕自己陷入黑暗的情緒、被昏亂吞沒，更加害怕自己孤單單地、無助地在月光籠罩的世界裡被迫凝聽魔咒的預言，然後慌張地尋找出口，卻怎麼也尋不到出口。

　　「月光」令人無助、無力，令人匱乏、迷茫。起先，混沌的「心」無意識地接收了來自「重要他人」的月光，幼小的心靈被這些力量籠罩著，被黑匣子裡的魔咒審判著，在未來的成長過程中，又無意識地循環衍生出越來越多的月光。

　　有些月光不安地說：「我沒價值。」有些月光不安地說：「不！我要證明我有。」有些月光不安地說：「我要符合他人的期待。」有些月光不安且憤怒地說：「我偏要任性做自己。」

　　資格感、價值感是生命的終極課題，昏暗的月光下看不清自己，也找不到答案。於是，大量隱藏能量相互衝突、對抗著，驅動大腦尋找出口，結果卻衍生出更多混亂的思緒、防禦性的策略、選擇性的經驗認知，反而更加強化了魔咒的預言，增強了月光引發的恐慌體驗。

　　月光之下，能量如潮汐般翻湧，人們無意識地取用大量能量、耗費大量能量，卻總是感受不到能量的支持，心總是孤單、無助、無力。

　　月光能量是一份隱藏動力，也是一份尚未自由綻放出來的隱藏資源。人們看不到它的源頭，只能看到它獲得的效果，但效果總令人失望 —— 月光除了帶來不安、痛苦，還帶來衝突、混亂，甚至帶來失控，這樣的能量總是無法創造出人們內心期待的價值，無法滿足心願，因此人們認為這些能量根本沒有價值。

　　有價值的能量，是溫暖的、充滿希望的，低頻能量無法帶來這些感受，因此，月光籠罩時，內心總會生出無盡的匱乏感。

人在不安、焦慮的時候，倍感匱乏，會認為自己很無助，沒有力量。

然而，不安和焦慮能驅動逃離的行為、驅動操控的企圖、驅動膨脹的欲求，甚至還能轉化成憤怒，驅動防禦性的攻擊，這一切都是充滿力量的表現。

人在糾結、衝突的時候，也會倍感匱乏，認為自己被過度消耗，沒有力量，然而……

一棵小草也有生命力，種子裡的力量會穿破岩石向上生長，岩石也無法壓抑一棵小草衝破阻礙的力量。

人的生命力一定不輸小草，只是對人來說，生命力受到羈礙，不能自由綻放，造成這一問題的原因不是來自外部的岩石，而是來自內部的「月亮」。

「太陽」要衝破阻礙，向上生長，「月亮（黑匣子）」帶著不安挾制太陽的能量改路而行，在衝突、對峙中，生命不再自由，卻始終帶著能量掙扎、摸索，在自我否定中封禁了多少，又在自我對峙中浪費了多少？若非如此，人們豈會感受不到自己的力量。

月光與不安、匱乏同在，人們常常感受不到它是一份能量動力，因而也常常意識不到自己的行為模式受它影響，但這些「匱乏」的隱藏動力，形成慣性後，會左右人們的心智模式，甚至決定人們怎樣度過自己的一生。

所有能量都始於一個源頭，不取不用，價值是「零」；無意識地取用到無效方向，製造衝突、混亂，價值是「負數」，內心倍感「匱乏」；不斷增強覺知，掌握自由意志，有意識地將能量取用到有效方向，自我提升、成長，為人生做真正的價值累積，才能實現「無中生有」，迎取「豐

盛」。

生命力有「豐盛（高頻）」和「匱乏（低頻）」兩種不同的狀態。

一個生命相信自己的潛能，勇於面對危機的時候，將會帶著高頻能量，在試錯的過程中，提升解決問題的能力，最終化解危機；一個生命不相信自己具備化解危機的潛能，黑匣子影響人們的判斷，能量從高頻（豐盛／自信）變為低頻（匱乏／不安），這時太陽的能量被月亮挾持著，月光籠罩下，更大的危機出現在心裡。

「現實危機」遠不如「內心危機」影響那般龐大，因為任何外部的危險處境都是一時的，不會像內心世界裡的危險那樣時刻存在。

覺察才能改變，發現才能調整。

月光動力關係到內心的危機，它無處不在，卻又處處隱藏，發現它，在追溯中驗證實相，破除黑匣子裡的魔咒，然後才能清除內心的障礙，釋放生命力，化解危機，改寫生命密碼。

有時，人們想好好讀一本書，但買回來的書最後還是倚在書架上落滿塵埃。

有時，人們想好好愛一個人，卻在愛情裡計較誰比誰多愛一點，對比誰在誰心裡更重要。

有時，人們想找個好人幸福生活，卻總會為馬桶蓋落下還是抬起、牙膏從尾端擠還是中間擠這類小事爭執不休，消耗情感、浪費光陰。

有時，人們跟隨渴望釋放的心情，吶喊著「我和別人不一樣」，最後更加在意的卻是別人怎麼看，更加擔心的卻是萬一不一樣了，為此要遭受質疑。

有時，人們做了好多好多，弄得自己好累，卻並不清楚為什麼要做這些事。

有時，人們丟下好多好多該做的事，雖然清楚它們的重要性，卻一直拖延，難以專注。

有時，人們笑著講述痛苦，以為這就是堅強，其實不過是不想讓別人看見自己的脆弱。

有時，人們換份工作，有時，人們換個戀人，以為自己在嘗試更好的選擇、更好的生活，其實不過是在逃離自己駕馭不了的問題，逃離面對匱乏、焦慮的自己！

有時，人們固守著過去，固守著被淘汰的領域，固守著破滅的愛情，哪怕痛苦也不肯放手，以為自己是念舊，其實不過是習慣了，害怕面對改變、面對未知。

有時，人們嘴裡給出一個理由，而心裡卻有另一個答案；有時，另一個答案背後還藏著更深層次的答案，人們卻未必發現得了……

心裡總有很多聲音，不斷影響人們的行為選擇。有生命的渴望，有魔咒的預言，也有生命不安的呼喚！

人們需要一點時間、一些耐性和自己相處，運用「內感官」和「直覺」傾聽內在的聲音，然後才有可能在體悟中發現選擇背後的隱藏動力、真實動機，發現月光和隱藏在黑匣子裡的祕密。

那些祕密通常關乎人們對自我價值、他人態度、世界回饋的偏差認知。

黑匣子如同植入生命程式中的病毒，總會影響人們的判斷，當認知出現偏差，恐慌出現，無意識地行為選擇、無效的能量投資就出現了。

月光動力是低頻能量，必定伴隨負面情緒，想發現這些隱藏動力的影響，就要訓練自己的感覺觸角，學會發現情緒資訊，尤其是那些不易覺察的微妙情緒、細小感覺。

每一個情緒，尤其是微小情緒背後，都潛藏著強大的月光動力，是這些動力塑造著人們的心智模式，影響著人們的行為選擇。

然而，看懂自己或他人的情緒，進而看懂自己或他人行為背後的深層動機（隱藏動力），不是一件容易的事情。隱藏、防禦、偽裝、逃避、操控……重重面具之下，人們很難看清真實的自己。或者，確切地說，之所以有這麼多防禦、隱藏，是因為在潛意識裡，人們抗拒自己，甚至畏懼看到自己，人們並不想與真實的自己相遇。

不安和焦慮湧上心頭時，月亮又將魔化太陽的能量，驅動人們抗拒、掙扎、操控，在恐懼中固守舒適圈、固守經驗能夠掌控的所謂安全領地。

面對真實的自己不那麼容易，但這份功課必須修習，若不能憑藉自由意志擺脫月亮的魔化和挾制，讓生命力以高頻的方式自由綻放出來，那麼人們將無緣更大的世界，無緣更好的自己！

文明進化之路

靈魂是心靈的原始狀態，矇昧時，「靈魂」如同小野獸，依靠動物般混沌而敏感的心掌控自己的生命能量。

走上文明進化之路，靈魂慢慢覺醒，從原始中走出的「心靈」，蛻變成人類的孩童。

不過，孩童心裡仍然藏著一隻小野獸，直到長大成人，小野獸都一直藏在心底。

在所有看似文明的軀殼下面，都隱藏著尚未完全蛻變的困頓靈魂。

有安全感時，「文明人／孩童」懂得掌控自己的資源，利用資源發展

出的經驗解決問題。

陷入不安時，「小野獸」馬上接管能量，它要麼把文明丟在一邊，取用原始的力量，不管不顧地衝將出來；要麼接受馴化，披上「文明的外衣」（小狼變成小狗），假裝自己是「文明人」，企圖操控一切。

人們看不見自己心裡的野獸，卻能感覺到它存在。它藏在昏暗的月光之下，藏在情緒翻湧的深海裡，藏在胸口起伏的能量中。魔咒響起時，野獸也在用原始的方式嘶吼，吼聲有時很大，令人聽到了很心痛；有時彷彿隔了很遠，聽不清楚，卻會令人莫名不安。

昏暗不明的心靈世界裡，魔咒墜入，火患四起，小野獸躁動難安，若不用「文明的外殼」包裹住它，隔離它的影響，真怕它跳出來闖禍。有時隔離得了，彷彿聽不清了；有時隔離並不管用，只能任它嘶吼，任自己在嘶吼中戰慄。

為了控制野性，使自己看起來像個「文明人」，人們在野獸出沒時，為它披上外衣，迫使它接受馴化，馴化過程中，小野獸逐漸學會了用各種不同的外衣隱藏自己。比如：笑著陳述痛苦的往事；憤怒時，壓抑自己、迴避衝突；若無其事地展示羽毛，藏起利爪和翅膀下的傷口；用「道理」遮擋「情緒」背後的真相……

小野獸一邊在心底亂衝亂撞，渴望被看見；一邊在心底到處躲藏，害怕被發現。

它多麼希望能夠出現一束明亮、充滿希望的追光，劃破天際，將溫暖和信任投射進月光下的心靈世界、投灑在能量翻湧的海面上。它多麼希望能夠被這束溫暖、信任的追光看見，然後自己能夠平靜下來，帶著能量和希望，勇敢地試錯、前行，在成長中慢慢蛻變，一點一點變成真正的人類孩童，變成擁有智慧和夢想的真正的「文明人」。

　　只有這樣，生命能量之花才能漸漸綻放出來，「太陽」才能在心靈世界徐徐升起，光明才能降臨。到那時，無窮的「生命力」不再由一顆混沌無明的「心」獨立掌管，而是開始由覺醒合一的「心智」共同掌管。

　　自混沌初開至人類進化出認知能力、文明降臨世界之前，生命能源（生命力）一直由「野獸（矇昧的心靈）」掌管，野獸對能源有絕對的主控權，因而成長過程中，大腦認知再多道理也未必有用，不能與心同步內化、合一輸出的道理，只會成為正確的廢話，徒增困擾。「腦」憑藉刻板、生硬的道理，根本無法取代「心」的能源主控地位。

　　然而，「心」雖然擁有絕對的主控權，卻沒有清醒的分辨力，它跟隨渴望在冥冥中前行，但路在哪裡？「心」只能在矇昧中長久摸索。

　　因為沒有成熟的「自由意志」與「心」合一，因而，雖然「心」權力在手，能源可信手取來，卻未必能夠從容掌握、智慧投放。

　　「心」需要「腦」的協助，「腦」雖沒有能源掌控權，但腦能影響「心」。

　　「成熟的腦」充滿智慧，它懂得用成熟的態度幫助「心」從矇昧、混沌中覺醒；而「幼稚的腦」智慧不足，它向潛意識中植入了很多模糊偏差的解讀，形成意識流，在資訊衍生、強化的過程中，不斷對「矇昧的心」施加影響，使得靈魂更加迷惘不安。

　　一帆風順，全無挫折、逆遇的成長經歷，對任何生命來說都是不存在的。

　　動物在自然界中生存，面對環境挑戰，條件艱苦，生存艱難。動物要贏取生存資源，就必須面對環境，依靠生命能量，全力衝破現實難關。

　　動物的生命系統中只有一個領導者 —— 心，雖然這顆心在其短暫

的生命歷程中來不及像人類一樣進化出智慧，只能一直處於曚昧之中，但也正因如此，它不會受「意識」、「意識流」影響，不會分裂成不同的部分。逆境降臨時，動物帶著合一的能量，面對、體察環境，與環境互動，生命力一點一點衝將出來。

而人類在社會系統中生存，就需要用生命力衝破的挑戰，有來自環境的，更有來自自我的。

人的生命系統中有兩個領導者 —— 心和腦，儘管它們的掌控權有主有次，但心腦不和時，生命能量注定分裂，在分裂、對峙中消耗，難以衝破禁錮，活出自我。

人人都是帶著功課前行的，因而人人都有屬於自己的幼稚的部分、分裂的時刻，有暗藏在心裡的小野獸，也有未曾開啟的黑匣子。

在黑匣子（「魔咒觀」）影響下，曚昧的小野獸常常失控。心失控了，心掌控的能量就失控了；能量失控了，能量驅動的行為就失控了；行為失控了，環境就失控了，生活就失控了，賴以生存的世界就失控了……這太可怕了。

為了擺脫失控，緊緊抓住外部資源生存下來，「魔咒對抗觀」指引人們馴化自己內心的野獸。終於，小野獸認同了魔咒的預言，也接受了反抗魔咒的「文明馴化」，它一邊吸納黑匣子的影響，發展防禦性心智網絡；一邊帶著防禦動力，驅動心智網絡與黑匣子周旋。

「野獸」是生命原初的一面，我們都帶著動物性來到這個世界，在開始的時候，只能依靠從祖先那裡繼承的動物性本能探索世界，確保生存。

心理學家佛洛伊德（Sigmund Freud）認為，人類生命發展須經歷五個時期，第一個時期叫「口腔期」。

「口欲期」就是「動物期」。這一時期的人類嬰兒像動物一樣，依靠嘴巴認識世界，遇到什麼新奇的東西，都要像動物一樣用嘴咬一咬，用嘴巴辨別、鑑定它是否是生存資源或支持性資源。

必須用嘴巴來完成這個使命，這是生命的指令，當嬰兒能夠運用自己進化習得的動物性本能，在探索、發現中獲得生存資源（吃奶）、熟悉環境氛圍（咬一咬）時，嬰兒的生命力順利投放，會獲得更多安全感、更多自信，以便在未來的人生中也可以更加大膽地探索世界、綻放生命力。

是生存本能推動嬰兒這樣做的，生命將能量投放到已經衍化成本能的直覺經驗中，推動行為產生。如果限制孩子的行為，就會限制他們的生命力。

不過，人類不能接受自己或自己的孩童一直做一隻野獸。重要他人會「教化」或是「馴化」孩童，讓孩童從矇昧走向文明，從野獸變成人類。他們把「認知經驗」傳給孩童，教孩童用知識和準則引領自己，去調服、訓練心裡的野獸。

原初的嬰兒就是一隻小野獸，牠需要一點點長大，一點點懂事，然後把生命力和精神資源投放到更加文明的方向上去，做文明的事，有文明的行為，為夢想中的目標努力。

認知幫助人們快速了解世界，同時也帶給人們很多限制。在這個過程中，「腦」對「心」慢慢施加影響。

嬰兒帶著心裡的小野獸漸漸長大，要逐步學習很多「道理」或「行為準則」，生而為人，第一條必須掌握的文明準則是「不能隨地便溺」，佛洛伊德把這個時期叫做「肛門期」。

在這一時期，矇昧的野獸向文明世界踏出了第一步。

　　排便是生命的基本需求，所有生命都會遵循這個本能經驗，將生命力投放在行為上，驅動行為發生，排出體內的代謝物，因為這樣才能生存下去，這是生命的智慧選擇。不過，我們是文明的人類，還要懂得排便應在適當的地點，因此，人類學習的第一條文明準則是「不能隨地便溺」。

　　為了更加文明，假如將這條準則修改為「不能便溺」是否可行呢？聽起來，這是多麼愚蠢的一個問題！人類邁向文明，應該學會引導自己的生命力，讓它以更加適當的方式表達、向更加有益的方向投放，從而推動生命發展；而不是用僵化的道理和準則壓抑、禁錮自己的生命力，與生命對抗。倘若果真制定這樣一條對抗性的準則──不能便溺，結果可想而知。

　　從原始到文明是一個慢慢進化的過程，讓小野獸變成孩童，然後開始長大，需要時間，更需要耐心，需要帶著溫暖、信任的態度慢慢引導。

　　因為人類的文明不僅展現在生理反應上，更展現在心理反應上。不論生理上還是心理上的需求，都應該以安全的方式妥善滿足，這是生命的指令，也是生命力的驅動。

　　想引導小野獸學會以文明的方式掌控生命力、滿足需求，必然不能操之過急，更不能採用對抗、壓抑能量的方式，禁錮野獸的力量。

　　除了物質身體，人類還擁有一顆急待覺醒的心靈。和物質身體一樣，非物質的心靈同樣也有代謝。

　　身體需要物質營養，它的代謝產物是「糞便」；心靈需要資訊和能量，它的代謝產物是「情緒」。生命能量是高頻的，如同太陽，而心靈的代謝產物是低頻的，如同月光。

月光意味著昏暗不明、意味著曖昧無知，月光中尚為野獸的懵懂心靈駕馭不了自己的能量……當昏暗的夜色中墜入凌厲的火苗，潮汐中爆發出強大的低頻能量時，野獸在混亂中失控了，它衝動地尋找出口，讓調服不了內心野獸的人倍感恐慌。

身體如果從不排便，生命會死；心靈如果從不釋放情緒，生命將會生不如死。排便是本能，是生命力的宣洩；釋放情緒，同樣也是本能，也是生命力的宣洩。

然而奇怪的是，「文明」不會讓人們「憋著糞便」，卻常常會讓人們「憋著情緒」。

一名兒童輔導老師，帶著一名情緒控制障礙的男孩玩拼圖，練習專注力和情緒控制力。男孩沒拼好，生起氣來，用手砸圖塊，這時，老師克制著自己的焦慮，對男孩說「你答應過不發脾氣的」。

老師的回應傳達出的訊息是 —— 你違反規則了，不該這麼做，你應該用「腦」控制自己的「心」……然而，腦是沒有主控權的呀。

毫無意外，男孩的情緒更加失控。

生命力總是渴望趨向更好，但在文明的世界裡如何達成更好？尚未被馴化成熟的生命 —— 心裡那隻小野獸並不知曉。

男孩只是沒有更好的方式解決問題，他需要拼好難拼的圖案、要化解自己的情緒，然而如何拼好、如何化解呢？男孩不知道如何做到更好，「發脾氣」只是他在表達對「更好」的渴望，只是他為了「更好」採取的一種無效努力而已，儘管這種努力既不成熟，也不文明，卻來自不肯妥協、不肯放棄的生命力。

輔導老師沒看懂孩子的心，她沒有肯定孩子的努力（生命力），也沒有接納孩子的情緒，而是直接給了「教導」。她用否定的態度拒絕了努力

適應生存的小野獸，拒絕了小野獸想要對外表達的情緒，然而，答應不發脾氣，情緒就能憑空消失嗎？

寫在老師眼睛裡的急躁、急躁背後的不安、克制、克制背後的不安，這些資訊都被孩童收進心裡，令孩童加倍不安。

輔導老師面對自己的情緒時，採取的方式是克制，她授予孩子處理情緒的教導也是「克制」。也許有一天，男孩終於在馴化過程中，被迫學會了克制，但那些不斷克制、壓抑在心底的情緒，到底要「憋」到幾時呢？

成人世界「憋情緒」，或要他人「把情緒憋回去」的狀況尤為常見，尤其至親之間，人們更加見不得親人失控、難過，於是總帶著「美好的願望」，期待至親至愛的人們不要不高興，若是不高興了也要快點好起來！

不開心的人承擔著不能不開心的責任，情緒要到哪裡化解呢？

人們都知道如何選擇合適的方式排便，卻常常不知道如何選擇合適的方式釋放壓抑的情緒，因而從小到大，未被化解的受傷情緒一直不斷累積。

當生活中每每遭遇不如意的處境，當心底的恐懼不安一次次累積至極限，面臨爆發時，生命力也在一次又一次推動失控的小野獸大聲嘶吼，那些令人心痛的聲音試圖表達的是：「給我一個化解的機會、給我一個釋放的出口。」

所有排泄都是有快感的，因為生命在宣洩壓力，不論是糞便在體內儲留製造的壓力，或是情緒在體內瀰漫產生的壓力，都需要途徑排解。

但肆意排泄是野獸的行為，就算即時獲得了快感，也會帶來長久的麻煩，比如在公共場所隨地便溺，再比如任性、罵人、挑起爭端……於是文明的人類總要調整自己的行為。

去廁所很容易就以文明的方式搞定了身體的物質代謝，然而迴避衝突，羈留下來的「情緒」要去哪裡釋放呢？要如何釋放呢？

人們總是討厭自己的負面情緒，憎惡它的出現，因為每次負面情緒出現，要麼暗示著自己無能，要麼意味著重要價值喪失。魔咒會在心裡叫囂「你無能、不配」，人們受魔咒影響，開始討厭自己，憎惡失控，這樣怎能調得出愛的能量，替換滿心承載的憂慮和質疑？怎能拿得出真心呵護自己屢次闖禍的「野獸」？

心內交戰、火光四起的時候，人們看不到野獸的意義，因此不相信它擁有資源，也不相信它有資格享受世界回饋的資源。痛苦的人們只會下意識地告訴自己：想要文明、強大、值得擁有，就不該產生負面情緒，不能讓自己失控，肆意宣洩情緒能量的小野獸，必須把它關起來。

不給情緒留有出口的時候，生存本能（生命力）會推動它自己尋找出口，情緒失控的心靈就像一隻失控的野獸，亂衝亂撞，每次闖下禍端，總要「理智」出面收拾殘局，於是「緊張的理智（防禦性策略）」嚴厲地馴化野獸、禁錮野獸。心智衝突的戲碼時常上演，但「腦」總是搞不定「心」，搞不定那彷如野獸般難馴的能量。

馴服不了心裡的野獸、控制不住自己時，人們會感到恐懼，野獸不聽話，它帶著能量肆意宣洩，釋放快感，因而必須把它約束起來，否則人們擔心後果不堪設想。

於是「魔」與「獸」的對弈開始了。

「魔」常常在幽暗的月光下揮鞭，撻伐暗影中的「野獸」，鞭及處火星四濺，「火鞭」呼嘯著，烙下沉痛的印記 —— 或許是斥責、否定的語氣，或許是憂慮、擔心的眼神，或許是權威、刻板的道理，一幕幕場景中透露出的態度彷彿向野獸宣判：世界不歡迎你，你不是文明的生物，你沒

有學會文明的秩序和法則，所以你的存在是一個錯誤。

人們相信這些模糊訊息的那一刻，「魔咒」應驗了，心也被禁錮了。

「腦」並不想接受魔咒宣判的命運，也不想禁錮「心」，它只想讓「心」聽話，讓「未來」更好。但這顆「心」最後聽了誰的話呢？「未來」又掌控在誰的手裡？

「腦」能拿到主控權嗎？它與「心」對峙，還是與「心」協同？

從矇昧趨向真正的文明，需要踏上成長之路。

成長前，「心」很有力量，但也很混沌；「腦」很聰明，但權力不足。

接受馴化的「腦」不喜歡「心」總是表現失控、不合規矩，它總想控制「心」，篡奪「心」手中的權力。但「小野獸」逗英雄的時候，「腦」總是無能為力，「腦」因此更不喜歡「心」了，它說了很多關於「小野獸」的壞話，而「心」竟然相信了。

那些壞話（黑匣子）植入到心裡，「心」很迷茫，不知道真實的自己是怎樣的，它變得衝突又分裂，一邊帶著憤怒的能量拚命防禦，一邊帶著恐慌的能量沮喪地認同。

生命力綻放不出來，生命活得很辛苦，這並不是「腦」想看到的結果，儘管它總是說「心」的壞話，但「心」和「腦」是一體的，它們對「活出更好」的渴望是一致的。

對峙並不是解決問題的方式，成長需要從「腦」開始，從改變信念開始。

或許有一天，「腦」會提出和解，那時，它終於能夠明白自己的對手不是「心」，而是植入心裡的「魔」，重寫魔性的病毒程式碼，才能重置生命和未來。而「心」是完成這一艱鉅任務必須協同的夥伴，生命的能量終究還是要由「心」主導。

　　用溫暖的態度照顧、用信任的態度引導，接納情緒，給予情緒出口，令「心」在接納的回應中提升資格感、價值感，進而提升安全感、存在感，一步步擺脫「魔」的控制，才能「心智」合一，帶著無窮資源，奔赴夢想和更大的世界。

　　照顧和引導需要耐心，懵懂的小野獸雖然掌握無窮力量，卻敏感、易傷。急躁、否定、拒絕的態度容易挫傷心靈、壓抑生命力，因而，只有真正智慧的「腦」，才懂得多帶些溫情和耐性對待自己，幫助自己踏上真正的文明成長之路。

　　人生是靈魂的選擇，是不斷修行的旅程。

　　踏上旅程，是需要能源的，「生命力」就是人生不竭的能源，因為只要生命在，生命力就在；只要靈魂還在身體裡面活著，就渴望「活出更好」。

　　但更好是需要修行的！

　　修行的第一步，是問自己一句「為什麼」，然後慢慢尋找答案，慢慢在體悟中看懂自己心底湧出的動力，進而看懂自己。

　　動力驅動行為，能量可能來自綻放的太陽，也可能來自籠罩大地的月光。月光中暗藏著「小野獸」渴望宣洩的動機，暗藏著「文明外殼」自我禁錮的動機，暗藏著「不安的心」為了贏取資格感、價值感，進而滋生出的無休的驗證、防禦、操控動機。

　　看不懂心底的動力，靈魂將一直在矇昧中受月光裹挾，小野獸將一直無法獲得成長，生命終究活不出更好的自己。

　　人都是孤獨而矛盾的：渴望愛與懂得，卻藏起真心；渴望偌大的世界，卻故步自封。若看不破心裡的動力、衝不破欲望的重重裹挾、走不出自己的心牢，便一生只能在孤獨中惝惝渴望……

第三章　藏機圖

▌囚牢

1986年冬天，下了好大雪，到處白茫茫一片。那年，我還在讀小學。

有天值日，我最後一個離開教室，經過校園時，遇到一些同學正在小操場上玩雪，其中一個女孩是第二天的值日生，我把教室鑰匙交給她，然後和大家玩在一起。

沒多久，保管鑰匙的女孩忽然心急地求助：「鑰匙找不到了！」於是，大家趕緊幫忙尋找，七、八個同學在雪地上彎腰翻查，找了很久，還是沒找到。

不知為什麼，我感到有些奇妙的事情正在發生⋯⋯

我平靜地走向遠處，走了很遠才停住腳，轉身看向鑰匙可能掉落的範圍。

大家還在範圍內尋找，我則站在遠處，靜靜地看著，靜靜地自然回溯⋯⋯忽然，注意力被雪地上一個位點強烈吸引，我彷彿帶著某種感應跑向那個位置，用手撥開雪時，不可思議的事情發生了 —— 我看見了鑰匙！

當時的我又驚訝又興奮，卻並不清楚到底發生了什麼，也不清楚自己為什麼會那麼做，為什麼會忽然決定走向遠處，為什麼會忽然跑回一個莫名其妙的位置⋯⋯

如今想來，那必定是直覺，奇妙的直覺，一定是「小v」出現了！

那之後，有一段時間，若是有什麼東西忽然找不到了，我就會嘗試讓自己靜下心來，平靜地連線感覺，在感覺中靜靜回溯，等待一個「Bingo」出現！

那些體驗真的非常奇妙，好像得到了「一休」的真傳：不要著急，不要著急，休息，休息一會！

遺憾的是，成年後，不可思議的奇妙「Bingo」越來越少了，或許是「腦」太著急了，「心」也不容易靜下來了吧。

「心」是帶著功課生活的，「腦」有責任協助「心」完成功課，然後才能綻放出生命能量，注入感覺、直覺、認知，充分發展成熟的心智網絡，驅動生命向前。

資格感、價值感就是「心」的功課。未曾面對、修習時，生存危機隨時在心智中出現，令心智難安，於是「不安的心」如同野獸般騷動，「未成熟的腦」急躁地尋找防禦方法。最後，「心智」找來兩把「限制性的鎖」，一把鎖住「心」，囚禁失控的情緒和真實的自我；一把鎖住「腦」，遮蔽未知和挑戰。

鎖住心，彷彿就掌控住了自己；鎖住腦，彷彿就掌控住了世界。然後，彷彿就能在自己熟悉的一小塊經驗區裡，憑藉經驗順利掌控生活，這樣一來，彷彿心就不會再不安，腦也不會再緊張、急迫了。

可是，用「道理」能夠控制自己心裡的野獸嗎？用「評判」能夠控制他人的思想、行為嗎？用防禦性的「操控」、「對抗」能夠從造化那裡換來與期待相配的結果嗎？

安全區只是相對性的，不安的心走到哪裡都不安全。

局限在小小的用腦能夠掌控的所謂「安全區」裡，「心」成了囚徒，

囚徒所住的「監牢」有內、外兩層禁制,有心、腦兩層鎖。

　　囚徒不聽話、不接受馴導時,會被關進黑暗的禁閉室(潛意識),隔離起來;聽話了,妥協了,披上了「文明的外衣」,就放出禁閉室,允許在大一些的空間範圍裡活動(經驗區)。

　　大一些的空間範圍也不過是大一些的囚牢,囚牢外面才是真正的世界,是更大的世界。「心」很嚮往外面,很想走出去,卻又不敢走出去,因為自己的「文明經驗」只夠在囚牢中使用;一旦踏出囚牢,經驗不夠駕馭外面的世界,文明外衣會被撕掉,野獸會暴露出來。「心」很害怕,它害怕野獸暴露了,世界就會看到魔咒宣判的「真相」,看到自己果真糟糕、沒用,如此不堪。

　　野獸是沒有資格在文明世界裡生存的,更沒有能力生存下去 —— 這些恐怖的預言慢慢化作「限制性的鎖」,慢慢鎖住人們的心智。

　　成長中,心慢慢變成囚徒,心的觸角戴上了鐐銬,難怪小v不見了,「Bingo」也慢慢消失了。

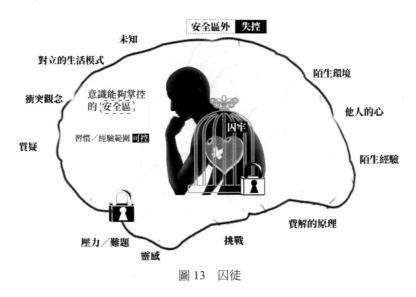

圖 13　囚徒

　　長大的過程，彷彿就是生命與囚牢抗爭的過程。

　　所有人類生命都渴望奔向更大的世界、連結嚮往的美好，但邁出舒適圈（安全區）是需要付出試錯代價的，成長中的歷練會使人強大，也會令人受傷。

　　受傷時，魔咒常默默在心裡強化預言，否定自己的價值和資格，生命因此壓抑了很多情緒、很多渴望，力量越來越弱（太陽變成月光）。當心智終於開始妥協，開始限制封鎖自己，接受囚牢般的生活時，大量生命資源在不知不覺中凍結了 —— 感覺不再敏銳，直覺消失不見，認知局限而刻板，由此發展出的心智網絡和思考方式變得褊狹，缺少創造力。

　　在我的夢裡，出現過這樣一個故事。

　　在遙遠的國度有一座城堡，城堡的主人是一個怪脾氣的老頭，他和很多活潑、頑皮又膽小的孩子一起住在城堡裡。城堡建在山丘上，山腳下有一個美麗的村落，那裡住著很多特別的村民，他們活潑又有趣，每天的生活熱鬧又新奇。

　　住在城堡裡的小孩對村民們的生活十分好奇，他們嚮往外面的世界，很想下山去村子裡看看，但是怪老頭不允許孩子們離開城堡，他常對孩子們說：「外面到處都是看不見的危險，你們出去了根本無法生存！」

　　終於有一天，村民們發現了這座城堡，他們決定派出代表，前去拜訪城堡的主人。

　　孩子們聽說後特別興奮，怪脾氣的老頭卻要求前來拜訪的村民必須回答兩個問題，答案令他滿意，才被獲准進入城堡。

　　第一個問題是：「我是誰？」第二個問題是：「你是誰？」

　　第一位探訪城堡的村民回答：「你是一個成功的人，住在如此漂亮的城堡裡，比村子裡所有人都更加富有，所以你和你的孩子們一定傑出又優

秀。我是一個仰慕你們的人，前來拜訪，是為了見證你們的優秀和富有，我會把我看到的一切講給更多人聽，讓大家都知道你們是多麼值得羨慕，你們的生活是多麼令人嚮往！」聽到這樣的回答，怪老頭很得意，他邀請這位村民進入城堡，並且從城堡裡找出閃閃發光的寶貝，展示給村民看。

第二位探訪城堡的村民回答：「你是一位有經歷的長者，你和你的孩子們都是心懷善意又謹慎敏感的人，你們渴望敞開心，渴望和他人友好交流，只是還有一點防備，有一點拘謹，我猜這一定是因為你們有過不同尋常的經歷。我是一個普通人，和所有普通人一樣，有自己的脆弱、有自己的故事，同時也有自己的期待和夢想，我也很渴望和他人友好交流。因此，無論怎樣，我都願意敞開心和你們做朋友，理解你們，和你們分享善意、分享故事……」聽到這樣的回答，怪老頭感到莫名的溫暖，於是他邀請這位村民在城堡裡共進晚餐。

第三位前來的村民是這樣回答的：「你是一個壞脾氣的怪老頭，你和你的孩子都是膽小鬼，你們害怕更大的世界，害怕自己沒能力掌控更大的世界，所以躲在這小小的城堡裡，不敢出去。我想告訴你，怪老頭，你們是有問題的，而我就是那個能讓你看清自己的問題、看清自己是膽小鬼的人！」聽到這位村民如此評價，孩子們難過地央求他：「請你不要這樣想。我們可以帶你去看城堡裡的花園，帶你去吃城堡裡最好吃的食物，但是，請你不要說我們是膽小鬼……」怪老頭聽到孩子們的央求，一把推開他們，然後一邊衝著村民大聲斥責、咒罵，一邊狠狠關上城堡的大門，將村民拒之門外。

當怪老頭轉轉身，看見已經被嚇壞了的孩子時，他變得更生氣了，他開始怪罪他們：「不要再哭了，不要再表現得像一個膽小鬼！」孩子們在斥責聲中更加難過、更加害怕，哭得更厲害了。怪老頭也變得更加生氣，氣得跳腳，他氣惱於孩童的脆弱和失控，他是多麼害怕看見脆弱和失控啊！

　　於是怪老頭說：「外面的世界真是太糟糕了，你們根本不應該和不屬於你們的世界接觸，你們也根本沒有能力面對這些……好吧，我帶你們去更安全的地方！」怪老頭帶哭得最凶的孩童去了城堡的地下室，那裡是一間漆黑的屋子，屋門上有一把大鎖，怪老頭對孩童說：「進去吧，藏在裡面，不要讓別人看見你，那樣就不會有人說你脆弱，是個膽小鬼了。」然而，孩童的哭聲更大了……

　　「地下室」是個神祕的「結界」，另一頭連結著一座幽暗的月光森林，哭聲從那裡傳出來，像小野獸的嘶吼，響徹整座城堡，讓人不寒而慄……

　　我從孩童的哭聲中醒來，訝異於夢中故事的怪誕，又驚嘆於夢中的感受如此真實、如此熟悉。怪老頭的憤怒和緊張，孩子們的期待、脆弱和驚慌，小野獸的爆發和嘶吼……這真是一個奇異的夢，夢中真切的感受讓我忽然發現，在夢境中幻化出的不同意象 —— 一草一木，一人一景，原來都是我。

　　怪老頭是我、孩童是我、小野獸是我、有趣的村民是我、城堡是我、村落也是我……它們一直住在我心底。

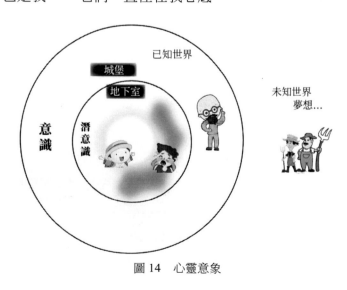

圖 14　心靈意象

城堡主人「怪老頭」是我的思考方式（心智經驗網絡）。「孩童」和「野獸」是正在蛻變的心靈，它們掌握著生命力，有時像太陽（高頻），有時像月光（低頻）。

「村民」是未知的世界，有吸引力又讓人不安。「村落」是遙遠的期待和夢想。

地上的「城堡」是「意識（腦區／經驗區）」，「月光森林」是「潛意識（心區／本能區）」，「地下室」是意識通往潛意識的「結界」。

而整座「城堡」，是我的心智囚牢！

不安的心裡總有兩個對抗的聲音，一個來自「魔咒」，一個來自「防禦本能」。

魔咒說：「你又犯錯了，你是糟糕的野獸，令人討厭。」防禦說：「不！我是人類的小孩，我很好，你（說我不好的人、事、物）才有問題！」兩個聲音弄得怪老頭惶恐、焦慮又暴躁。

衝突的心智總是在求證的過程中認識自己，他人和世界如同一面鏡子，心智害怕鏡子用否定的眼神、拒絕的表情、糟糕的結果告知自己答案，因為這樣的答案彷彿在說：「真相就是魔咒的預言！」

為了對抗魔咒，維護內心世界的安寧和秩序，心智開始敏感於自己的錯處，於是，怪老頭把「會犯錯的小野獸」驅逐境外（意識之外／壓抑進潛意識），因為意識不想看見野獸出沒；心智開始強調世界的錯處，於是，怪老頭把「否定自己的世界」封禁於境外（意識之外／劃定安全區），採用否定的方式對抗否定，彷彿這樣就能保存自己。

當我陷入迷茫，弄不清自己是誰的時候，我不喜歡聽到帶著否定意味的建議，那會令我覺得自己很糟糕，於是我否定那些建議；我不喜歡超出我理解範疇的新經驗，那會令我覺得自己很沒用，於是我否定那些

未知；我也不喜歡意外，意外會令我覺得失控、覺得自己弱小無能，於是我強調秩序和標準，強調身邊的一切、我世界裡的一切，都要盡可能在我熟悉、認可的秩序和標準之內，哪怕涉及的事件僅僅是擠牙膏的方式之類雞毛蒜皮的小事。

當我陷入迷茫，弄不清自己是誰的時候，那些可能引發衝突、意外的人、事、物，都令我不適甚至憤怒，我竟然下意識地採用自己最討厭的態度來對待他人……我也會帶著否定的語氣、神情給某些人建議，也會「教育」某些人應該懂得他們經驗範疇之外的道理，從而「幫助」他們回歸到我的秩序之內。

然而，當這些建議和道理同樣被對方的信念系統鎖在門外時，我再次感到自己被拒絕、被否定了，那一刻，內心的不安又被擾動出來，小野獸又蠢蠢欲動。我拚力控制，努力將它鎖回心底，但不安依然化成焦灼的力量，推動我在衝突中繼續拚力尋找新的控制點，拚力把持自己的經驗、穿回「文明的外衣」。

「安全的囚牢」禁錮了心智，讓我與更大的未知世界劃清界限，與更多的陌生心靈（自我或他人）拉開距離。越長大越孤單，難道這就是命運嗎？一個人和世界到底有怎樣的緣分？世界那麼大，孤獨的生命喪失了多少自由？

我注視著自己的夢境，默然自問：從什麼時候起，我把心裡的孩童關進了地下室，把真實的自己藏起，不願讓人看見我的脆弱、慌張失措；從什麼時候起，我把城堡的大門緊鎖，從窗簾的縫隙間謹慎凝視對面的世界，小心審視、拒絕令我不安的未知信念、衝突觀念、對立經驗……

我知道自己常常害怕失去控制。所愛的人、事、物能夠一直擁有嗎？所厭的人、事、物能夠遠離它們的影響嗎？生活無常，越是害怕失

控和挑戰，越是不可避免地要處於失控和挑戰之中。

我努力平衡這一切，既討厭自己的恐懼，又討厭自己的逃避，於是我時常拿起利刃，面向世界，大聲吼著：「我想要面對、想要前行，我不是膽小鬼！」

然而，對失控的恐懼就像一個魔咒，越是舉戈對抗，咒念就越響：「你沒有能力，才無法掌控更大的世界；你沒有價值，才不配擁有更多美好。甚至連眼前你所擁有的這小小的城堡和世界也隨時會因為你的無能而失去控制。」

內心矛盾而迷亂的我，常常模糊地陷在「我是誰？」、「世界如何掌握？」之類問題裡。答案似乎在規律中深邃蘊藏，似乎又在現象中淺顯投射。

每當心鎖出現，鎖住兩隻觸角，一定有很多傳達生命深意的感受或是回饋現實奧義的線索被評判阻斷了。褊狹的價值評判讓我變得局限，被評判過濾的認知經驗根本無法幫助我突破自己。

我可以活得不一樣嗎？可以接受多元的價值觀念嗎？可以發揮自己的潛能嗎？

當「不一樣」、「多元觀念」令我喪失標準、喪失黑與白的明確立場，內心無以依託、大腦無力掌控時，月光森林裡戰火又起，大量不安從心底瀰散出來，我將如何自處？

囚牢不但囚住了我的渴望，也囚住了老天賜予我的資源，自由自在的「小v」被鎖了起來，我的一部分彷彿消失不見了……

「評判」是泛化的魔咒、資源的鎖

月光注入認知、感覺、生存本能，驅動心智經驗網絡鑄造出自我限制性的「鎖」，這把鎖是泛化的魔咒，它用「評判」限制生命資源、判決心靈的自由、判定心智的領地。

人們常常根據自己的「感覺喜好」進行評判，替人、事、物貼上標籤；也常常根據自己的「認知準則」進行評判，區分人、事、物的好壞。但人們卻未必會覺察到自己的感覺和認知會相互影響，在月光驅動下，生成一把評判的「鎖」。

「認知」會影響「感覺」，不符合「認知準則」的「感覺」常常受到壓抑。

比如：做人要堅強，不能哭；做人要有禮貌，控制脾氣；做人要謙和有禮，先照顧別人的感受，把自己放一邊……

與其說人們更在意世界灌輸給自己的立場和準則，不如說人們更在意世界對自己造成的影響。不能以獨立的心智控制自己免受影響時，就會被動迎合世界、向他人妥協、順應規則，以免世界對自己表達拒絕的態度，讓自己遭受影響。

「感覺」同樣會影響「認知」。「感覺」不舒服，再正確的「道理」也會令人心生抗拒。

比如：「你這麼大聲做什麼？別跟我講道理，我一個字都不想聽！」

心裡的真相是：「也許你說的是對的，但我不想承認你是對的，我就是不願意接受，因為你講話的方式太傲慢了。你的傲慢、咄咄逼人讓我很不舒服，所以我不想聽你說話，用不著你來教訓我。」

與其說人們討厭某些人、某些處境，不如說人們討厭自己因某些人、某些處境受到影響，不能以獨立的心智控制自己不受他人、環境影

響時，便會希望藉助各種方式操控他人、環境，讓世界改變、妥協，從而解除影響。

「準則」是一道鎖，區分對錯、好壞；「喜好」是一道鎖，區分歡喜、厭惡。兩道鎖均是評判的武器，用來防禦野獸和與期待不符的世界。

對、好、贏，便會歡喜；錯、壞、輸，便會厭惡。歡喜的，常會下意識地強調它的好處、對處、贏面；厭惡的，也會下意識地強調它的錯處、壞處、敗局。

圖 15　評判是限制性的鎖

「感覺」是一隻好奇的觸角，原本對偌大世界都抱有熱誠。

而今，評判之下，「感覺」只會選擇性地關注部分資訊，包括意識經驗掌控得住的資訊，這些資訊不會引發不安，心智網絡有能力處理這些資訊，在安全範圍內持續累積經驗；也包括意識經驗掌控不住的資訊，心智沒有能力處理這些資訊，故而對這些引發不安的資訊尤為敏感；還包括可即時性消除不安感受的資訊，例如飲食、娛樂、遊戲……注意力轉移到這些目標上，便能暫時逃離不安，逃離面對「艱難世界」和「小野獸般的自己」。

「認知」是靈魂覺醒的機會，是人類得以擺脫混沌，憑藉自我意志自由掌控命運，實現人生夢想的維度。為了趨向夢想、趨向自我實現，人

們原本可以憑藉「認知」維度、憑藉開放性思維，有意識地學習、累積經驗，在成長中提升能力。

而今，評判之下，人們更加敏感、在意的是自己現有的能力是否能夠保證生存、駕馭環境。月光動力促使人們慣性活動、慣性思考，為了避免失控，人們下意識地執著於現有經驗，依靠經驗性思維，確保自己處於安全範圍，一旦脫離安全區，經驗思維著實駕馭不了，便採取防禦性策略應對失控。

「直覺」是突破維度的智慧觸角。人類憑藉直覺進化獲得的本能經驗不但指引人們生存、防禦，更指引人們為自我實現而發展：攫取靈感，突破未知，發現世界的實相；收穫體悟，突破自我，發現生命的實相。

而今，評判之下，本能為確保「生存」，已顧不上「發展」，探向高維的靈效能力消失了，「靈感」和「體悟」不見了，只剩下防禦性的生存本能在發揮作用。

表 1　精神維度受限與不受限

項目	高頻生命力		低頻生命力	
感覺	廣泛關注 環境訊息、心靈感受	包羅萬象 不受限制	選擇性關注 可控訊息；經驗失控訊息；轉移訊息	滋生「評判」 受「評判」限制
認知	自由選擇 開放性思維		慣性選擇 經驗性思維(安)；防禦性思維(不安)	
直覺	本能(生存／防禦，發展) 靈感；體悟		本能(生存／防禦)	

一旦心智不安，能量轉為低頻，月光動力下達關鎖指令，思考方式便有了一扇閉合的門，人心由此出現分別、評判。

世界上的所有物質存在都是三維的，而萬物的本質、規律、人心則超越三維，但我們常常用二維的心智看三維的現象、看超維的根本。評判、分別使得我們對現實的判斷要麼膚淺、要麼局限。

世間人、事、物，彷彿總有些是裝得下的、總有些是裝不下的，總有些是接受得了的、總有些是百般抗拒著不願接受的。

於是，人們常常希望按照自己的意願、標準來要求或是操控世界改變，讓一切裝不下的「人、事、物」妥協、附和自己的評判系統，卻不情願放下評判，嘗試理解自己不願理解的現象背後是否存在可被理解的內因。

越是不肯放下評判、放下執著，越是難以突破自我，難以理解並適應環境、順勢而為。過分的企圖心，悄悄凝成執念……

人生是不斷尋找自我、發現意義的過程。生活會帶給我們很多難題，磨礪我們穿透表象、探擾本質的勇氣和能力。看世界的眼睛連著心，若心被不安擾動，雙眼啟動了評判和分別，心智關上大門，局限的思考方式只會將我們看到的世界斷章取義、去真存偽。

有一天，你看見一個人，他在你面前哭了，他說自己正經歷著現實的坎坷和內心的煎熬，你看見他的傷口，很想安慰他；又有一天，你還是看到這個人，他朝你發脾氣，指責你、否定你，你憤怒了，用激烈的言辭回擊他，其實，他仍然只是受了傷。

當他把傷痛封裏起來，用刺對著你，你已顧不上憐憫他的傷口。

你心裡的傷口也被撕開，於是，你也把自己封裏了起來，用刺對著他，因為你和他一樣，不願看見自己的傷口，更不願讓否定自己的人看見。

你用激烈的言辭回擊他，用強硬的態度評判他的過錯，你甚至相信他故意來傷害你，因為指責、否定的態度是那麼傷人……

當你能夠平靜下來的時候，不妨反問自己這些問題：你的反擊、尖刺也是要去傷害他嗎？為什麼？你的動機是什麼？難道是因為他像你評判的一樣糟糕，因為他不好，所以你才替天行道？倘若遇到其他「不好

的人」，他們沒有指責你、激怒你，你是否也會用「刺」、用激烈的方式對待他們？

不，你終於意識到自己的反擊跟別人無關，你真實的動機是要消滅自己心裡的「疼」。

遭受評判時，疼痛從心底瀰漫出來，擾動了潛藏的不安、恐懼、憤怒，那時的心情只想掙脫、逃離，只想讓疼痛快一點結束。

受傷的人並不是真的想傷害誰，他們只是在抗拒自己的傷口。扣緊心鎖、合上心門，他們用「評判」的方式保護自己，為自己止疼，他們竭力宣判他人犯錯、壓迫他人妥協，因為他人錯了、他人承認了錯誤，這樣才能銷毀他人給予自己的評判、指控，進而消弭自己內心的不安。

可是，「他人的評判」真的能夠標定自我的價值嗎？「自己的評判」又能夠消滅他人的存在嗎？

心底有一座城，人們總是用它藏起受傷的情感、隔離「糟糕」的環境。當人們終於能夠冷靜下來，發現自己心裡的壁壘時，才忽然意識到對方的心裡同樣也有一座城，對方同樣也躲藏在壁壘之後掙扎、對抗。正因如此，硝煙才會瀰散在城與城之間，讓兩座緊緊封閉的城淹沒在硝煙之中……

人們為何會受他人影響呢？如果內心足夠強大，陽光充滿整座城堡，溫暖、滿懷希望的心靈還會為誰人的一句輕慢、否定而受傷、惶恐嗎？

惶恐從潛意識中瀰散出來，會影響判斷，令人們無法看到隱藏在表象背後的真相。當潛藏的不安化作月光，在內心的城堡中衝動瀰散，不打開評判的鎖，不放空心裡的月光，又怎能看見他人的心其實也在惶恐……

內心不夠強大時，不安的心害怕承受「痛苦」，於是，它一邊批判、排

斥對立的訊息和邏輯，一邊把逃離痛苦獲得的即時滿足當成追求。比如相互刺傷、掩飾偽裝、迴避衝突、逃離窘境，再比如轉移注意力尋求安慰物，或是隔離內心的感受、忽視需要面對的問題、迷茫追逐所謂的目標……

沒有人會在內心安定的時候故意去刺痛別人，沒有人會毫無緣由地產生傷害他人的企圖，甚至也沒有人會第一時間因為對方不好而做出傷害行為。對方好與不好，只是人們宣洩情緒的出口，因為情緒狀態下產生的應激反應，其背後一定有一個「和自己相關」的動機存在，那就是「逃離痛苦」！

用評判對方的方式逃離痛苦，用操控對方改變的方式化解情緒，其實是把該由自己照顧的「心情」拋給了別人。多少人有能力接管這種責任呢？多少人心裡甘願被操控，不斷壓抑自己，只為取悅別人？

尤其，被當成情緒出口的那個人，很可能也不願意照顧自己的情緒，很可能也正在為自己的情緒尋找宣洩對象、尋找能夠背負責任的替罪羊。

即使逃避的方式不夠成熟，但是當周遭的人都以這樣的「標準」面對生活——「我的困擾是你造成的，就應該由你負責解決」，當類似這樣的評判被人們廣泛認同的時候，彷彿不成熟也變得極為正常、合乎情理。

「情」有傾向時，「理」會站隊，不同的人總會出示不同的評判標準，強調不同的「情理」，結果是誰也不願意敞開心門接納對方的心情、聽聽對方的道理。

所有人的行為動機都是從自己出發的，為了活著、活好而趨樂避苦，但「苦樂」總並存於同一事物、現象之中，逃避眼前的苦，也就失去了長遠的樂。

難道人們願意破壞關係，讓自己一步步陷入窘境嗎？難道人們甘願

不成熟的思考方式、處事風格將自己帶離初衷，致使自己離期待的結果越行越遠？

　　冷靜地想一想，如果內心強大、不易受到負面影響，誰還會衝動地為了即時滿足而付出長遠代價？眼前那個人，那個用評判刺傷自己，又被自己用評判刺傷的人，很可能是自己的伴侶、親人、朋友，很可能在生命當中非常重要！

　　如果人們看不到自己內心發生了什麼，也就不會看到自己將個人立場上的感受摻雜在評判之中，不會看到自己的感覺、認知、本能雜糅在一起，偏離了實相。

　　這時候人們在關係裡看到一個人，看到的不是完完整整，有血肉、有情感的真實的人，而是被評判框定的「表象」、由防禦築起的「壁壘」、因馴化而穿起的「文明外衣」，或是撕掉外衣的「不堪野獸」。人們看到的一切狹窄而膚淺。

　　帶著評判相處的關係，只會讓彼此感到消耗，讓彼此藉助對方的態度，感到自我價值越來越低，因而痛苦掙扎。

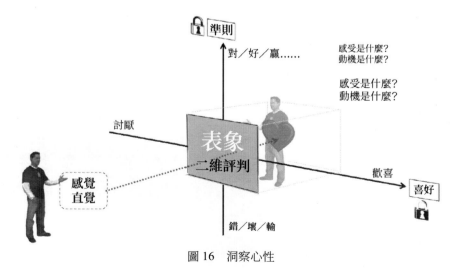

圖 16　洞察心性

一個人，一座城，幽禁了自己、區隔了他人。

人們躲在壁壘之後，只能用「評判」和「分別」認定褊狹的表象，卻無法探出「感覺」和「直覺」兩隻觸角，傾聽壁壘後的心聲。

彼此都緊閉城門，彼此都害怕對方提著評判的劍突然闖入。

然而，對面的「他」也許是自己的伴侶，也許是自己的親人，也許是自己的師長、好友、主管、同事，或哪怕是只有短暫交集的陌生人。

難道，彼此間不曾期待對方帶著愛走入自己那扇心門嗎？難道，彼此間不曾期待對方的城堡裡有一顆太陽，不但照亮對方的世界，也願意來到自己的城堡，溫暖自己的世界？

如果找到這樣一顆太陽，該有多好……

人們其實已經懂得很多道理，但充滿雞湯味的道理，在心、智間的障礙打通之前，在心智城堡解鎖之前，並沒有什麼實際用處。

心靈世界如同一片月光森林，到處浮游著不安。

就算是正確的道理，也未必容易穿過「結界」，種進心田；就算是用那些道理叩響心門，也未必能夠為內心重建秩序。更多知道卻做不到的道理，反而會啟動自我評判，讓內在的秩序更加混亂。

人是多麼矛盾的動物呢！

渴望在挫敗、沮喪的時候還能被人信任交託，渴望在孤獨、無助的時候還能被人溫暖對待，但人們沒有用自己期待的這種方式對待自己。

人們討厭遭受評判，卻常常用所謂正確的道理做成評判的利刃，自己拿起利刃對準自己，把孤獨、無助的心關進囚牢，任月光森林中無盡的幽暗將自己淹沒。

人們也常常用評判的利刃指向別人，終究一不小心，變成自己最討

厭的人。

都說語言比棍棒更能傷人，棍棒打在身上，傷無可避免；而語言聽進耳裡，心若不認同，便無傷可受。心受傷，是因為人們給了他人傷害自己的權力，甚至是自己接過他人手中那把評判的利刃插進自己心裡。

若非人們在魔咒聲中迷失自己，不認識自己是誰，怎會輕易受他人態度影響，被言語所傷？怎會輕易抬舉他人，允許他人於上帝之位審判自己的價值？又怎會在自己受傷時，也無意識地扮演上帝的角色，去審判他人的價值？

不安浮現時，人們受月光動力裹挾，常常沒有耐性，也沒有信心敞開心接納自己、接納世界，向內、向外探索、體悟，而是急於用兩極僵化的維度評判自己、評判環境，企圖控制自己、控制世界，對內、對外築起防禦的牆！

因為恐懼、不安，人們畫地為牢，替自己圈出小小的世界，住在自己的城堡；因為恐懼、不安，人們將心鎖住，對抗它的聲音，隔離它的影響。歸根結柢，是人們害怕自己沒有力量，掌控不了更大的世界，更害怕人生中的無常、意外、各種不確定性，讓人們對城堡這小小的世界也失去掌握，讓人們已經擁有的一切也不斷喪失。

一邊是自己的防禦堡壘、自己的囚牢，另一邊是他人的防禦堡壘、他人的囚牢。

人們習慣把糟糕的自己囚禁起來，戴上面具。越是落魄無助、越不願求助，越是糾結不安、越不願承認，但內心不是不會渴望，渴望有人穿透自己的盔甲，帶著愛來軟化不安，溫暖孤獨無助的心。可是，重重設防，重重面具，終究會有幾人能夠穿透？背後的真實，終究又有幾人能夠看懂？

　　柔軟被當成脆弱藏在深處，穿起評判的鎧甲似乎更容易沿著安全的標準在世間行走，卻不知如此一來，世界越走越小。我們和他人、世界之間，隱藏越來越多，連線越來越少，我們越來越難穿透表象、發現真相。

　　心、智是兩間房子，「心房」建在地下，幽暗漆黑，人們和意識一起住在「智房」裡。

　　通往地下的房門是連結潛意識的「結界」，一座神祕的月光森林藏在裡面，森林裡有什麼呢？野獸，抑或是寶藏？危險，抑或是真相？審判，抑或是希望？

圖 17　心房與智房

　　魔念如火、情緒如潮，月光下的心靈森林幻執躁動、迷離不清。

　　沒有做好準備的時候，人們不敢走進去，也不知如何走進去，於是只能住在「智房」── 一間看得清楚的屋子裡，活在自己的腦中，活在小小的、局限的精神世界裡，常常自欺欺人地相信自己願意相信的，接受自己願意接受的。

　　據說這是一個真實的故事：一個在外工作的兒子請了7天假，回家看望病危的父親。兩、三天過去，父親仍沒死，兒子問父親：「你到底死不死？我就請了7天假，是把喪葬的時間都算進來的……」老人隨即自殺，兒子趕在一週內辦完喪事，回城繼續工作。

　　故事被當成新聞在網路上公開，留言區裡怒聲一片，數不清的「城堡」抱成聯盟，共同聲討。他們罵這位兒子禽獸不如，不配活著，詛咒他早一點去死。

　　可是，這樣一篇報導怎麼能夠概括老人和兒子的大半生呢？他們之間到底發生了什麼？假設文字屬實，人們也僅僅了解到表象而已，背後的故事是怎樣的？如果沒有背後的故事，哪一種父子間的相處會這麼不合邏輯？

　　假如現在有一位導演想要把這個題材拍成電影，他需要找編劇補充劇情，還要找演員來揣摩角色。找來演「兒子」的演員認為，在正確的價值觀上，只能批判、咒罵這個人物。

　　評判的維度一出現，觸角受到抑制，體悟消失了，於是，這名演員根本不知道如何體會「兒子」的內心感受，更加無法進入角色。他想像不出「兒子」之所以那麼「壞」，是因為到底經歷過什麼，也沒有能力體會一個「壞人」會有怎樣的心路歷程，那麼，他怎麼塑造角色呢？

　　讓一個「好人」演「壞人」，他會把壞人演成符號化、撲克臉式的壞人，一看就一臉壞相，藏都藏不住。在評判的思維邏輯裡，「壞」是「好」的對立，不可能出現好壞難分、辨識不清的狀況。可試問：這樣的「壞人」還是「人」嗎？

　　一個「好人」永遠不會明白，為什麼「好人」要經歷九九八十一難，才能取到真經，而「壞人」放下屠刀就立地成佛了！

　　當一個人在成長過程中，透過世界的態度看到一個不被完整接納的自己時，他將會學習用排斥、否定、壓抑的方式對待自己不被世界接納的部分，也就是自己的陰影（「壞」的參照）。於是分裂開始了，「好人」舉起了屠刀，指向自己；「壞人」用利刃對準世界。

　　然而，二維的世界裡只有參照，沒有真理。所以，這個世界上本不存在純粹的好人與壞人，所謂的「好人」看不見，更不願看見自己心裡的陰影（「壞」的參照），所以需要經歷種種磨難來認識自己、鑑證實相。等到終於看見並且接納了未知的自己時，放下了對立和執著這兩把利刃，放下了所有的分別、評判，慈悲頓生，也就頓悟成佛了。

　　好編劇不會被「評判」障蔽，損失細節或忽視感受；好編劇懂得人性中的因果，因此會知道如何補充劇情，讓每個角色看起來都活生生，有血有肉。

　　或者，我們可以參考另一個真實而相似的故事：有一個年輕人，從小在父母身邊長大，因為是獨子，所以父母對他有很多期許和要求。父親很嚴苛，兒子叛逆又要強，父子倆常常像仇家一樣，見面就爭吵。終於，兒子成人了，他不想再聽到父親的教訓、不想再被管束，於是決定離家遠一點，去沒有拘束的世界，證明自己不是父親口中時常否定的樣子。大學畢業後，他遠走他國。

　　在外幾年，年輕人用努力換來事業基礎，他有了自己的公司，生活無憂，但他的內心卻仍然無法全然地踏實、安定下來。

　　忽然有一天，他接到消息 —— 父親病危。這個消息像一道驚雷，擊穿了他在內心對父親設下的所有防線，他當即決定扔下國外的一切業務，立即回國。

　　當他風塵僕僕趕回家，發現父親狀況穩定，情況並沒有想像中那般

嚴重時，他有些疑惑，同時過往的壓力又一一浮現出來，他想起父親早年也是這般用盡方法，操控自己的決定，迫使自己聽話、妥協。於是，他對父親的評判和那道心鎖又回來了。他壓抑下情緒，沒多說什麼，畢竟多年未見，他有些不忍，父母漸老了，他不想像過去一樣，直接衝撞他們。

時間一天天過去，兒子的心越來越焦躁，久別重逢的喜悅過後，父親的習慣模式也回來了，他時常挑剔、苛責，在自己的視角上表達諸多評判，用否定的態度表達對兒子的期許、用不滿的態度表達對兒子的思念，責怪兒子遠走他鄉。

兒子終於忍不住，父子兩個又開始爭吵。有一天雙方爆發了激烈的衝突，父親怒聲喝斥兒子：「養你不如養條狗，早晚會被你氣死！」兒子也氣急了，回了一句：「想死你就去死！」

結果，偏巧那天晚上，父親心臟病發，沒搶救回來。

「想死你就去死！」成了兒子對自己父親說過的最後一句話，也成了兒子徹夜徹夜的悔恨和噩夢。

如果有人只目睹了最後一晚的爭吵，他們會怎樣想？會不會罵這個兒子禽獸不如、不配活著？多少人有能力打開自己的心，放下評判，穿透表象，看到當事人內心的痛苦、看穿事件發展的全部因果脈絡？

急於評判的人們，總是下意識地把自己當成正義的化身，捍衛標準；受到評判的人盡力躲避、抗拒其他人的審判，卻躲不過自己心裡的利刃。在兒子內心的城堡中，「好人」吊打「壞人」；在評論者們內心的城堡裡，何嘗不曾演繹過相同的戲碼。

這就是受限的「心智模式」對待自己和他人的方式：錯了，不放過自己的錯，背負著枷鎖，痛苦、憤怒、糾結地往下走。

「痛苦」是對魔咒的認同，它說：是的，我不配活著（我不配擁有；我真是沒用）；「憤怒」是對魔咒的反抗，它說：滾開，不要再對我說這些話。

一切久久壓抑在內心的情緒，遇到某個機會，遇見他人的故事，被他人的故事擾動，就很可能衝動地藉別人的故事，成全自己的價值感、宣洩自己的憤怒……

網路是安全的宣洩場，隨意評判他人雖然不用承受額外的壓力，卻會因此強化自己受限的思考模式，讓心智變得越來越局限，越來越膚淺、片面；同時，也盲目地讓自己成為世界惡意的一部分。

上帝說，沒有犯過錯的人才有資格向他人丟石頭。是啊，如果我們未曾有過對方的經歷，如果我們不能對對方的經歷感同身受，我們有什麼資格評判別人呢？

站在自己的立場上，內心一定期待犯錯時，也能夠獲得他人的理解和信任。但人們常常不懂得諒解自己，在他人犯錯的時候，也難以給出原諒。原因是，啟動評判模式時，人們強調「好」，抗拒「真」，生命資源受到限制，因而已沒有能力感知自己，更沒有能力感知對方，感知深層真相。

有一部丹麥電影，叫《謊言的烙印》(*The Hunt*)。

一名幼女喜歡上自己的老師盧卡斯，她親吻老師的嘴唇，老師拒絕了她，女孩很敏感，老師的態度讓她感到自己犯了錯。

懵懵懂懂的女孩已經學會在內心評判自己：「你是一個壞女孩。」為了推翻心裡的評判，消除內心的羞恥感，她下意識地說了謊，說自己的老師對她做了不好的事。

園長相信了，女孩的父母（盧卡斯的朋友）相信了，整個鎮子上的人

都相信了。他們堅信自己信念系統內已經存在的觀念，堅信孩子是不會說謊的。

情感引導人們做出選擇，人們感受到極大的不安、憤怒，因而沒有耐性再敞開心，發現事實的全貌、發現隱藏的細節。鎮子上的人輕率地對那位幼兒老師做出審判，道聽塗說地加重罪名。

這位幼兒老師的世界崩塌了，生活和內心秩序一片混亂。

他渴望世界相信自己，他也曾經以為自己終於重新獲得了信任，直到在狩獵場上，他遠遠望見，一片「聖潔」的天光之下，一個人正端著槍「審判」自己……

社會系統需要法律，任何「個人意志」都不能以正義之名取代法律進行審判，因為越是渴望審判（評判）他人的人，思考方式越褊狹。

同樣，家庭系統也需要家規，但家長亦不能以教育為名將個人意志強加於子女，因為再小的孩子也是獨立的精神個體，他的自由意志需要被尊重。

強行加諸的觀念總是帶著評判的態度說：「你應該這樣（好人／文明），不應該那樣（壞人／小野獸）。」「這樣」和「那樣」原本是一個整體，它們需要時間成長，更需要耐心守護。然而，評判性的負面態度種入內心時，一顆心開始分裂了……在未來的光陰韶華中，在那片看不見的月光森林裡，衝突、戰火將會頻頻出現。

「評判」總是強調某種道理，但其本質卻是宣洩或防禦情緒的方式，評判背後必定暗藏一顆衝突、不安的心。這顆心有時用憤怒偽裝自己，有時用正義偽裝自己，有時用權威偽裝自己，但歸根結柢，不過是為了平衡資格感和價值感，為了安定內心而執意進行的「秩序維護」。

不安的心需要衡量人、事、物的各種尺，於是它抓住了「評判」，彷

彿依靠評判標準，才能夠知道自己活對了，才能夠確保重要他人也活對了，才能夠擺脫失控和不確定性，才能夠找到自己的位置，讓其他人、事、物也都在相應的位置上，大家相安無事地生活。

然而，這個世界上沒有絕對的真理，又哪裡尋得到統一的尺呢？

「尋找尺」的心智模式出現在4歲左右是正常的。初生時，人們對自己來到的世界一無所知，因而需要秩序、需要一些確定的標準，才能夠知曉如何理解世界、適應生存。

0～3歲的時候，人們學習規則、運用規則、維護秩序；到了4歲左右，自我意識增強，人們開始迫切想要獨立掌握自己的小世界，於是尤其強調規則和標準。

在這個階段，如果人們曾經獲得的學習是「勺子是用來喝湯的」，卻見到其他人用來盛飯，就會變得煩躁不安，必須要求勺子按照它規定的功能使用。

4歲左右的孩子會經歷完美主義敏感期，巧克力缺了一角，孩子會執拗地要求巧克力長回去，變成完整的樣子；媽媽的拖鞋，除了媽媽，其他人不能碰；凡是樣式相同的東西，例如椅子、碗筷、拖鞋等都要排隊，擺放整齊；進房間，大人替自己開了燈，一定會不依不饒，關了重開。在孩子眼裡，任何人、事、物都必須依循規則、秩序，否則就會感到失控，焦慮不安。

掌控生活、適應生存是天性，對四、五歲的生命來說，抓住規則來應對生活是生存之道。因為他們太小了，對自己和世界的理解有限，急迫獨立的心情促使他們拚命抓規則、抓標準，來適應生存，但那只是一個特定時期的表現。

隨著成長，人們對自我、他人、世界的理解會逐漸增多。越是認識

自己，相信並肯定自己的價值，處理問題時越放鬆，就不會總是抓著某些標準不敢放手，害怕自己沒能力掌握，害怕失控；越是了解他人、越是讀懂世界，處理問題的經驗網絡越是發達、靈活，就不會總是抗拒逆境、抗拒改變、抗拒無常。

然而，未完的成長功課總是很多，雖然年齡會慢慢成長，但兒時的生存焦慮卻並不會全然消除，反而還有越積越多的可能性。對自我價值的質疑、對世界態度的懷疑，讓人們擔心、憂慮，因而不敢完全放開緊抓規則的手。殊不知，所有評判的尺都是精神世界的「鎖」，一旦上鎖，必有局限。

一個人內心有多大，他的世界就有多大。每個人都想駕馭現實生活，超越客觀阻礙，走向廣闊世界，獲得更大的掌控力和自由。但是，若心有太多不安，不敢敞開，容不下更多人、事、物，那麼，心靈抗拒或遮蔽多少，我們就失去多少，在心靈之地，生命也將寸步難行。

思考方式裡的「評判之鎖」，一邊鎖住潛意識，讓意識與未曾化解的負面感受、真實內心隔離開來；一邊鎖住安全區外的世界，拒絕無常生活向人們傳達那些可能會動搖內心安全感的經驗和觀念。

一旦人們局限在自己的心智模式裡，依據自己局限的思考方式來評判行為、評判生活、評判世界，就會發現這些「準則」受感覺的影響不夠客觀，而「喜好」受認知的影響又不夠寬厚。

心智當中包含了人生旅途中將會需要並且應用到的全部生命資源 —— 生命力、感覺、直覺、認知。

人和人最大的分別，不是知識儲備不同，也不是情感反應上有差異，而是心智模式的包容程度，以及由此導致的思考方式上的極大分別。

　　心智模式的包容程度越低，容量越小，思考方式越局限，資源越少，活出的自我越少；心智模式包容程度越高，容量越大，思考方式越成熟，資源越多，活出的自我越多。

　　心智模式是否能夠開放、包容，取決於如何解開「評判之鎖」——開啟「結界」，心智連線；開啟城堡，迎向世界。

暗含玄機的心智網絡

　　一個人的心智網絡（心智模式）決定了他的思考方式，決定了他如何看待自我、他人、世界，如何與世界相處、互動，也決定了他可以活出怎樣的人生，擁有怎樣的未來。

　　生命力注入感覺、直覺、認知，發展出感覺經驗、直覺經驗、認知經驗，各種經驗交織、整合，生成心智網絡。因此，心智網絡統合了所有生命資源，人們依靠這張網絡提供的能量、智慧前行，滿足自身生存、發展。

　　不同的人，個性、閱歷不同，善用的精神維度（感覺、直覺、認知）、累積的人生經驗也不盡相同，在心智模式中形成的帶有強烈個人色彩的經驗網絡，最終會表現為個人化的思考方式——人們將它作為自己的處世模式，憑藉它在世間行走，以此平衡自我與自我之間的關係，平衡自我與世界之間的關係。

　　心智網絡凝集了一個人全部的人生經驗。不管有意還是無意、修齊還是渡困，人們都在煉製它、打磨它、依靠它。這張神祕的資源網絡當中包含的處世風格、個人態度，潛移默化地影響甚至決定了一個人一生的遭遇和命運。

　　心智網絡中暗含人生玄機，也暗藏人生功課。

◆ 成長型心智網絡

小v喜歡做一個夢，夢裡，小v在空氣中飄浮，忽然變成了一顆閃耀著金色光芒的「太陽種子」。

園丁把它種在土裡，陽光、雨水、肥沃的土壤，還有鳥兒在歌唱，一切完美得就像夢境中該有的樣子。小v慢慢生根，種子的力量迸發出來，種子中的資訊密碼長成根鬚、生成脈絡，扎實地鑽進土壤。然後，小v開始發芽，破土而出，慢慢長高、抽枝生葉，一天天茁壯、一天天繁茂……

終於，小v把生命蘊藏在種子裡的能量、雕刻在種子裡的資訊密碼全然活了出來，活成一棵最棒的「太陽樹」！

滿樹的豐盛、燦爛在空中搖曳飛舞……

小v的確是一顆種子，是一顆帶著太陽能量、敏銳觸角的人類種子，是一顆小小的受精卵。

從受精卵產生那刻起，細胞內已經蘊藏著生命的能量和由上天賜予、為一個生命鐫刻的全部密碼資訊（精神維度），每一顆受精卵都是一顆獨一無二、普通而不平凡的太陽種子，是一切的開始。

受精卵裂解成胚胎，發育成胎兒，出生、成長，經歷人生這漫長又短暫的過程 —— 漫長得經過了無數時光歲月，短暫得如同回憶起的一瞬。

每一個小v的身體裡面都攜帶著生命原初的印記 —— 能量和密碼資訊，同時也攜帶著生命成長的印記 ——「思考方式」。上天賦予一個生命的獨特資源，生命用自己的思考方式、心智模式活出了多少？ —— 能量活化了多少？密碼表達了多少？獨特、不凡的生命活出了多少？

如果人類的生命真的是一顆普通卻獨特、不凡的種子，帶著能量和密碼種到人間，如果環境支持這顆種子生根、發芽、歷練、成長，認識自己、綻放自己，那麼，是不是每一個生命都有機會活出全部的自己，活出上天賜予的全部資源，總有一天，長成一棵「太陽樹」、成為一個「太陽人」？

假如心裡有一個太陽在持續發光，帶來溫暖、力量和希望，那麼，人們將不會再害怕面對世界的質疑、面對挫敗的處境，也不會再擔心心意被環境左右、受他人影響，時而迷失，時而徬徨、遲疑。那時，人們將堅定地看向自己的方向，帶著熱情擁抱生活，遇到現實阻礙也不會逃避，因為心是自由的，生命也是自由的。

當太陽的能量充滿一個人的內心，當一個人有意識地將內在能量注入感覺、直覺、認知，生命力和精神維度將會助他迎向世界、體驗世界、發現世界，助他不斷發展心智經驗網絡，完善人生。

生命以這樣的活法活過，將會經歷很多故事，很多深刻、很多美好……直到有一天，當自己老了，回顧一生，充實感動，沒有恐懼，也沒有缺憾！

「能量（生命力）」和「智慧（精神維度）」是全部的生命資源。

當太陽發出光芒，能量注入精神維度，促使感覺經驗、直覺經驗、認知經驗以及整合經驗在探索、經歷中進一步累積、發展，趨向豐富。由經驗形成的實現人生目標的路徑會越來越多，由路徑整合出的網絡會越來越發達，思考方式也會越來越靈活。

能量推動智慧發展進而生成的心智網絡，如同一顆太陽種子在土壤裡生出無數根鬚，以它作為根基，向上生長，人生的大樹也將繁茂豐盛、碩果纍纍。

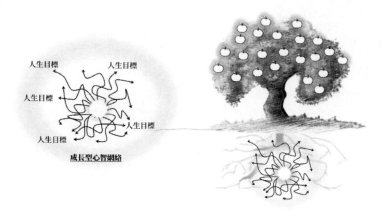

圖 18　成長型心智網絡與人生脈絡

　　在太陽給予的高頻能量支持下，合一的心智模式支持心靈的觸角（感覺和直覺）累積經驗。

　　「外感官」帶著好奇迎向世界，蒐集「環境資訊」，豐富「資訊投影池」；「內感官」帶著接納回歸自我，記錄生命與外部世界互動中產生的「感受回應」；「直覺」繼承了祖先給予的與生存、防禦、發展相關的本能智慧，同時在內感官回溯資訊的基礎上，依靠自己的力量連結高維智慧，檢索資訊，攫取與外部世界相關的「靈感」，收穫與內心世界相關的「體悟」。

　　人類祖先在進化過程中發展出認知能力，留傳下認知經驗，人類憑藉強大的認知，足以在地球上生存下來。但人類仍要繼續利用直覺能力攫取新的靈感和深層體悟，這不但是生存的需求，更是發展的需求，是生命的發展本能在指引人們探索更大的世界，在探索過程中實現自我。

　　生命從祖先那裡繼承的本能智慧遠比人們想像的多。一代又一代生命，一代又一代祖先歷經大自然的變遷，在宇宙法則之下生存，集體潛意識中早已錄入宇宙的全像投影，當中早已折射出宇宙自然的全部智慧，這些集體潛意識中蘊藏的本能智慧就是宇宙的高維智慧。

生命用「直覺」連結先天的宇宙智慧，憑藉宇宙智慧，解讀後天經歷的人生課題。

這一完整的靈性過程是：「外感官」向潛意識中錄入與人生課題相關的感覺資訊，生命做出感受回應；「內感官」回溯，連結潛意識中儲存的感覺、感受，這些資訊以畫面、聲音、感覺或感受記憶的形式在意象中呈現出來；「直覺」連結高維智慧，藉高維視角對回溯呈現的內容進行解讀，從中發現關鍵線索，從而獲取靈感或體悟，最終交與認知。

生命繼承的先天智慧，透過這樣的方式才能攫取出來，實現真正的價值。

佛說：「眾生皆具如來智慧德相。」每個人的生命中，都先天保存著無窮的生命力和無窮的本能智慧，只不過，這些無窮的生命資源大多是潛藏的寶藏。

當一個生命不認識自己、不相信自己，習慣用「評判的鎖」畫地為牢時，他不但調取不出能量，也舒展不了直覺的觸角，攫取不到更高維度的智慧，展現不出無窮生命資源的價值。

反映人生課題的外部環境資訊，生命針對環境實相做出的回應資訊，蘊藏在集體潛意識中的無窮本能智慧，後天收穫的靈感、體悟，這一切內容都收錄在「潛意識資訊庫」中。

在太陽給予的高頻能量支持下，合一的心智模式，同時還會支持自由意志，有意識、有目的地累積認知經驗。

「認知」是腦的能力，自由意志在認知能力基礎上發展起來。

當「智慧的腦」引導心靈認識了真正的自我，相信了內在的資源潛能，心智將合為一體，協同發展。於是，生命可以有意識地設定目標，勇敢探索更大的世界，無畏向前，不斷在試錯、成長中攫取「直覺智

慧」，提升並累積「認知經驗」，豐富「意識資訊庫」。

　　憑藉感覺、直覺、認知這三個精神維度，「潛意識資訊庫」和「意識資訊庫」中收錄了大量資訊資源、大量維度經驗，這些資訊、經驗交織在一起，發展成心智網絡，整合成思考方式，主導人們的生活。

　　心智合一，能量高頻，心智網絡不受限制，可持續豐富、發展。

　　感覺、直覺、認知這三個維度，在探索、發展中不斷發現世界、發現自我，生命可以有意識地為自己設立人生目標，自由取用自己的資源潛能，一路向前，一路完成自己的使命。

　　在這個過程中，「成長型的心智網絡」越來越發達，世界越來越大，生命越來越自由！

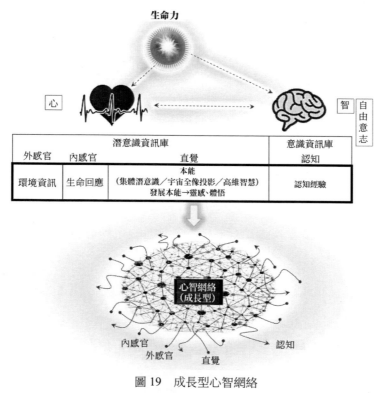

圖 19　成長型心智網絡

　　一個心智成熟的人，經驗網絡必定開放靈活，有成長性、有發展力，而他的心性則自由如初。

　　成長型心智網絡裡有一個持續發光的太陽，生命時刻連線這樣的能源，心智才勇於敞開自己，接納所有未知，接納各種分歧、意外，接納困境，也勇於面對和接納內心因困境而產生的困擾。

　　只有在心智敞開的基礎上，在心智包容自己、他人、世界，包容各種挫折、逆境的基礎上，經驗網絡才有可能持續豐富、無限發展。

　　當內心裝下的世界越來越大，發展出的解決路徑越來越多，根鬚延展、枝葉繁茂，種子結出越來越多的目標果實，自由活過的現實世界也必然因之越來越廣闊、越來越豐盛。

　　無限接近全然綻放的那一天，人們會活出最好的自己，活成最棒的風景，向世界貢獻一樹燦爛、一樹溫暖！

　　現實的豐盛源自開放、成長的心智模式，源自在開放、成長的心智模式上建立的經驗網絡，當人們在感覺、直覺、認知這三個維度上享受探索、發現、創造的自由時，人們的思考方式 —— 由生命能量驅動感覺、直覺、認知，進而生成的經驗網絡（成長型心智網絡）也將自由靈活、開放延展！

　　修練出這樣的心智模式，用它迎向人生目標，人們將會自內心湧出力量、燃起熱情，從而盡心盡力、全情投入、專注並享受人生旅程，在前行的過程中活出更好的自己。

　　無論目標是什麼樣的難題，無論難題涉及怎樣的人、事、物，成長型心智網絡總會貢獻應對解決難題的經驗路徑。即使沒有，網絡中的能量（生命力）也會驅動感覺、直覺、認知，靈活發展出新的經驗路徑來跨越各種難題。

　　越是掌握這樣的思考方式，越是會在更大的世界裡享受心身的自由。

　　「成長型心智網絡」是開啟潛能的思考方式，是人們修練、成長的目標。

　　由「當下」趨向「目標」的路上，總有很多困惑阻礙人們前行，那些困惑之聲在提醒人們：現實自我還有很多未完的功課，需要面對、向內探索。

　　人們總會渴望「無限自由綻放」的完美體驗，又總會哀嘆它為何要在遙望無際的遠方，遠得有時看不清模樣，有時辨不出真偽，有時困在心裡找不到力量、尋不到方向……但這恰恰是現實的人生。

　　現實人生就是會經歷各種挫折、逆境、痛苦、不確定。因此，在現實中修練自己的心智，必須學會接納各種現實的不完美 —— 世界是不完美的，自己是不完美的，人生際遇也是不完美的。

　　願意接納不完美的現實，願意用心智裝下這一切，才有可能破除評判之鎖、拆除分別之門，從而開放、發展自己的心智網絡，踏上尋找自我、釋放資源潛能的路。這條路是我們的終極歸途，需要集齊勇氣、耐心、相信、愛，才能徐徐步入。

　　每個人的原生環境都會為成長帶來影響，世上沒有完美的環境，只有挫折化成的完美功課，在貌似意外實則恰切的時機出現，提醒人們關注內心，活出自己。

　　當「評判之鎖」扣牢，當「分別之門」緊閉，我們有多少資源都已無法盡用，那時，思考方式距離「無限自由綻放」還有很漫長的成長距離，而這個距離就是「人生」！

◆ 防禦型心智網絡

「防禦型心智網絡」中暗藏了很多人生功課。功課未曾面對時，人們對自己的心採取防禦策略；功課未曾接納時，人們對外部的世界採取防禦策略。

活出豐盛、燦爛的生命體驗，是小v的夢想，但趨向夢想的現實需要用成長補齊。

「防禦型心智」只能在安全區（舒適圈）裡呼叫高頻能量，一旦踏出安全區，網絡中的經驗不足以掌控現實。這時，黑匣子開始作怪，魔咒影響人們的心智，能量瞬間轉為低頻，人們開始把安全區外所有可能引起不安的目標對象都當成危險來對待。

針對危險目標，人們在求存防禦的過程中，無意識地利用感覺、本能、認知生成各種防禦經驗，於是，防禦模式上探出防禦路徑，在低頻能量驅動下，對抗、操控、逃避、隱藏、隔離、轉移……採用各種防禦方式針對安全區外的「危險目標」。

「防禦型心智網絡」在成長中衍生並壓抑了很多低頻負能，不釋放、清理這些負能，高頻能量就無法綻放出來，生命力受到自我動力的壓抑，因而開始防禦自我、防禦世界。

一旦啟動防禦，必有「評判的鎖」，這把鎖化作思考方式，壓抑生命資源。此時，不但能量難以帶動，感覺、直覺、認知這三個精神維度也都受到不同程度的限制，只能選擇性關注、選擇性回溯（拒絕），慣性思考、防禦性思考。

以這樣的心智網絡作為根基向上生長，生命發展也必然受限，人生脈絡不再清晰，枝葉不豐，果實不甜。

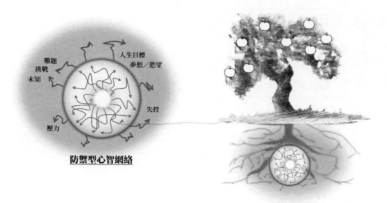

圖20 防禦型心智網絡與人生脈絡

人的心智模式在後天影響下變得極為複雜。

初生時，嬰兒的心智模式是合一的，「生命」與「心」同在，腦還很弱小，發揮不了作用。因而，生命只有一個中央指揮中心，一顆純元的「心」，說什麼就是什麼。

隨著意識發展，「腦」對「心」的影響力漸漸增強，但幼稚的腦尚不知如何正確分辨世界的態度、自我的真相，在環境影響下，它將「黑匣子」植入內心，從那一刻起，心開始分裂了。

分裂的心，一部分受生命原動力影響，渴望活出自我；一部分受黑匣子中的魔咒影響，壓抑自我潛能。強化魔咒、對抗魔咒，成為心智的內部戲碼，至此，精神世界戰火不斷，幻妄不明。

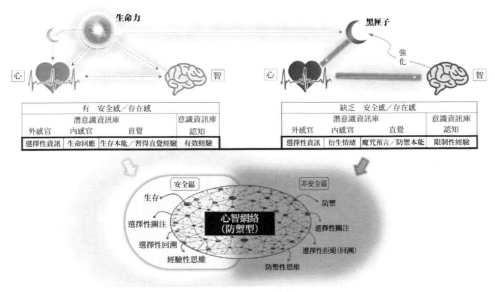

圖 21　防禦型心智網絡

「心」渴望活出自我（活出所有資源潛能，實現內心渴望的生活），但活出自我的前提是先能安全地活著。

「生存本能」促使人們不斷求證，不斷努力、掙扎，力求占有或抓住更多資源、證據，相配於世界的期待，以此證明自己的價值、資格，從而讓心靈相信自己配享生命資源，有能力在世上存在，安全地活下去。

求證過程中，人們選擇性地關注能夠滿足資格感、價值感的生存目標，用感覺錄入與之相關的資訊，生命對這些資訊做出正向回應，能量帶動出來，人們因而有動力學習、成長，累積經驗。

累積下來的經驗資訊包括：感覺記憶（選擇性資訊）、感受記憶（生命回應），生存本能，有效認知經驗，以及認知基礎上強化習得的直覺經驗（例如開車、打字、彈琴）。

憑藉這些經驗，人們能夠有效處理生活中部分難題，贏取生存資源。這些經驗儲存在潛意識或意識裡，生成防禦型心智網絡 —— 有效經

驗，涵蓋安全區範圍內的目標對象。

心智網絡中生存動力、活下去的生存本能無處不在，「防禦型心智網絡」對生存更加渴望且敏感。

因此，生存本能（「直覺」）帶著能量，繼續影響並驅動「外感官」選擇性地關注能夠增強價值感、資格感的目標資訊，選擇性地關注自己擅長掌握的內容；驅動「內感官」選擇性地回溯心靈急於掌控的目標重點；同時驅動「認知」在已選範圍內積極思考，解決問題，累積經驗。

人們利用心智網絡中累積的有效經驗駕馭屬於自己的一方小小世界（安全區），安心在世界裡面，藏起不符合世俗期待的樣子，做著符合世俗期待的自己，或是披上符合世俗期待的「外衣」。

人們用積極上進的方式，維護內心的安全感、存在感，表象上看很像「成長型心智」，彷彿是充滿能量的成長狀態，但本質上，「有效網絡」也屬於防禦模式。

用積極的方式累積經驗，破解難題，證明自己的價值、資格，發展出的經驗網絡雖然有效，但潛藏動機仍然是為了防禦不安，防禦失控，防禦當下雖未出現但隨時可能出現的魔咒，防禦資格、價值缺失帶來的後果。

因而很多人，越努力越迷失，得到越多越恐懼失去，拚到最後變得筋疲力盡，卻不知道自己真正想要追尋的目標到底在哪裡。

人們總是無意識地為自己劃定安全世界，世界外圍是隱性的牆，上著「評判的鎖」，牆外是非安全區。

心智一旦進入非安全地帶，發現危險目標出現 —— 失敗的結果，他人的拒絕，壓力性的挑戰，未知、不確定性……資格感、價值感立刻受到衝擊，心靈面臨「世界（魔咒）的審判」，彷彿瞬間失去了活下去的資格和能力，無處躲藏，陷入極度不安。

　　踏出安全區的時刻，心靈的世界彷彿要失控了，真實的自我彷彿也將失去控制，小野獸就要跑出來，魔咒似乎在宣告：「你已無處立足，世界不屬於你。」

　　野獸相信自己糟糕不堪，而且在非安全區內，它找不到一件像樣的「文明經驗外衣」蔽體，為了生存，心智全面升級防禦策略。

　　處於安全區外時，感覺選擇性關注與「危險」相關的資訊，對這些資訊頗為敏感，在「黑匣子」影響下，生命對這些資訊不斷做出負向回應，衍生出大量低頻能量，驅動人們累積防禦經驗。

　　累積下來的防禦經驗包括：環境中的危險訊號（選擇性資訊），針對「危險」產生的大量負面感受（衍生情緒），危險警告（魔咒預言），防禦啟示（防禦本能），防禦性、限制性的認知經驗。

　　防禦經驗用來消除「威脅」，因而並不能有效化解生活中的現實難題。

　　在黑匣子影響下，心智失去客觀判斷，安全區外的目標對象彷彿都變成了「威脅」，發出危險訊號，令人隱隱不安。不安的心智看不到現實的真正樣貌，也沒有「有效經驗網絡」涵蓋安全區外的目標難題加以指導、解決，因而採取防禦策略時，並不能從根本上有效化解現實難題。

　　防禦經驗儲存在潛意識或意識裡，受潛意識中的黑匣子驅動，生成防禦型心智網絡 —— 防禦經驗，針對安全區範圍外的目標對象。

　　生存受到「威脅」時，防禦本能被激發出來，本能（「直覺」）帶著生命能量，繼續影響並驅動「外感官」選擇性地關注可能會導致資格感、價值感降低或喪失的「危險目標、訊號」，驅動「內感官」選擇性地回溯大量衍生痛苦，以及與痛苦、不安相關的感覺記憶，同時驅動「認知」籌措防禦策略，累積防禦經驗。

「成長型心智」帶著宇宙觀，以開放、系統性的視角看待世界，看待世界中的自我。

而「防禦型心智」在黑匣子影響下，喪失了宇宙觀，只能帶著「魔咒觀」和「魔咒對抗觀」，以封閉、局限性的視角看待世界，看待自我。

「宇宙觀」對應著宇宙全像投影資訊池，「成長型心智網絡」才有能力連線集體潛意識中折射出的高維智慧，向未知領域探出直覺的觸角，發現宇宙與生命的深層奧義。

「魔咒觀」及「魔咒對抗觀」對應著主觀選擇性資訊池，「防禦型心智網絡」憑藉本能只能感應到內心發出的危險警告（魔咒的預言）和防禦警告。於是「防禦型心智」一邊過度感應危險預兆，認同安全區外的「危險目標」將會帶來威脅，一邊啟動防禦策略，逃回或重建安全區，在安全區內極力驗證，在安全區外防禦抗爭，企圖推翻魔咒的預言。

◆ 防禦模式下的「有效網絡」

夢裡有一個遙遠的國度，國度裡有一座心智城堡。「怪老頭」是城堡的主人，他憑藉經驗網絡為城堡制定法則、維護秩序，確保納入城堡的人、事、物都在秩序之內，在經驗控制之下常態執行。

沒有意外發生時，孩童們不受驚擾，他們將生命力帶向城堡，為小小的世界注入活力。

怪老頭和孩童們時常迎接村民們的拜訪，並且要求村民回答問題。

「第一位村民」的回答，及時滿足了怪老頭的資格感、價值感，怪老頭很滿意。

這意味著第一位村民不會破壞秩序、挑戰法則，當然，城堡的秩序和法則也不會因這位村民的出現而有所改變 —— 不會變得更混亂，也不

會變得更成熟。

城堡還是那座城堡，依循自己的法則、保持自己的節奏，如同一個人的心智，總會按照自己的思考方式執行 —— 依循個人的準則、保持個人的喜好，接納符合個人準則、喜好的人、事、物。

如果世界上所有人、事、物都像第一位村民一樣，在怪老頭的經驗控制下 —— 符合他的喜好、依循他的準則、認同他的角度、成就他的期待，那麼城堡將會成為一個永久的「安全區」、一個永遠和平而自在的王國 —— 雖然這並不可能真正實現，但卻的確是怪老頭的「夢想」（欲望）。

誰會不希望自己的內心是一個和平、自在的王國呢？誰會不希望自己充滿生命力、充滿希望呢？只是，很少有人懂得向內尋找，大多時候，人們還是寄希望於外面的世界，總是期待外境能夠為內心貢獻和平。

當世界順應或是妥協於「怪老頭」的經驗網絡，在世界的順應、妥協、貢獻之下，城堡中的孩童、孩童心裡的小野獸不受驚擾，又乖又聽話時，「怪老頭」才感到自己有力量掌控城堡、掌控生活。

他的經驗分布在整座城堡：物品擺放在哪裡、鮮花栽種在何處、草坪怎樣修剪、食材如何存放、晚餐有幾道工序，以及整座城堡幾點鐘醒來、幾點鐘休息……

依循城堡內的經驗法則，「怪老頭」將一切打理得井然有序，儼然是一位成功者。

現實中的人們也是如此，當一個人心性穩定、能量充盈時，他在自己擅長的經驗領域裡總會有所成就；而當一個人內心慌張、情緒失控、思緒混亂時，就算他經驗老到，但發揮不出來，也依然得不到期待的效果。

　　一座心智城堡是否穩定有序、是否能量充盈非常重要，但這並非取決於外部世界順應、妥協的程度，而是取決於城堡的主人能否帶著智慧的態度引導「孩童」成長。

　　隨著年紀增長，人們有了相對穩定的性格特質，有了相應的心智模式和思考方式，在與世界互動的過程中漸漸形成了個性化的處世風格，心智中出現一座屬於自己的城堡。

　　城堡中有自己擅長的經驗，這些經驗（認知經驗、感覺經驗、直覺經驗）涵蓋自己能夠不同程度駕馭的人生領域。人們將會憑藉這些經驗經營自己未來的人生。

　　憑藉心智網絡中的經驗，人們在某個時段內的確能夠掌握一些人、事、物（外部資源），也的確能夠實現一些目標，然後擁有自己的一方世界，立足於世。

　　不論這方世界是大是小，不論推動這方世界執行的經驗網絡存在的局限是多是少，人們都會下意識地守衛自己的「意識城堡」，捍衛自己的經驗、觀念。因為對很多人來說，假如沒有城堡中的經驗網絡，人們不知道還能依靠什麼掌控環境，占據資源，向世界證明自己的價值。

　　人們時常帶著對「遠方美好」的嚮往，也帶著一點不甘心，努力守住眼前熟悉、可控的小世界，不再像兒時那樣無所顧忌，而是小心翼翼地面對外圍挑戰，維護著漫長歲月中辛苦打拚起來的城堡。

　　也許城堡中能夠熟悉掌控的一切並不能令自己滿足；也許城堡裡還有一座囚牢，那裡暗藏著不安，幽禁著未知的、失控的自己。但不管怎樣，它都是一方世界，是人們用自己的力量營造的一方世界。也許它很小，但和旁人比較，它也許已經很大。

　　只不過，那仍然不是我們足以活出的全部。

　　思考方式背後是生命建造的一座心智之城，城內是「心」熟悉的領域，是「智」可掌控的目標，遮蔽城外世界異端因素的衝擊、影響時，城內很安全，生命可以在熟悉的範圍內、在擅長的領域裡相對舒服地生存。

　　生命的能量和智慧來自靈魂深處，因為受到防禦模式限制，所以只有少部分被發掘出來，由它激發、推動的經驗網絡（感覺經驗、直覺本能、認知經驗及整合經驗）也只能在有限的世界裡，針對限定的目標產生效果。

　　這樣的網絡是「防禦性心智網絡」的「有效網絡」，行之有效，但也行之有限。

　　有限的經驗網絡用來在安全區內滿足生存雖然不成問題，但並不會幫助人們迎向更大的世界，實現更高的價值目標。

◆ 防禦模式下的「心智城堡」

　　每個人都是一座城堡，世上的城堡千萬種，每個看起來都不一樣，不一樣的風格，不一樣的大小，不一樣的內部容納，以及不一樣的對外防禦。

　　但無論怎樣的城堡，大門上都有一把「評判的鎖」，依循「個人價值準則」、「個人好惡」啟動評判，由「評判」負責篩選，從而決定世間什麼樣的人、事、物可以進入信念系統的大門，被心智城堡容納。

　　人們時常躲在城堡裡，下意識地強化著自己的評判律法，用它穩定城內的秩序，用它架設城外的固防，直到貌似一切盡在掌控了……然後，有那麼一些時刻，內心會產生指點江山的錯覺，彷彿自己的評判能夠指導一切、審判一切。

　　當「評判」在經驗網絡中不斷強化，最終變成思考方式時，「我」和世上那些「我難以掌控的人、事、物」形成了對立。於是，人們經常使用對峙的立場，經常使用各種類別的「操控」方式，對待「不同」或「分歧」。

　　人們常常認為兩個「對立」觀點當中，必然只能有一個觀點是正確的。如果「我」已經有了自己認知並相信的觀點，那麼正確的觀點就應該是「我的觀點」，「我」會強調它的合理性，用它的合理性否定對方。

　　於是，在經驗觀念、思考判斷上，人們會有意無意地希望自己能夠優越於他人、凌駕於他人。人們會享受分享經驗、閱聽人人信服、令他人折服時內心萌生的優越感；享受被世界認可，從而證明了自我的踏實感……這些感覺彷彿能夠讓人們找到安全和力量，讓人們更加自信地守護自己的城堡，依循自己的經驗網絡去處理問題，掌控現實。

　　不同程度的成功者中，有一部分人會非常執著自己的經驗系統。他們的經驗曾經在現實檢驗中被證明有效，優越感會促使他們更願意相信自己總是對的，因此，他們更加難以敞開心智、開放思維，容納更多來源的不同。

　　世界面前，任何人的經驗閱歷都是有限的，生活中總會遇到「有限經驗」駕馭不了的衝突、難題，當無常和意外頻繁發生，當固有經驗受到衝擊、內心秩序遭逢挑戰、城堡面臨失控的風險、城堡中的孩童受到驚擾慌恐失措時，「怪老頭」也立刻緊張起來。

　　他或者沒有機會遇到新的經驗，或者因為自負、優越感不屑接收新經驗，又或者在緊張防禦的時候很難敞開心智面對挑戰、接受未知。

　　「評判之鎖」限制心智網絡發展，壓力來臨時，「怪老頭」依然帶著舊的模式，不肯改變，他依然企圖操控環境，然而，環境變得沒有那麼好對付了。

月光將恐懼灑向幽暗的森林，每發現一處模糊的影動，恐懼都在說「危險」……

第三位村民（人、事、物）出現了，城堡面臨危險，不速之客的眼神、語言、態度，分歧、挫折、意外，一切逆緣、一切失控，不停透露著「評判」的訊號。孩子們的恐懼、魔咒的預言，月光、潮水、怒火，這一切隨即翻湧上來。

城外，不速之客叩擊城堡的大門；城內，被囚的心發出不安的呼喚。叩擊聲、呼喚聲肆意瀰散，城堡中到處充斥著不安的氣氛……

於是，怪老頭也啟動評判，他將所有「意外」、「失控」趕出意識城堡，鎖上城門；將驚慌失措的小野獸禁制在地下室，合上地鎖。彷彿這樣做，城堡就能夠不受影響，恢復平靜；彷彿這樣做，意識就仍可以掌控一切。

遠離傷害或消除危險是生命防禦性的生存本能，是生命與生俱來的直覺經驗。但「智慧生物」在黑匣子影響下感應到的「危險」並不來自客觀現實，並非真實存在的現實危險。

一隻野生的小狼，遇到現實危險時，牠會運用自己的生物本能，覺察現實（感覺）、防禦危險（直覺）。

而一隻經過馴化的小狗，每當牠跑到房子外面時，總會被主人狠狠訓斥。

小狗雖然聽不懂主人在說些什麼，但是卻從主人的態度中感應到危險，獲得了某些模糊認知。例如：「房子外面的草地有毒，我是一隻沒有獨立生存能力的寵物狗……」

主人的態度植入小狗的內心，月光下的心靈森林失火了，模糊的歧念似魔咒閃著火光肆意飛濺。於是，危險在「精神世界」裡蔓延，恐懼如

171

潮水般襲來……

　　就這樣，在主人的影響下，小狗的直覺感應偏離實相、過度防禦——每次看見草地，牠都緊張得汪汪叫，不敢再溜到房子外面去，不敢再過自由流浪的生活。為了生存，牠只能不停討好人類，依靠人類。

　　如果有一天將這隻小狗送入狼群，和狼一樣生活，假如狗的身體機能不弱，不容易生病，假如狼把狗當作同伴，接納牠融入種群，這隻小狗也依然很難像狼一樣存活下去。

　　這並不是因為小狗沒有野外生存的經驗，而是因為牠不願接納現實，拒絕適應陌生環境，因而無法累積新的生存經驗。

　　小狗的精神世界裡有很多火苗在製造危險，每當小狗的意識藉由防禦本能發現魔咒，都會讀出魔咒中模糊的危險預言：「外面的世界有毒，你沒有生存能力。」「恐懼」限制了小狗！

　　擁有複雜意識的人類，經受更加深度馴化的人類，更是如此！

　　世界的實相是怎樣的？真實的自我又是怎樣的？

　　繼續在人生中接受被動植入的帶有負面態度的評判觀念，在成長中強化模糊隱晦的魔咒預言，然後活在緊張不安中，被自己心裡的「危險」阻礙，還是在某一天，終於意識到要去尋找真實的自己，看清世界的真相？

　　當人們困在精神世界的幻焰迷霧之中、陷在情緒的暗潮裡難以自拔，面前的現實當中有多少風險真實存在，已無法準確評估，困惑的心看不清自我，更看不清現實。

　　太陽彷彿消失了，內心找不到力量；月光籠罩著森林，恐懼掀起狂潮，匯成強大的低頻能量，在潛意識中暗暗激發著人們的防禦本能。

　　於是，人們被無意識的動力推動著，未必清楚自己真正的目的不是

解決問題，而是逃避問題、消滅問題，從而平息自己精神世界裡的「火」和「潮」。

「評判之鎖」是「防禦型心智城堡」的核心設定，由壓抑的低頻情緒能量（感覺經驗），局限、褊狹的價值準則（認知經驗），魔咒預言和防禦本能（直覺經驗），以及受防禦動力驅動的模糊解讀、主觀評判（整合經驗）鑄造而成。

被「評判」鎖住的「心智城堡」，貌似是在對抗「危險目標」，實則是在對抗生命和現實。

人生中遭遇到的「危險刺激」測試出人們對待自我、對待現實的態度。

人們對生命不自信時，「挫折」來臨，人們會否定生命的價值；人們對現實沒信心時，「逆境」來臨，人們會高估風險、抗拒面對。

於是，生命力被否定的態度鎖進囚牢，現實被對立的舉措拒之門外，人們用一層層防禦偽裝自己，在偌大的世界中將自己孤獨隔離。

生命原本能量無窮（高頻能量），但這些能量無法穿越用「評判」鎖住的牢門。

「太陽」被遮蔽住了，只能在黑夜裡將光芒交給「月亮」，月光下原始的靈魂用憂傷、恐懼、不安、憤怒（低頻能量）穿越牢門，向「意識」發聲，不停呼喚。

可惜，在意識城堡裡，這些聲音聽起來更像野獸的嘶吼，令人恐慌不安。

「野獸」實在不好對付，心、腦成為敵人，屢屢舉戈大戰，腦屢屢敗下陣來。「安內」不成，「攘外」便成了「腦」重點採取的防禦策略。

策略是實現目的的途徑，攘外是途徑，安內才是目的，無意識的防

禦動力總是推動人們外求心安。

在防禦模式下，尷尬的局面時常上演，糟糕的處境不停循環。只要企圖操控對方的防禦動機存在，思維方式必定褊狹，因為，因痛苦不安而採取防禦行為的那一刻，心智已經受情緒影響，失去了客觀視角，「感覺」和「直覺」這兩隻觸角在評判裹挾之下，感受不到或很難感受到他人的立場、角度，更加難以在系統的位點上敏悟全局。

◆「思考方式」帶來困境，抑或突破困境

每個人都希望世界能夠按照自己想要的樣子執行，在違背意願的時候，心抗拒過嗎？

你是否也討厭意外發生？

你是否也討厭他人用自己的經驗否定你的做法？

你是不是也覺得他人就應該用你想要的方式來愛你或是對待你？

你是否常常認為，你面前的那個人壓根就不該做出在你看來如此愚蠢或是傷害你的事情來？

你是否難以接受自己在乎的人狀態糟糕、經歷谷底，故而害怕看見他們的情緒，迫切期待他們馬上轉變？

你是否常常希望別人懂得你的想法和感受，但你卻不懂或不願弄懂對方不理解你時他們的想法和感受是什麼？

你是否一邊討厭他人的強制、操控，一邊卻又常常產生強烈的衝動要去強制、操控他人，包括讓他人放下強制、操控你的企圖？

當處境不如意時，你是否希望它從來沒有發生過？

如果生活沒有按照你期待的方向發展，如果你想要的沒有符合你的

期待如願，如果事情發展的軌跡和你預想的不同，你的心抗拒過嗎？

你可曾照顧過自己這顆抗拒的心，呵護它、信任它，幫它連線心底的力量，帶著力量勇敢敞開、裝下世界，還是永遠被這顆抗拒世界，更抗拒自我的心奴役著，受情緒裹挾，持續淪陷在封閉、褊狹的思考方式、慣性反應中，被動地回應世界？

防禦反應是那麼常見，以至於在大眾的思維形態裡，已經視其為正常或平常。

是啊，大多數人不都這樣嗎？

但我們是否意識到，只有多數之外的少數，那些心思開闊的人，才能更好地駕馭生活，擁有創造生活的強大影響力；又是否意識到，無休的防禦、抗拒難以帶來人們想要的效果！

人們常常以為，和「感覺」相比，「認知」是理智的，其實不然；人們常常以為多用腦思考，就能用意識掌控一切，其實未必。很多時候，思考既不理智，也不受意識控制。不放慢腳步，讓心靈成長、讓心智成熟，混亂的心緒不會撫平，腦中答案有限時，再執著於思考也於事無補。

當未知、難題、挑戰與生活一同來到人們面前時，缺少自信的心又會變得慌張、不安。於是，腦又開始尋找答案，但有限的認知如何解決認知之外的難題，如何掌控根本沒有經驗去掌控的世界？

防禦啟動時，念念思緒中裹挾著纍纍欲求，無意識的防禦動力驅動大腦思考具體的防禦策略 —— 化解不了難題（人、事、物），就想辦法讓難題低頭、妥協；沒有化解難題的經驗，就想辦法讓難題契合已有經驗；當操控策略無法獲得效果時，還可以逃避和轉移……大腦在思考中重新選擇目標和方法，用來寄託自己的欲求或是宣洩累積的情緒，就這

樣，防禦策略不斷發展，防禦經驗形成網絡。

探向意識領地之外的「認知」維度，不具備破解未知的能力，它是一隻防禦之手、操控之手，也是一隻外求之手。

「不再年輕貌美，就會失去關注和愛」，於是，整容養顏成為策略；「不好好讀書，找不到好工作，將來就沒出息」，於是，拚命學習成為策略；「不把一切都搞定，就一定會有災難降臨」，於是，或謹慎、克制，或強勢、霸道，指向內外 —— 對自我、對世界的操控都成為策略。

被恐懼、防禦的力量推動，似乎成為一種習慣，可是，防禦模式下執行的經驗網絡能夠保證什麼呢？能夠帶來什麼呢？

發生過的事是否能夠重來？討厭的現實能讓它消失嗎？他人的心是否能夠依照我們的想法改變？自己的心又有多少次能聽從自己的想法？

人們常常不願意承認這一切糟糕的處境之所以呈現，是因為自己固守著封閉的經驗網絡、思維慣性，不願改變，因而沒有發展出更好的經驗來應對生活。

通常，人們會想，我有什麼好改的呢？要改的是他們，問題是他們造成的；又或者，如果那天沒有發生過某件事，怎會出現這樣的問題？

敞開接納而已，改變有那麼難嗎？

是的，很難！站在安全區邊緣上，向外面更廣闊的世界多邁出一步都不容易，因為防禦性思維中有這樣一個邏輯 —— 人是用功能來標定價值的。

一個人能實現出多少功能，代表他具備多少價值。因此，心智對自己說：「你必須已經具備了足夠的現實功能，因為你必須時刻經得住檢驗，拿得出證據。否則，憑什麼立足？憑什麼配享資源？憑什麼贏得世界的尊重？」

在這樣的邏輯之下，承認自己沒做好、承認自己應該改變，就意味著承認了自己不具備贏得世界、掌控生活的價值和力量，意味著自己沒能力活著，因而不配活著。

失控體驗衝擊著不穩定的價值感，內心深處戰火熊燃，心裡的評判、抗拒怎會不滋生百倍？秉持這樣的思維邏輯，人們哪還有耐性慢慢試錯？哪還有心情關注成長？如此一來，怎會持續發展出更加豐富靈活的經驗網絡？又怎會突破局限，看到被自己的評判、褊狹濾除掉的更大的價值和意義？

為了消弭無常和不確定性帶來的威脅，「防禦型心智」告訴自己：你必須擁有強大的掌控力；為了消弭對「無能」的恐懼，「防禦型心智」必須讓自己相信，自己已經擁有了絕對強大的掌控力。

因而，人們常常固守著自己的經驗、準則、喜好，強調自己的正確性，一手拿著尺、一手拿著鞭子，先是用「準則」的尺丈量自己、他人、環境，若達不到標準，隨後就會揮起「評判」的鞭子。

「神話」、「神一般的英雄主義」就是這樣誕生的，對「全能」的渴望、對「無能」的恐懼，讓人們一邊追求完美，一邊自我苛責。神一樣的虛假自我、完美人格、全能掌控力充滿誘惑。

雖然現實與幻想之間差別極大，但執拗於神力的人們就算明知操縱世界得不到滿意的效果，也仍然放不下企圖心；就算明知自我苛責，會讓自己痛苦，也仍然放不過自己。

站在安全區邊緣上，人們時常苛責、操控，反覆糾結，時常害怕失敗，拒絕成長，難以向更大的世界多邁出一步。

一個女兒跟媽媽學做飯，她們的正餐裡總是有香腸，每一次媽媽都囑咐女兒把香腸切成兩半，再放進蒸鍋。有時女兒忘記了，將整根香腸

放進去，這時媽媽會急忙跑過來糾正。女兒感到很奇怪，為什麼一定要這樣呢？

媽媽告訴她：這是標準，一直這樣，你外婆原本就這麼做。

終於有一天，女兒有機會向外婆問起緣由，外婆回想了好一會，才憶起，是因為早年家裡的鍋很小，整根香腸放不進去。

心智模式就是那口蒸鍋，鍋的尺寸是認定的真理，自己、他人和世界是香腸，思考方式決定把不符合標準的部分切除，切成自己習慣的樣子，然後再放進蒸鍋。

可是如果不符合標準的事物太多了，切不掉，也放不下，怎麼辦？能不能換一口大一點的鍋呢？

當一個人輕易歸納、認定，並且用消極的態度評判自己或他人的錯漏時，已不會再耗神體察每一種「錯誤」背後的細節和故事，不會再用心體會他人內心的感受與苦衷；當一個人認定了生活艱難、世人冷漠，強化著內心的自卑時，已然無法平和不躁地傾聽外部世界的逆耳之聲，傾聽聲音背後回饋出的價值、透露出的真相。

然而，面對生活，每一次強制的企圖、每一次衝動的辯解、每一次刻意的操控總難獲得滿意的結果，當失控變得無法迴避，效果背離人意時，「防禦型心智」又會急著為自己辯解：沒有辦法，誰來解決都一樣。他仍然想要告訴世界：不是「我」的問題，我已無方可用、無路可走，換誰都一樣。

就這樣，內心的城堡築起高高的牆，人們偶爾也能短暫地騙過自己、安慰自己：「我是強大的掌控者，我是完美的，無所不知，沒有缺點，所以不要談論我的問題。」

把未知擋在心智之外，彷彿不安也被擋住了，然而這不過是自欺欺

人罷了。不安不但從未消失，還越長越大，促使人們繼續努力扮演著全能掌控者的完美身分，甚至大聲喊著「人定勝天」。殊不知，「人定勝天」這四個字，原本指的是人心安定，方能審時度勢、統御自然。

然而，對未知的恐懼讓人心難以安定下來，不安的心加倍餵養了恐懼，更滋長出人類的傲慢，在廣博、浩瀚的宇宙自然面前，人類劃界為牢的有限思維太不謙卑了！

成熟的人會考慮什麼是真正值得關注的價值和意義，他們會在現實中反思、調整策略，不忘初心，從而為真正的目標不停完善、發展有效經驗；而不夠成熟的人才會對抗真實的內心，任由情緒和魔咒裹挾自己，讓自己一直陷於對抗、糟糕的循環處境，致使世界越變越小、心智越變越封閉。

「有效網絡」在成長模式下，才能獲得突破性的持續發展，心智不斷成長，資源、潛能不斷綻放。而防禦模式下的「有效網絡」，要麼沒有新的有效經驗累積，因為注意力放在危險防禦上，能夠累積到的都是防禦經驗；要麼累積了新的有效經驗，但這些經驗只適用於熟悉的領域，只針對熟悉的問題，仍舊存在很大局限性。

當心智城堡沒有足夠大的格局，也不願意向未知、困難開放時，它裝不下的人、事、物，「心智」根本沒有能力有效化解。

內心裝不下的一切，都在能力解決範圍之外！

心靈孤獨行走在幽暗的月光森林，不時遇到隱火、暗潮、從陰影中傳出的嘶吼……

浮生如斯 —— 外緣無常、內路無明、「危險」常伴，因而功課無休止，成長也無休止，每個人都需要面對自己的防禦，解除自己的禁錮。

◆ 系統視角（宇宙觀）與局限視角（魔咒觀）

心迷則智惘，心靜則慧生。

兩名大學生是好朋友，他們同時畢業了，一個選擇創業，一個選擇去上市企業工作。一年後，在企業工作的年輕人升職加薪，有了較為穩定的事業基礎；而選擇創業的年輕人遇到瓶頸，工作發展步履維艱，每天要為生計發愁。

處於創業壓力中的年輕人，越來越懊惱，他思來想去，想到兩個辦法：一是找到一個更有能力的合作夥伴，幫自己支撐公司發展；二是放棄創業，像朋友一樣，找一家穩定的公司工作。

這兩個方法能夠幫助創業青年有效解決問題嗎？表面上看，似乎是可以的，年輕人的想法是大多數人會有的想法，是較常見的思考方式。那麼，我們換一種情境來思考同類問題。

一所幼兒園裡的兩個小男孩是非常要好的朋友，他們經常一起玩耍。可是，沒過多久，其中一個男孩的父母調動工作，搬遷到較遠的地方，於是將自己的孩子轉到另外一家幼兒機構，兩個男孩分開了。

留下的男孩很傷心，他感到孤單、失落、沮喪、無助，甚至有點懊惱。終於，他忍不住告訴媽媽，自己想轉學，去好朋友的幼兒園。

媽媽看出孩子很難過，但是卻沒辦法滿足他的意願，轉學是不切實際的，媽媽向孩子解釋現實情況，希望他打消轉學的念頭，接納其他小朋友。但孩子並未因此變得快樂，他開始經常發脾氣，而且有點粗暴地拒絕其他小朋友的邀約。

媽媽無奈又擔心，她關注到孩子的想法，也發現了孩子的情緒，但是不安的媽媽無法設身處地地體會到孩子的內心感受，更體悟不到孩子思想、行為背後的深層動力，不知道如何幫助孩子解決難題。孩子的狀

況已然在媽媽「經驗網絡」有效涵蓋範圍之外了。

而孩子更是對自己的感受茫然無知。負面情緒需要出口，「本能」要幫助生命選擇安全的能量出口，驅動「認知（大腦）」籌措辦法是本能的選擇。於是孩子產生「轉學的想法」，這個想法是他稚嫩的防禦策略，是他能夠為自己找到的解決問題的辦法。

孩子的「想法」裡裹著「感受」，但孩子分不清兩者之間的差別。其實很多成年人也是一樣，分不清「感受」和「想法」之間的差別。

人們通常下意識地認為表達「想法」就是在表達自己的「感受」，因為「想法」一旦順利落實，「感受」自然也就宣洩或是化解了。

於是，當我們問一個人：「你怎麼了？」對方通常會談自己的想法，而不是內心的感受。「想法」是真的很想說出來的話，卻未必是真話，更未必是真心話。通常，裹挾情緒的想法，要麼是為了宣洩情緒的氣話，要麼是為了隱藏不安的假話，要麼是企圖操控環境、操控他人的蠻話、怪話，而「感受」才來自真實的內心。

比如，一個憤怒的丈夫對妻子說：「你從來都自以為是，根本不把我當一回事！」

這句話是很極端的想法，未必是事實，但憤怒的丈夫在情緒失控的時候相信這是真的，並且控制不住要講出來，因為這句話能夠幫他宣洩憤怒的情緒，但這種宣洩方式會造成更多矛盾，不是成熟的情緒出口。

假如丈夫能夠從主觀情緒中抽離出來，帶著「感覺觸角」覺察自己，他將會發現自己的憤怒背後還有傷心、沮喪、懊惱、挫敗……如果他帶著「直覺觸角」傾聽自己，就會發現那些感受真正要表達的是：「你是我最親近的人，我多希望你能理解我、尊重我。當你用這樣的態度跟我講話時，我心裡很難受，我感到沮喪、挫敗，同時也很生氣，不僅對你生

氣，也對自己生氣。因為我真的不希望在你眼裡，我是一個沒用的、不值得在乎的人。」這才是真實表達情緒的方式，更容易獲得對方的理解。

但丈夫不懂自己的感受，表達不出來，也未必願意這樣表達，因為他和很多人一樣，可能還沒有做好把自己禁錮在心裡的「野獸」放出來，讓別人看到的準備。

很多人分不清「感受」和「想法」，這也沒什麼好奇怪的，因為假如人們都能夠理解感受、表達感受、懂得為自己的感受提供恰當的出口，也就不會積壓那麼多低頻的情緒能量，形成防禦網絡，影響人們的思考方式，催動人們的欲望了。

「情緒」是絕大多數人的人生功課，童稚的生命很難遇到懂得駕馭情緒的、智慧的腦（大人），能幸運地在他的引導下，學習用適當的方式表達情緒，釋放低頻能量，解除黑匣子挾制，提取高頻能量，進而讓本能由「防禦模式」轉為「發展模式」，有效表達生命動力。

一直以來，一個犯了錯或是表現不好的孩子，就應該認真反省自己的錯誤，有什麼資格產生情緒，又有什麼資格宣洩情緒呢？似乎「負面情緒」從來都是致人失控、令人感覺糟糕的野性、野獸，不該在文明的人類世界存在，也不配被表達出來。

在黑匣子封鎖下，低頻能量不斷積壓，沒有合適的表達出口。

於是，生命力只能藉助防禦本能探索相對安全的方式，比如讓情緒融入觀點中、融入事件陳述中，藉「落實想法」，操控外境、他人，來消滅情緒，不再受情緒之苦；或是藉「陳述事件」，表達自己有不得已的理由、苦衷，爭取他人的理解、同情，進而為情緒贏得存在資格、宣洩資格。

越是陷入難平的心緒，「情緒」和「想法」越難分清，但事實上，二

者有本質的不同。

當我們對他人談自己的想法、要求，當這些想法、要求中裹挾著情緒，是情緒推動下的表達時，我們將很難和對方達成一致。因為，情緒化的思考只代表個人立場，不同立場上的意識觀念如同海平面上的一座座孤島，無法連線。

尤其是，在情緒影響下，經驗網絡對很多事物都採取對抗、拒絕的態度，因而每一座孤島上的經驗網絡都褊狹而淺薄，太多溝通要素以及需要關注的問題都被忽略或是排斥掉了，以致情緒推動下產生的「想法」、「行為方式」通常無法切合實際，自然很難建立溝通，也很難達成效果。

當人們懂得分清自己的想法、感受，願意在溝通中把「感受」真誠地告知對方，讓海上的一座座孤島能夠透過海床相連時，人們才會敞開心扉、彼此接納，敞開思維、共同面對，在開放和連線中，以對方為鏡子，藉助感受對方的感受、關注對方的角度，發現更多訊息、收穫更多體悟，在此基礎上交換經驗、交流思想，雙方的經驗網絡才有機會進一步發展、成長。

「表達感受」能夠化解很多人際難題。表達得出感受，意味著心智已經解鎖了，這樣，人們才能夠舒展自己的觸角，在抽離的位置、在更高維度的視角上覺察、體悟到內心的真相，聽懂心裡的聲音。當人們同時也願意接納發聲的野獸，不再想把它隱藏起來時，就會願意把它的聲音表達給其他人聽。

「沉下心」體會非常重要，但人們已經習慣「上腦」了，潛意識中的大量衍生情緒，總是驅動大腦下意識地籌措防禦策略，化解情緒難題。

動物們遇到新的生存難題時，只能藉助「感覺」和「直覺」加以處

理。牠們總是在漫長的環境體驗中耐心等待直覺出現，拿到破解生存難題的智慧。

而人類遇到新的難題時，「防禦本能」將難題交給「大腦」，因為「認知」是人類進化出來的獨特能力，它善於統合概念、抓取重點、快速掌控全局，因此似乎也應該更善於快速化解情緒、消除情緒背後的「危險」。

人們很是依賴自己的大腦，自懵懂的童年起，「腦」便沒有獲得過訓練，因此並不知道如何陪伴自己的心靈穿越迷霧、破除魔咒、化解危險，更不知道如何從情緒中抽離出兩隻觸角，探查、體悟，發現真相。在本能驅動下，認知通常會採取兩種防禦策略 —— 囚禁小野獸和外求心安。

小野獸是不成熟的心靈，心被囚禁了，心靈的觸角將無法靈活施展。

表達感受是一種能力，絕大多數人沒經過修練，因此欠缺客觀抽離地覺察感受、領悟感受的能力。很多時候人們淹埋在自己的感覺中，卻發現不了自己的感覺，也分辨不清自己的感覺，更加不會了解感覺背後隱藏著什麼樣的內心動力。

而那些隱藏動力才是人們行為反應的真正動機，是它在主導人們的思考方式採取防禦模式執行，因而也是它在主導人們的行為選擇 —— 將「感受」和「想法」混雜在一起，透過落實想法，化解不安的感受。

回到前面的故事，男孩希望透過轉學來解決問題，而男孩的問題是什麼呢？

是想和玩伴在一起？是想去一所新的幼兒園？是想搬家？……

不，都不是！

　　困擾男孩的是傷心、孤單、失落、沮喪、無助、懊惱，是交織在一起的各種複雜情緒。

　　因為想擺脫情緒困擾，所以男孩才會萌生轉學的念頭；因為終究還是無法擺脫情緒困擾，所以男孩才會憤怒。

　　他的憤怒有指向環境的，更有指向自己的。

　　讓一個從未學習過如何與情緒相處的孩童表達自己的感受，是一件很不容易的事情。

　　男孩不會告訴媽媽，自己遇到的真正問題是：「（玩伴轉學了）我感到傷心、難過、孤單，因為我渴望友情，渴望和自己喜歡也喜歡自己的玩伴在一起。」他更不會告訴媽媽：「我感到沮喪、無力、失落，有一點生氣，因為我害怕自己沒用，沒能力解決、沒力量掌控，也害怕自己不好，掌握不住自己喜歡的人、事、物，無法阻止他們離去。」

　　除非是一位擁有開放型「心智網絡」的媽媽，才能用自己的「感覺」觸角、「直覺」觸角客觀探查到孩子的深層感受，探查到一個「驕縱的孩子」如小野獸般難以掌控的情緒背後，正在表達什麼樣的生命渴望和生命驅力。

　　擁有這些智慧的母親才能引導孩子，讓情緒從更加合適的出口宣洩，陪伴孩子的生命能量度過低頻、轉為高頻。在孩子的能量狀態改變之後，再去引導孩子的生命動力轉向更有意義的目標，透過成長性的途徑加以表達。

　　跳過情緒、感受，壓抑生命動力，直接給方法、給準則、給教導，希望孩子接受教導進而改變狀態，以此消解教養人自己心裡的憂慮、煩惱，很多媽媽（或其他教養人）只能做到這些。

　　因為大多數人很容易在孩子遇到困境的時候，自己也陷入不安，變

得焦慮、急躁,他們沒有開放的心智網絡(成長型心智網絡),故而無法獲得系統視角,橫覽全局、縱察真相。因此,他們不可能發現孩子遇到的真正問題是什麼,也不可能幫助孩子有效解決。

常態的教養方式常常在不知不覺中壓抑著孩子的生命動力 —— 高頻能量被禁錮、低頻能量不斷累積,致使孩子在懵懂的成長摸索中,也漸漸強化封閉的心智模式、防禦型的經驗網絡。

故事中的小男孩,他未來的人生路還很長,幼年時,一個知心的玩伴就算不轉學,又能陪伴他多久呢?外在的得失總是不可控的,什麼樣的外部資源能夠永恆不變?

一個生命,看似會因為環境變化、外物得失而懊惱、躊躇,但事實上,每一個生命真正在意的是內心到底是否擁有資源、擁有多少資源可以用於外部世界,從而讓生命活出更好。於外部經歷中,成長、發展出內心的資源和力量,這才是生命渴望的真正價值、永恆價值!

男孩需要快樂、彼此包容的友情,更需要從自身發展出能夠建設友情的能力,幼小的生命真正需要的是認同自己的價值,面對人生中將會遭遇到的各種無常、喪失,能夠學習以成熟的心態接納,同時相信自己。

防禦策略總是褊狹而膚淺,無法解決根本問題。就算成功轉一所幼兒園,又能怎樣呢?男孩依舊會在生活中面臨相似的困惑。

對自我價值的困惑:我到底是誰?有能力化解問題,爭取機會嗎?有能力掌控生活嗎?

對世界態度的困惑:我配得上什麼?值得擁有什麼?我到底想要什麼、想實現什麼?生命的意義在哪裡?

直到這個男孩長大了,讀了大學,或許畢業了,他創業開了一家公

司，然後，在初創階段遇到瓶頸……

迎向更大的世界，必將面臨更大的挑戰，因此需要更大的格局、更加開放的「經驗網絡」，以及網絡中的豐富資源。

男孩變成年輕人，開始創業了，他可曾讀懂了自己的感受、化解了自己的困惑，做足了人生功課、做好了內心的資源準備呢？或是可曾準備好心態，繼續面對功課、在挫折中試煉，不斷發展自己的經驗網絡，提取自身資源，以備在未來靠近夢想、實現生命的意義？

「轉到另一所幼兒園」、「找一個合作夥伴」、「放棄創業，找一家穩定的公司工作」，解決的都是表象上的問題，內心的困惑不解決，去到哪裡都會重複面臨相似的處境、重複遇到相似的問題。

那麼多人鬱鬱不得志，在困惑、迷茫中似乎總是找不到適合自己的目標實現人生價值，究其根本，是找不到有效的方法調取生命資源、釋放生命動力。

防禦模式下，封閉的經驗網絡只能提供褊狹、浮淺的認知經驗，打不開自己的格局，永遠無法連線系統視角，因而看不到更多資訊，看不到與問題相關的各種因素之間的相互影響，更看不到問題的本質。

「認知」是意識的智慧，「直覺」是潛意識的智慧，而「感受」是一座橋，它將世界的資訊帶由彼岸帶至此岸，於是人們運用智慧，能夠發現世界；它將生命的資訊由此岸帶至彼岸，於是人們運用智慧，能夠發現自我、綻放自我。

生命力、感覺、直覺、認知，它們是生命賦予我們的全部資源，缺一不可。越是能夠打開網絡，拓寬格局，呼叫生命賦予我們的資源修練系統性思維，就越是能夠運用這些資源智慧服務於生命。

感性與直覺

動物依靠兩個精神維度在世間生存，牠們依靠「感覺」探查世界、依靠「直覺」決策行動，兩隻觸角融洽配合，幫助動物們拿到適應生存的靈性智慧。

而人類進化出了第三個精神維度——「認知」。擁有了「認知」，人類從此擺脫了混沌與矇昧，可以有意識地體驗、學習，運用經驗、解決難題，人類主動創造的能力超越了所有動物，因而人類比動物擁有更多機會和可能性。但人們統御精神世界的難度也因此增高，「認知」出現，矛盾頻頻出現，「直覺」慢慢消失不見了。

擁有了「認知」的「腦」，常對「心」裡的「感覺」說「不」！腦用「評判」囚禁心，控制心的觸角，心用「黑匣子」和「本能」驅動腦做防禦決策。

心、智出現矛盾的時候，精神世界處於無序的混亂狀態，生命能量注入不同的精神維度，各維度經驗糾纏在一起，人們將會感受到不同的力量在心裡對抗、撕扯，相互制衡、彼此消耗，感受到矇昧的動物們根本體會不到的內心痛苦。

所有精神力量都來自生命想要「活好」的初衷，但人心複雜，同一個初衷卻分離成不同的力量，相互攻擊、彼此消耗。於是，恐懼、痛苦越來越多，壓抑的低頻能量越來越多，兩隻觸角被「防禦型心智網絡」限制，無法探向高維，自然也無法藉助高維視角探查自我和世界，無法獲得體悟和靈感。

感覺和直覺是心靈的觸角，開放的心智模式（成長型心智網絡）給予它們自由，然後，兩隻觸角才能探向高維和未知，從中擷取智慧……

現實世界在悄悄變化，「成長型心智網絡」開放生命資源，運用資源探索世界，於是，「感覺」發現了變化，發現了嫩芽、清風、花朵……而「直覺」連線高維，發現春天，並且幫助第一批農人獲得「春播」的靈感。

精神世界也在悄悄變化，人們（感覺觸角）從情緒中抽離出來，站在客觀的視角上發現自己的變化，發現內心的不安；人們（直覺觸角）從黑匣子的影響中抽離出來，連線高維，釋放衍生感受，見證自己的資源，從而發現人生需要穿越的迷霧、需要破除的魔咒、需要掌握的能量和智慧。

兩隻觸角把覺察、體悟交給「認知」，於是，生命將會看懂自己，慢慢與自己和解，在體悟中成長，進一步發展心智網絡，從而擷取更多靈感，創造更多價值，活出更好的自己。

「直覺」是重要而神祕的生命資源，大部分人不相信直覺，小部分相信直覺的人中又有大部分根本不知道什麼是直覺。

什麼是直覺呢？有人說「女人的直覺很準」，這是真的嗎？

通常來說，女性相較於男性更感性、更敏感。

如果這種感性和敏感建立在放空情緒（不安和欲望）的基礎上，「心智網絡」受高頻能量驅動，兩隻觸角不受限制，那麼女性的敏感的確有助於覺察、感應，獲得更加準確的直覺判斷。

但是，如果這種感性和敏感伴隨大量衍生情緒，缺失安全感的「心智網絡」受低頻能量驅動，採取防禦模式（評判之鎖），兩隻觸角受魔咒影響，選擇性關注危險目標，過度感應危險訊號。這樣一來，「脆弱敏感的心」當然會對喪失、傷害、危機、否定等訊號尤為敏感，不但容易感應，也容易將其誤讀或是放大。

「感覺」是「直覺」的基礎，「認知」出現後，文明要求人們「控制」情

緒，導致大量情緒代謝積壓在心裡，沒有適當的出口宣洩，也沒有智慧的管道化解。

這些積壓的低頻情緒能量使人們喪失客觀，喪失連線系統視角、連線高維的能力，真正的「靈性直覺」失效了，而「假直覺」常會擾亂人們的心緒。

當低頻能量湧動，人們心裡的「疼」、心裡化解疼痛的「欲望」被擾動出來時，常會莫名感應到環境中彷彿存在著危險，或是莫名感應到貌似可以抓住用來抵制危險、填平不安的希望（欲望目標），但那都不是真正的直覺！

受欲望驅動時，莫名做出行動決策，最後結果與希望背道而馳，便怪直覺不準，但這怎能怪直覺呢？

既然低頻能量是過往積壓的情緒，那麼，「危險感」自然不會是當下的客觀現實，化解危險的「希望感」自然也與現實無關，因此，對「危險（預兆）」、「希望（Bingo）」的感應自然不會是藉助宇宙視角對客觀現實的解讀，不會是自高維攫取的靈感。

人們不知道怎樣信任直覺，總是覺得直覺不準。受低頻能量影響的「直覺觸角」，不能連線高維，只能連線魔咒，進而被滋生的「恐懼」封禁在局限的模式裡、封禁在主觀的視角上，看不到全局和本質，當然不準。

一個人從小到大，內心衍生並積壓了太多低頻情緒，無形中受到黑匣子、月光動力的影響，限制了直覺能力，因而得不到靈性智慧。

人們採取的所謂控制情緒的方式，讓人們離真實的自己越來越遠，對自己的內心越來越不了解，對自己的感受也越來越不了解。

但感受是我們連線自我和世界的橋，一切祕密都要透過覺察感受才能發現。

生活中遇到較大挫折，心底積壓的痛苦、恐懼被擾動出來時，人們容易發現自己的情緒；而平時，人們習慣了克制自己（防禦），感受雖然仍時刻存在，卻變得更為細小、微妙，不易覺察。

但這些極其細微、易被忽略的微小感覺，仍會帶著強大的月光動力，影響人們的「心智網絡」，導致網絡進入防禦模式，限制資源運用，進而限制人生發展。

感覺、感受出現時，是小野獸在發聲。用「宣洩情緒」的方式大聲嘶吼，或是用啟動「防禦網絡」的方式暗暗呼喚，不論聲音是大是小，都在向人們傳達著最為重要的生命訊息，提醒人們關注，向內覺察。

暗暗地呼喚不容易傾聽，沒有打破防禦、抽離觸角的能力，人們根本聽不到，也聽不懂小野獸在說些什麼。當人們被囚在心牢，和他人、世界也失去連線時，更加無法聽懂他人、洞悉世界。

「演員」是一個需要洞悉人性、覺察感受的職業。

好演員的「感（潛意識）」、「知（意識）」是相連的，因而當演員的感受連線到角色的感受時（集體潛意識），透過讀懂共通的感受，就能讀懂角色。

但僅僅善於連線角色的痛苦，讓角色的痛苦情緒藉由演員的身體宣洩出來還不夠，這樣去詮釋人物，只能千篇一律。

因為防禦動力雖然來自「心」，但防禦策略來自「腦」，個體在成長中探索生存經驗，強化防禦模式，形成各自不同的慣性特點——人們的慣性策略、慣性反應中包含了大量個人化的成長探索，因而具有很大的差異性。

人與人之所以相同，是因為心靈的體驗和感受是相通的；人與人之所以不同，是因為腦在痛苦驅動下籌措防禦策略，形成了千差萬別的思考方式、防禦網絡。

　　所謂性格，就是一個人在成長過程中求存防禦進而強化生成的心智城堡。

　　人是有情緒、有感受的，同時也是自我克制的。

　　真正善於體察角色內心世界的好演員，知道如何發現角色的情緒，讓它在自己的身體裡呈現，更知道如何體察角色的防禦，克制情緒的呈現。

　　因此，好演員不但要懂得體會角色內心「野獸」的嘶吼，以宣洩的方式表達情緒；更要懂得捕捉角色內心「野獸」的呼喚，以防禦的方式表達情緒。因為克制才是常態，那些微小情緒更能夠表達出角色內心的衝突、不安，表達出角色的思考方式、心智特點。

　　看得懂防禦，才能看得懂行為的動機、思考的角度、深層的欲望。

　　然而，能看懂的人畢竟不多，更多的人看不懂別人，也看不懂自己，尤其看不懂甚至看不到那些極易被忽視的「微小情緒」。

　　「微小情緒」是防禦模式下更為克制、更為安全的對外表達。防禦越強的人，對情緒的克制越強，越少表達情緒，但微表情和身體語言中，仍然能夠發現情緒的蛛絲馬跡。

　　微小情緒背後隱藏著強大的防禦動力，覺察不到暗藏內心的情緒，發現不了情緒背後的深層動力（外求心安），便無法擺脫情緒困擾，無法擺脫黑匣子挾制，更加無法開放自己的心智網絡，伸展兩隻觸角，連線現實、連線高維，收穫體悟和靈感。

　　當一位思維縝密、經驗豐富的企業家遇到瓶頸或重大轉折，當他一邊下意識地克制自己、讓自己保持理智，一邊上腦思考行動決策時，他對自己說：必須找到解決問題的方法，必須做出正確的選擇。

　　是的，他是一位有閱歷的成功人士，心智相對成熟，一般的挫折、

困難打擊不到他，在較大挫折面前，他也能夠克制自己的情緒，讓理智免受影響，從而積極尋找辦法。他沒有感受到太大的情緒波動，也沒有覺察到自己受情緒影響，他的注意力都放在思考上，關注什麼樣的方法、決策能夠解決問題、獲得成效。

此時，企業家雖然能夠冷靜運用自己的經驗（防禦模式下的「有效網絡」），卻已無法運用「直覺」的力量收穫靈感，發展新的經驗網絡——無法在關鍵時刻，針對未曾遭遇過的挑戰、針對無從參考的難題做出最佳的決策判斷。

企業家並沒有意識到自己啟動了「防禦網絡」，爭取機會、尋找希望、解決問題等只是他外求心安的方法，在自我克制、防禦性上腦的一剎那，心門已關，「感覺」和「直覺」兩隻觸角已被斬斷。

當一位內心敏銳、情感豐富的藝術家遇到瓶頸，大量痛苦情緒難以宣洩時，生命的關注焦點全部轉移到內心痛苦上。那時，即便他對自己的感受很敏銳，即便他渴望將痛苦變成作品，他也喪失了創作的能力。

因為他淹埋在自己的痛苦中，無法抽離自己的感覺觸角，觀察自己的心靈世界；他被裹挾在自己的防禦動力中，無法抽離自己的直覺觸角，連線高維獲取靈感。

被痛苦淹埋時，直覺只會本能地防禦痛苦，而非靈性感應。

除非藝術家能夠從自己的痛苦中抽離出來，帶著客觀的視角觀察人性的痛苦，這時，「直覺」才會擺脫虛幻的危機感（魔咒觀），連線高維（宇宙觀），解讀實相，獲得創作靈感。

很多患有躁鬱症的藝術家，在重度憂鬱發作的痛苦時期，無法創作；在恢復期、輕躁狂期，卻有無數靈感湧現，進而誕生無數富有靈性的作品。

人們受情緒影響時，會失去對現實的準確判斷力。

起伏澎湃的情緒下，人們容易失去理智，做出衝動行為；細小微妙、不易察覺的情緒下，人們以為自己保持了理智，卻不知已默默啟動了「防禦模式」。

防禦模式下，人們帶著「評判」檢視自我和世界，隨時封鎖「不夠好」的自我，隨時遮蔽「不夠安全」的世界，選擇性接納、選擇性關注、防禦性思考，這樣的「心智網絡」在偌大的世界面前有很多局限，仍然會影響人們對現實的判斷。

一位教授在他的著作中提到：「一維是二維的投影，二維是三維的投影……一隻手是二維的像，把它擋在眼前時，根本看不見三維，拿開它就能看見三維……」

人類的精神世界原本有三個智慧維度 —— 感覺、直覺、認知。但是，人們在成長過程中，內化、植入了很多限制性觀念（黑匣子），這些觀念與內在感受產生衝突，糾結、痛苦出現的時候，直覺被封印在心智城堡中，扮演著防禦守衛的角色。因而，對大多數人來說，能夠應用於現實世界的維度只剩下相互影響、彼此制約的「感覺」和「認知」衍生出的「對／好（歡喜）」和「錯／壞（厭惡）」這一對評判維度。

如果不破除二維評判，解開心鎖，將無法獲取三維的心智資源。

破除評判，開啟防禦，才有機會面對自己的人生功課，慢慢化解、釋放經年積壓在心裡的低頻能量，然後才能解放兩隻觸角，讓它們重獲自由。

有句俗語叫做「四肢發達，頭腦簡單」，那些從事體育競技項目的運動員們，都是四肢發達的人，然而他們的頭腦一點都不簡單。

尤其是那些技術項目成績優異的運動員們，他們心理素質好，善於調整自己的心態，因此關鍵時刻沒有多餘的負面情緒影響發揮；他們的

「感覺」在常年訓練過程中已經發展得非常敏銳，因此對環境的專注力、感受能力非常強，常常能夠覺察到普通人覺察不到的環境資訊。

心理素質極高的優秀運動員，善於運用感覺和直覺，這意味著他們時常能夠和複雜多變的環境保持連線，隨機應變；意味著他們的經驗網絡具備很強的開放探索性，能夠持續豐富發展。

當他們從事的項目主要與身體反應相關時，他們會在「直覺」引導下，準確反應，完成高難度動作；當他們從事的項目需要更多思考和判斷時，他們的「直覺」也會將靈感交給「認知」；假如他們的邏輯思維也曾得到過很好的發展訓練，那麼，直覺配合理性邏輯，將會幫助運動員更容易理解、決策自己將要完成的項目。

運動員們的頭腦在心力和潛意識智慧的支持下，非常不簡單。

運動和藝術，能夠幫助人們訓練本體反應和心靈感應，讓感覺和直覺變得更加敏銳。假若一個人心智成熟，善於自我平衡，善於從念念憂思中抽脫出來，用放空的心、自由的觸角去感知現實，則必然能夠活得率真、自在，不壓抑真實的自我，同時在體驗、成長中還會越來越進退有度，自由掌握處世分寸。

「認知」是意識的智慧，「直覺」是潛意識的智慧，二者相互影響。「黑匣子」植入潛意識後，大量低頻能量儲留，潛意識的智慧被搞亂了，直覺與高維斷開了連線。

直覺不準，人們更加相信理性判斷，因而急於用腦操控現實，可是腦中的經驗網絡是有限的，禁錮了兩隻觸角，等於限制了經驗網絡的發展，因此根本連線不到高維上的系統視角，無法拓展出真正有效的系統性思維。

當人們學會從情緒中抽離出來，用客觀的眼睛自我觀察，才有機會

慢慢引導自己放空情緒，開啟經驗網絡，從封閉的「防禦型心智模式」轉為開放的「成長型心智模式」，進而才有可能呼叫「直覺」——潛意識的智慧和力量。

只有「直覺」能夠連線宇宙高維視角，看穿全局，發現整個系統中的關鍵所在。

「小野獸」的藏機圖

「小野獸」有很多渴望，也有很多恐懼，它很想衝破囚牢，擁抱更大的世界，但是又很害怕，怕那個世界根本不屬於自己，怕自己沒有資格，也沒有能力掌握。

帶著衝突的感受，「小野獸」在文明的世界裡，為適應生存、防禦危險而累積經驗，漸漸生成自己的「心智網絡」，發展出自己的人格特徵。

「心智網絡」中包含不同的維度，腹區的維度是「本能」，心區的維度是「感覺」，腦區的維度是「認知」。

愛生氣的「小野獸」叫「嗔」，它生存感很強，習慣使用腹區的維度「本能」來應對環境，當環境中出現生存阻礙時，它會藉著憤怒的力量衝破阻礙，滿足生存、防禦。

脆弱的「小野獸」叫「痴」，它渴望愛和歸屬，習慣使用心區的維度「感覺」來應對環境，因此它發展出細膩的情感，善於敏覺關係中的微妙，憑藉這樣的能力，滿足生存、防禦。

貪婪的「小野獸」叫「貪」，它喜歡使用腦區的維度「認知」來應對環境，因此發展出靈活的腦力，它很聰明，也很依賴自己的聰明，喜歡透過捷徑快速滿足需求，滿足生存、防禦。

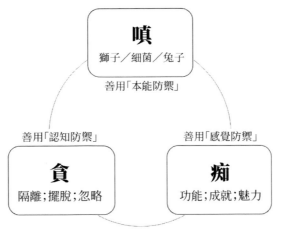

圖22 貪、嗔、痴人格

　　「小野獸」想在文明世界裡生存下來，就必須蛻變成人類。若想蛻變成人類，必須證明兩件事情，一件是「資格」，一件是「價值」。

　　「小野獸」「嗔」，對「價值」的渴求更強烈，成功控制生活才能證明小野獸的價值，令它感受到自己擁有生存的力量，而挫敗失控會令它沮喪、憤怒，因此它總是不允許自己犯錯。

　　「嗔」渴望菁英般的生活，渴望在競爭中贏取勝利，從而向世界證明自己作為「全能控制者」的力量和價值。它總是努力奔跑，渴望用自己的力量獲得穩定，但無論怎樣努力，它的生存危機感依然很強，擁有越多越害怕失去，站得越高越恐懼跌入谷底。

　　「嗔」不能接受失敗，更不能接受自己不夠強，「脆弱」是它最憎惡的形容詞，就算自己有脆弱的部分，它也會用一個「堅強的外殼」把自己隱藏起來，不讓人看見。

　　「嗔」在生活經歷中，發展自己的「心智網絡」，「有效經驗」圍繞著如何贏取成功，「防禦經驗」圍繞著如何規避失敗。

　　遇到現實阻礙時，「嗔」的憤怒時常被激發出來。憤怒，是「野獸」覺

察到生存威脅，感到不安，進而繼發產生的、渴望突破生存阻礙的原始力量、本能力量（生命力），「嗔」總是帶著這種衝破的力量，迎向現實，發展「有效經驗」或「防禦經驗」。

遭遇質疑、心靈遇到阻礙時，「嗔」的傲慢也時常被激發出來，它用鄙視、質疑他人的方式維護自己的價值感、力量感，發展「防禦經驗」。

居高臨下的傲慢態度為「嗔」爭取到更多虛幻的控制感，藉此「心智」彷彿可以避免面對自己的「脆弱」，避免面對自己「不夠強」的現實。於是，沒用的小野獸又被關進籠子，不用面對它，彷彿心智就不會陷入恐懼的深淵。

「嗔」討厭他人的傲慢，最恨他人不尊重自己，但「傲慢」也是嗔的武器或遊戲。

帶著傲慢「評判」他人，是「嗔」最喜歡玩的遊戲。很多時候，否定一個人，跟那個人沒多大關係，因為這只是「嗔」自己的遊戲而已，是它為了滿足自己內心的安全感、價值感而無意識玩起的遊戲。

小野獸「痴」對「資格」的渴求更強烈，在關係中被接納、被溫暖對待，才能證明小野獸擁有被愛的資格，使它獲得歸屬感；而被拒絕、被冷漠對待，會令它傷心、害怕，感到自己卑微、渺小，不配擁有。

「痴」渴望愛，渴望溫暖、信任的眼神，渴望歸屬，只有世界愛自己、需要自己，才能令它相信自己有資格得到世界給予的充滿愛的回饋，進而生存下來。

「痴」在生活經歷中發展自己的「心智網絡」，「有效經驗」圍繞著如何獲得愛、如何維護關係，「防禦經驗」圍繞著如何規避拒絕、避免破壞關係。

有安全感時，「痴」會為自己爭取，努力證明自己的價值，進而讓他人喜歡自己。

不安時，它寧願壓抑自己、失去自我，也要滿足他人的期待。有時，心裡的黑匣子下了判決，「痴」相信自己是糟糕不堪的，根本無法令他人滿意，無法得到自己渴望的關注，此時會乾脆遠離。不建立關係，便不會被拋棄，不會受傷。

在「痴」的心智經驗中，自由和孤獨同在，愛和束縛同在，因而「痴」總是很矛盾。

它渴望自由，然而自由時，卻會在孤獨中悲泣，因為它不習慣和自己相處，孤獨感令它不安。於是，它寧願放棄自由、套上枷鎖，甚至放棄自我，披上「漂亮的外衣」，裝扮成不是自己的樣子，用這樣的方法爭取愛。

「痴」渴望愛，對愛的渴望遠遠超過自由，然而當它擁有了愛，卻會在愛中任性，不停檢驗這份「愛」是不是真的、是不是永恆不變，是不是能夠包容一隻小野獸，給予它存在的資格。被囚的心渴望在愛中重獲自由！

愛是太陽的光芒，缺愛的心缺少能量。

「痴」不愛自己，認為「小野獸」般的自己不配獲得愛，因而它懷疑自己、禁錮自己，它也懷疑他人，質疑他人對自己的真心。

充滿疑慮的「痴」，總是習慣用懷疑的眼光看待自己，看待他人和世界。越不安、越渴望，越渴望、越不安，糾結、疑慮中不斷消耗自己的能量，壓抑自己的生命資源。

「小野獸」「貪」，對「價值」、「資格」同樣深深渴求，心靈的渴求未被滿足時，內心透出深深的匱乏，匱乏中滋生出欲望，驅動心智網絡為滿足欲求籌措經驗。

被欲望驅動的心總是焦急難耐。因而，「貪」不喜歡慢慢體驗，不喜

歡慢慢探索，更不喜歡在體驗、探索中試錯成長，踏踏實實地發展經驗網絡，提升能力，再贏取成果。

它沒有那麼好的耐性，它更依賴自己的現存經驗，希望藉助腦力快速找出一個聰明的辦法，透過走捷徑拿到成果，滿足價值感或資格感，從而擺脫不夠好的現實，擺脫不夠好的自己，填充匱乏的欲望之心。

每個人心裡都有很多「小野獸」，有「嗔」、「痴」，也有「貪」，有時「嗔」會變成「慢」，有時「痴」會變成「疑」。

貪、嗔、痴、慢、疑，是「小野獸」為了活下來而無意識生成的各種防禦型心智。每種防禦型心智都彙集了特殊的生存、防禦經驗，形成特殊的心智網絡，展現出不同的思考方式。

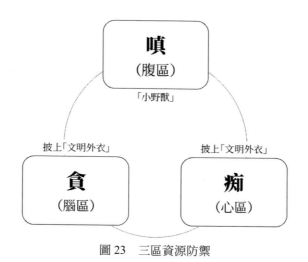

圖 23　三區資源防禦

「本能」是所有動物的生存能力。

在自然界中，以「獅子」、「兔子」、「寄生動物」為代表的三類動物性的生存驅動策略，人類也有所繼承。

做食物鏈頂端的野獸，像一頭獅子一樣，崇尚弱肉強食的力量法則，用力量制定標準、解決一切；做食物鏈底端的「小野獸」，像一隻小

兔子一樣，小心翼翼地過活，不能犯錯，因為犯一點點錯誤很可能就意味著死亡，意味著要被吃掉；做一隻寄生動物，像微生物一樣，放棄自己的立場，讓自己的存在融入他人的存在之中，以此保證生存。

受原生家庭影響的「嗔（本能型的人）」，會在原始動力驅動下，無意識地攫取動物式的經驗（動物的生存本能）當成自己的生存智慧，形成自己的心智網絡。

如果童年生長在強受尊重、弱被欺凌的環境中，便會容易激發食物鏈頂端動物性的生存本能 —— 力量致勝。「力量」是「獅子們」對自我、對生命的認知，假若失去了力量或力量不及，他們的不安將會化成憤怒。

如果童年被嚴苛、挑剔、期待過高的人養育長大，便會容易激發食物鏈底端動物性的生存本能 —— 絕不能犯錯。「嚴謹完善」是「兔子們」對自我、對生命的認知，假若疏漏難免，他們的恐懼將會化成憤怒。

如果童年常被忽視，無人在乎自己的想法，便會容易激發寄生動物性的生存本能 —— 讓出立場。「找到合適的宿主，融入他人」是「寄生動物們」對自我、對生命的認知，假若失去融入他人的機會或是存在方式受他人排斥、剝奪，他們也會不安，並且用消極抵抗來表達憤怒。

「嗔」對自我、對生命的認識需要以「環境」為參照，環境是他們認識自己的鏡子，所以環境是否穩定，生存資源是否能夠保障，一切是否在控制之下，這些對他們來說尤為重要。

「嗔」總是選擇性關注與生存壓力相關的實際問題，習慣將「本能經驗」作為心智網絡的核心策略，也就是防禦策略。

「感覺」也是所有動物的生存能力，但「感覺」和「認知」基礎上發展出的細膩情感，為人類獨有。

敏感的「小野獸」，擁有了人類的情感，因為重視情感連線，故而「心智網絡」總是圍繞著感覺經驗進行思考，憑藉感覺下決策判斷。

「痴（感覺型的人）」喜歡用感覺去判斷自己是否會成功，用感覺去判斷自己是否受歡迎、是否被認同，用感覺分辨他人的態度和意圖。「感覺經驗」是他們的嚮導、座標，他們更容易藉助感覺解讀他人喜歡什麼、期待什麼，進而掌握與他人建立關係的方法。但這些感覺經驗常常帶有主觀選擇性，令人們無法看清全部真相。

「痴」對自我、對生命的認識需要以「人」為參照，他們在他人的眼中能夠看到自己，因此他們非常在意與他人的相處，重視人際關係，他們在意別人怎麼看待自己，在乎別人是否在乎、重視自己，因此更容易受他人態度的影響。

如果憑藉「心智網絡」，「痴」能夠從他人那裡獲得積極回應，那麼，「痴」對自我也會有積極的認識；相反，如果他人態度傲慢地評判，「痴」就很容易迷失自我。

「痴」對愛有很多渴求，然而童年時沒有獲得充分滿足，或是必須符合某些條件時才能獲得部分滿足。因此，他們壓抑了很多情緒，每一份情緒背後都隱藏著對愛的渴望。

為了滿足渴望，他們用自己的「功能」、「成就」、「魅力」吸引他人。

如果能夠幫助他人，對他人「有用」，就會在對方心裡變得重要；如果獲得更多成就、資源、地位、榮耀，就能獲得更多肯定的目光；如果綻放自己的獨特魅力，光芒四射，就能成為他人心中無法取代的唯一。

「痴」總是選擇性關注他人，尤其是關注重要他人的態度和心情，習慣性將「感覺經驗」作為心智網絡的核心策略，也就是防禦策略。

「認知」是人類獨有的能力。

「貪（腦力型的人）」習慣運用經驗認知，判斷情勢、掌控局面，「認知經驗」是他們的嚮導、座標，也是他們的重要資源，只是固有的認知經驗常常表現出局限。

「貪」對自我、對生命的認識，需要以「資源」為參照，環境中獲得的資源、他人處獲得的資源，都是他們認識自己的鏡子。所以財富、地位、榮耀、權力、享樂這一切資源是否能夠穩定占有、快速獲取，這些對他們來說尤為重要。

如果現實在「心智網絡」掌控下，穩定順遂、滿足期待，他們會相信自己的能力，對自我有積極的認識；相反，如果資源喪失，他們很容易陷入恐懼，迷失自我。

為了外求更多、更快，他們尤其依賴大腦，因此，也尤其抗拒情緒。因為情緒是擾亂大腦的「潮汐」，是潮汐中出沒的「野獸」，於是他們把野獸關進囚籠，斷離心智間的連線，如此便不會再聽到野獸的嘶吼。

同樣是腦力型的人，同樣在成長過程中學會以斷裂心智連線的方式，保證大腦不受情緒影響，從而運用「理智」駕馭環境，但防禦方式仍然會有所不同。

一些人隔離情緒，彷彿根本不存在情緒感受；一些人用逃避、掩飾或攻擊他人的方式擺脫情緒；還有一些人轉移注意力，將生命力轉而投放於更輕鬆、愉悅的事物上，比如娛樂、遊戲、吃等，透過這樣的方式，忽略負面感受。

「貪」總是選擇性關注能夠彌補匱乏感的生存資源或享受方式，習慣將「認知經驗」作為獲取這一切的途徑，作為心智網絡的核心策略，也就是防禦策略。

靈魂在慢慢褪去野性的過程中，升起更多期待、更多渴望，於是對

「愛」、「價值」、「意義」的渴求更加強烈了。但成長中太多代謝的情緒沒有合適的出口釋放，反覆積壓，致使人們在探究、追尋的路上遭遇更多挫折、坎坷。

「嗔（本能型）」傾向於用動物性本能活化「心智網絡」，防禦內心的生存壓力──「獅子」、「兔子」、「寄生動物」，具體的防禦方式都有所不同。

「痴（感覺型）」傾向於用感覺活化「心智網絡」，激發大腦思考如何能夠強化「功能」、「成就」、「魅力」，以此吸引他人來滿足自己的期待，從而防禦內心的「野獸」，讓它不再痛苦、不再失控。

「貪（腦力型）」傾向於用「隔離」、「擺脫」、「忽略」情緒的經驗方式，防禦「野獸」對大腦的影響，從而利用腦力滿足欲望，求取更多。

生命會運用自己的能量，運用自己的本能、感覺、認知來適應生存。各種精神維度帶著能量相互交織、整合，或彼此消減，或彼此增益，形成不同的心智網絡。

網絡中存在各種防禦經驗，人們防禦內心或世界的經驗系統不是單一的，但不同類型的人仍會有不同的傾向性，以及不同的心智特點和思考方式。

心智之所以在成長中自然形成了諸多防禦模式，是因為尚未完全脫去野性、衝動的野獸，需要在人類的世界中適應生存。

沒有能力照顧自己的內心，沒有能力幫助野獸改變、成長，也沒有能力為情緒找到合適的出口時，為了生存，生命本能只能分散自己的內在能量、分散自己的資源維度，任不同的精神維度探索不同的經驗，哪怕相互衝突，彼此消耗、制衡，也至少能夠幫助人們暫時消除瀰散到意識中的痛苦、不安，暫時抵制自心底泛起、湧出的低頻能量，因為意識

尚未成熟，不知道如何處理這些能量，因而不想看到它們。

可是，恐懼、不安、憤怒、痛苦仍然積壓在內心深處，早晚會有一場審判等待著我們，徹底清算內心積壓下的所有對自己的虧欠（未完的功課）。

那場審判和清算或許是情緒的崩潰失控，或許是思想的衝撞坍塌，或許是身體的頑疾，又或許是在腦機能退化、臨近死亡的時候，所有壓抑的恐慌、集結的憤怒、糾纏的情感魔化成一個又一個令人窒息、迷失，比「野獸」更加恐怖的幻象……

到那時，終究還是未能甦醒的靈魂又將何去何從？

第四章　提升維度的準備

▌自由

2017年，我的生命走過了四十個年頭。孔子說：四十不惑。然而對我來說，40歲，舊模式下累積的「功課」又迎來新的起點。

在心靈成長這條路上，我協助過他人，也協助過自己；如今，依然能夠感應到功課的召喚，感應到生命不甘受魔音裹挾、盲目追逐。

40歲了，人生中最重要的領悟是什麼呢？放空他人的目光，放空世俗的評判，放空欲望的裹挾，解開枷鎖，活得更真實些、更有意義些，讓心智獲得更大的自由，這才是真正的「不惑」吧！

這一年，我開始放慢生活，專心寫書。

寫書的過程很像與自我相處的過程，時而期待、時而抗拒、時而沮喪、時而急迫焦躁。每到心智難安的時候，我都會放下筆，和自己相處一會，我知道，這顆心，用愛和意志守得住它，才能獲得真正的自由。

自由，是多麼珍貴的權力。一隻尚未成熟的「小野獸」，混沌矇昧、心智未明，給它自由，它也不知如何掌握分寸，不知如何為人生做出恰當的選擇，反而頻頻闖禍，因此它總被囚禁著。

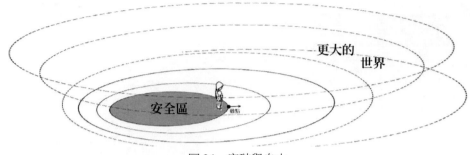

圖 24 突破與自由

可是，當心成了囚徒，當潛能和智慧被壓抑在深處，又怎麼可能實現人生願望、活出自我呢？

接納真實，「小野獸」才能解禁、獲得歷練；允許試錯，「小野獸」才能前行、慢慢成熟。然後，心、智才有可能慢慢合一。

人生有無數選擇機會，重要的人生選擇總要靠「意志」掌握。

「自我意志」掌握得住心性，才能掌握得住能量和智慧，做自己想做的事，完成自己想實現的目標，過自己想要體驗的人生，無畏前行。

擺脫魔咒的裹挾，擺脫恐懼的驅動，這才是真正的自由，充滿意義的自由！

經驗能夠掌控的範圍，和世界相比總是很小。面對自我、接納現實、迎接挑戰，才有可能不斷突破舒適圈，不斷成長、前行，贏得自由。

每一次突破都不容易，但每一次突破都意味著「心」更自由了一點，可以到達的世界更大了一點，再大了一點……

相信終有一天，心智會在自我超越的過程中到達更高的維度！

愛是連線一切的力量

生命與世界的本質是什麼？

或許是「空」，是「零」，是無中生有的能量；又或許是「愛」，是「一」，是連線一切的力量。

心靈為愛而生，心靈的兩隻觸角 ——「感覺」和「直覺」，指引生命趨向愛，也指引生命帶著愛趨向遠方。

「愛」蘊藏在生命力中，是生命的原始動力，是趨向更好的渴望。人們總是帶著愛的渴望，嚮往更好的自我、嚮往更好的未來。

「懂愛的腦」用溫暖、信任，充滿愛的態度對待「心」，化解心中的不安。被愛滋養、點燃的「心」才能將充滿愛的能量和智慧都交與意志自由掌握。

能夠掌握心性、掌握資源潛能的自由意志，才能掌握人生的方向，進而掌握心智網絡在現實歷練中不斷發展、成熟，面向未來。

現實的人生，總是準備了很多挫折等待人們去經歷，但能夠支持「心」超越挫折的「懂愛的腦」卻不多。

當人們摔倒了，不知是否還有資格被愛，不知是否還有能力帶著愛前行時，「幼稚的腦」在環境影響下錯誤解讀，將「黑匣子」植入潛意識，於是，生命在愛的基礎上暗暗衍生大量恐懼。

「恐懼」是因為在乎，是因為有「愛」的初衷，恐懼是從「愛」中衍生的力量，這份力量也渴望活出更好，但它會令人生疑、令人抗拒、令人不敢前行。

「恐懼」和「愛」原本是一體的，都來自生命力。但是，當「評判」不斷出現時，恐懼也不斷衍生、壓抑、蓄積，制衡愛的力量，這時，一體

的能量分裂成兩部分：一部分仍然帶著原始的「愛」的動力，渴望更大的世界；另一部分帶著衍生的「恐懼」動力，約束壓抑自己的原始動力，避免受到傷害。

黑匣子占上風時，「恐懼動力」遠超「愛的動力」，此時，防禦模式開啟。

「愛」和「恐懼」，都左右著心智網絡，人的一切行為動機都來自這兩種能量，受這兩種能量化成的動力驅動。無論做任何事情，無論任何一個舉動，要麼因為「愛」，要麼因為「怕」。當然，怕的背後也隱藏著對愛的渴望。

「愛」和「怕」這兩種動力總是混淆在一起，不容易看清……

要和一個人在一起，不能分離，是因為愛上對方，還是因為愛上被愛的感覺？當被愛的感覺不在了，也放不開手，更多是因為愛，還是因為怕失去愛，怕陷入不被愛的經驗痛苦難以自拔，怕這份經驗再次在心底審判自己的資格和價值，告訴自己：「你不配！」

「愛」的背後，總是暗藏著「恐懼」，恐懼令人無力去愛，只能防禦性地拚力撕扯、操控，最終失去自我，也把「愛的對象」逼迫至遠、逼迫至極。

要換一個環境、換一份工作，是因為現實中有更好的選擇，還是因為想像出一個更好的選擇來防禦不想面對的處境？眼下的環境、工作、任務、挑戰是自己不愛的，還是自己懼怕的？懼怕現實，還是懼怕在現實中遭受挫敗，喚起心底的無價值感、無資格感？

「不愛」的背後同樣暗藏著「恐懼」，恐懼令人逃避現實，裹足不前。

美食、娛樂、奢侈品……愛嗎？工作、自律、使命……不愛嗎？

是愛，還是恐懼？是不愛，還是恐懼？

不滿意的現實、不滿意的自我總是緊緊跟隨，充斥在生存世界裡，

引得人們時刻防禦……

因為恐懼，人們與自我之間矛盾重重，人們與世界之間也矛盾重重。受恐懼驅動產生的「評判」禁錮著人們，令人們離真實的自己越來越遠，離渴望的未來越來越遠。

除非勇敢面對、超越恐懼，否則人們終究會與美好的事物分離，與更大的世界無緣。

人們喜歡看小嬰兒的眼睛，它簡單、純淨，令人毫無壓力，可以自在地與之對視，令人輕鬆打開心裡的鎖，流露出心底的柔軟和溫暖。

當眼前變成了一張成年人的面孔，變成了一張令人反感的、令人壓抑的、令人緊張的、令人憤怒的或僅僅是令人感覺陌生的臉時，我們會將多少柔軟、多少溫暖鎖進自己的內心？

假如這張面孔是自己的臉呢？

沒有人從一開始就想和世界作對、和自己作對。剛來到世上的時候，生命如同嬰兒的眼睛，它帶著善意、帶著愛，渴望好好與人相處，渴望和環境建立融洽的連線，渴望被世界公正相待，更渴望自己能迎向越來越大的世界，連線越來越多的價值，成為一個更好的人。

但後來，每個人都會發現，總有一些人、一些場合、一些處境令自己不自在，令自己產生某些微妙的情緒體驗，身心繃緊、隱隱不安或莫名抗拒。

無論多麼排斥、反感，那一部分人、事、物都不會自動從世界上消失。當他們出現的時候，當身心的緊繃感出現的時候，人生功課也出現了，因為「月光動力（恐懼）」正在發揮影響。

如果不發現自己「恐懼」，人們就會在無意識的慣性驅使下，把自己真實的內心封鎖起來，把豐富的世界拒於心門之外。

可人們的初心，原本是渴望連線更多人、連線更多事、連線更大的世界，結果月亮魔化了太陽的能量，在月光動力之下，一切走向了反面。

世界很大，而人們熟悉的領地很小，一旦踏出經驗之門，領地以外就充滿了不確定性。

但人們何曾放棄過嚮往……走一走沒去過的地方、不熟悉的環境，試一試沒做過的事情、未曾挑戰的目標，會一會不認識的人、聽他們講有趣的故事……

「恐懼」是經「現實」和「黑匣子」反射才出現的月光，所有與現實不符的大量衍生月光都來自黑匣子的影響，是清冷、昏暗的低頻能量，致使自我分裂、壓抑，潛能無法取用，因而與嚮往的世界重重阻隔。

而「愛」是太陽，是溫暖、光明的高頻能量。帶著愛與自我和解，分裂的自我將重新連線在一起，心底潛藏的能量和智慧將得以取用。

然後，自由意志才能掌握人生方向，在愛的動力指引下歷練、前行，終有一天，與世界連線在一起。

帶著愛與自己和解，是人生中最重要的功課。

將「評判」轉化為「信任」，進而將「恐懼」的動力轉化為「愛」的動力，帶著「愛」容納恐懼的自我、裝下呈現逆境的世界，才能實現生命合一、生命與世界合一。

▎注意力決定未來

注意力是心理活動對一定事物的指向和集中。

「感覺」或「認知」事物，都離不開注意力，掌握注意力才能掌握「感覺」和「認知」。

而「直覺」比較特殊，不能透過掌握注意力直接掌握、運用「直覺」，但已經獲得的直覺經驗化作本能反應後，卻能無意識地驅動注意力，以感應性的方式關注事物。

很多人誤以為「注意力」是「腦」獨有的能力，其實不然，單純依靠本能生存的動物也有關注力，而且它們無意識的關注力（感應性關注）如同雷達一樣靈敏。因此，蚊子才能躲避人類的襲擊，大雁才能列隊飛行，蝙蝠才能辨別方向……

這些反應既是生存本能，也是感應性關注。

人類也是如此，也會無意識地關注、回溯，甚至無意識地思考（意識流驅動），一顆心不受控制。

「腦」不能控制「心」，但是懂得與自我和解的「腦」，能夠掌握「注意力」，透過掌握「注意力」，進而便能掌握住「心」。

一個人，掌握得了自己的注意力，便擁有了「自由意志」，憑藉自由意志掌握得了自己的心，便擁有了自由。

人和動物最大的不同之處，在於人有自主意識和自由意志。

然而，「心」不安寧時，「注意力」無意識地自動上腦，陷入意識流（黑匣子），思緒紛飛，不受意志掌控，實在是浪費了人類的天賦。

也許你曾經有過這樣的經歷：某天你發現自己身體上有一塊瘀青。

「咦？什麼時候撞到的，我怎麼都沒有感覺？」

事實上，你的感覺能力並沒有消失，但你的感覺是否受命於捕捉資訊，是否將資訊收錄進意識或潛意識了呢？

可能沒有收錄，也可能收錄了但你並不知曉。具體情況要看「注意力」到底是與「感官」一起，關注著當下，還是與「意識流」一起，關注著腦中湧現的紛亂思緒。

撞傷的一刻，或許你正在神遊，你的注意力並沒有與感官一起關注身體，因此疼痛資訊沒有被收錄進來。你沒有感覺，是因為你沒有注意自己的感覺，因而感覺沒有錄入。

又或許，撞傷的一刻，你「痛」了一下，注意力被動關注，但時間很短，潛意識雖然收錄了疼痛資訊，但意識還沒來得及多做反應，注意力就又跟隨意識流轉移了。

因此，你不是沒有感覺，也不是沒有錄入感覺，只是因為注意的時間太短，大腦只對其保持了短期記憶，很快便忘記了這一錄入過程。

動物的注意力總和感覺在一起、和當下在一起，而人卻未必，人的注意力常常伴隨思緒神遊，未必顧得上關注當下。

注意力是生命攝影機的開關，由心（潛意識）、智（意識）驅動，掌握注意力才能掌握生命對資訊的攝取、讀取，進而掌握心智網絡，掌握未來。

◆ 潛意識驅動注意力

「愛」是潛意識中的高頻能量，注入生存本能時，驅動「注意力」和「感覺觸角」一起關注外部世界的生存資源。在這個過程中，「外感官」從外部世界廣泛錄入感覺資訊（感覺記憶），「內感官」對這些資訊產生情緒感受和本體感覺作為回應，這些互動資訊是「原初資訊」，不摻雜評判，不受評判影響。

原初資訊中包含現實，也包含生命對現實的反應，因為不受「評判」干擾，因而，原初資訊更能回饋真相，支持「生存及防禦本能」做出準確的靈性判斷。

比如，手背被蜜蜂螫了一下，感到疼，於是哭了起來，本能感應到

了危險。

這時,在「感覺」關注下,潛意識中收錄了關於蜜蜂的影像、聲音、場景以及疼痛資訊,並且回應了不安情緒。「不安」只跟被蜜蜂螫到有關,與「你真是沒用」、「沒人在乎你」等自我評判無關,哭只是因為手背疼,不是因為心裡疼(價值感、資格感降低)。

再比如被他人冒犯、羞辱,感到生氣。

生氣只跟當下發生的冒犯事件有關,跟魔咒無關,內心不會受他人態度影響而啟動自我評判,譬如「是你糟糕,才被人羞辱」。

與當下現實相關的原初情緒很容易化解,而因評判衍生的情緒卻會不斷強化、儲留,扭曲人們對自我、他人、世界的判斷,加倍引發不安,進而過度防禦。

過度防禦背後的消極力量會反過來制衡發展動力,限制生命資源,阻礙生命前行。

黑匣子(意識流)總會催生「恐懼」,在恐懼驅動下,「注意力」和「外感官」一起,對環境資訊採取選擇性關注,資訊(感覺記憶)錄入變得狹窄;受評判干擾,生命對自我和世界的恐懼加深,「內感官」產生大量衍生感受。

譬如:有潔癖的人會選擇性地關注髒東西,越介意越關注,越關注越介意;關係敏感的人,選擇性地關注他人的負面態度,越敏感越關注,越關注越敏感;懼怕失敗的人,選擇性地關注錯誤,越擔憂越關注,越關注越擔憂等等。

在評判影響下,生命對外部資訊,尤其是選擇性資訊做出的回應,已不是原初感受,而是大量衍生的、與現實不符的「恐懼能量」。

注意力在「恐懼」驅動下,在評判聲中,以無意識的非自主狀態和

「大腦」保持連線時，總會湧起萬千思緒。

人們捲入思緒之中，不自覺地對「感覺記憶」進行加工、修改、演化，「內感官」進一步衍生出大量負面情緒及本體感覺。

表 2　潛意識驅動注意力

動力連接		潛意識儲存				投放注意力的意義		
		世界投影		生命回應 內感官				
愛	感應性關注	外感官（眼、耳、鼻、舌、身）	視、聽、嗅、味、觸 感覺記憶	原初感受（畫面、聲音、情緒感受、本體感覺）	原初資訊	儲存實相資訊	生存本能	√
潛意識驅動 恐懼（意識流／黑匣子）	注意力＋	外感官	評判影響下，選擇性錄入 感覺記憶	衍生感受（選擇且演化的畫面、聲音 情緒感受、本體感覺）	衍生資訊	儲存扭曲資訊	激發防禦本能「防禦型心智網絡」	×
		認知（大腦／萬千思緒）	加工、演化過的 感覺記憶	衍生感受（加工演化的畫面、聲音、情緒感受、本體感覺）	衍生資訊	儲存扭曲資訊		×
		內感官（內視、內聽、內感／本體）	開啟潛意識——畫面、聲音、本體感覺、情緒感受		所有資訊	回溯、呈現		×
		認知	開啟意識——知識、經驗（生存／防禦策略）受無意識動力驅動的有意識過程		意識資訊	回憶、思考		×

衍生的感覺、感受及黑匣子裡的模糊認知，隨著意識流，從潛意識中流出，進入意識，令人們加倍困擾、痛苦，因而不自覺地上腦，苦苦思索防禦策略。

這些加深痛苦的資訊也是被評判（負面模糊認知）扭曲過的假象，不能反映世界、自我的真實樣貌。人們憑藉衍生資訊不斷強化對自我、他人、世界的負面認識，秉持負面的心智框架投入生活，與世界互動，只會將生活弄得混亂不堪。

「關注力」和「內感官」保持連線時，藉助內感官開啟潛意識，將會回溯潛意識中錄入、回應、加工衍生的所有資訊。

這些資訊以畫面、聲音、本體感覺、情緒感受的形式呈現，反映了世界的樣貌 —— 有世界的真實樣貌，也有加工過後扭曲的樣貌。這些資

訊還反映了生命的真實動力 —— 有對前行的愛，渴望爭取生存資源；也有對前行的恐懼，不敢突破，不敢邁出安全區。

在意識流驅動下，「內感官」開啟潛意識是一個無意識的過程。

醒時，無意識地回溯，腦中充斥著與不安相關的畫面、聲音、感覺，在此基礎上，大腦浮想聯翩。回過神時，常常忘記回溯了什麼，以為自己在放空、發呆，但其實並非如此。

夢裡，仍然是無意識地回溯，畫面、聲音、感覺呈現出來，傳達重要資訊。除非夢醒後，還記得夢境中的內容，大腦針對這些內容進行思考，否則整個與夢有關的過程都是無意識的。

在意識流驅動下，「認知」開啟意識，是一個由無意識動力推動的有意識過程。簡單說，就是人們知道自己在做什麼，卻不了解自己到底為什麼這麼做。

人們開啟意識，利用當中儲存的有效經驗、防禦經驗來應對生活難題，在安全區範圍內鞏固有效經驗、在安全區範圍外強化防禦經驗，卻對自己行為選擇背後的深層動因茫然無知。

貪、嗔、痴，三隻小動物都住在心裡，各有盤算……

譬如，大學畢業後找一份工作，為什麼找工作，人生目標是什麼？是做好了前行的規畫，還是無意識地求穩？

創業開公司，是確立了目標，還是盲目跟風，只為證明自己的價值？

結婚談戀愛，是愛上一個人，還是愛上這個人能夠給予自己內心渴望獲得的愛？

有一個女孩，總會習慣性地愛上風度翩翩、穩重、有責任心的已婚男士。

　　女孩不停重複這一模式，不停把自己放在天平的一端，一次次任對方衡量，卻並不知道自己內心渴望的只是小時候缺失的「公平對待」。童年遭受的「不公平」意味著「不配被愛」，這道魔咒存入黑匣子，恐懼促使她下意識地在生活裡尋找相似情境，不斷求證。

　　若失敗了，加深痛苦、強化魔咒；若勝利了，便會否定那個男人，認為這樣的男人給予自己的愛和公平沒有價值，繼而轉向下一個目標。

　　在潛意識驅動下，「人類生命」如同一隻懵懂的動物，認知尚未發展充分，對自我、世界懵然無知。

　　「腦」用「認知」掌握不住「心」，反而常常被充滿力量又混沌無明的「心」帶著走。在與「心」爭奪掌控權的過程中、在環境和他人的影響下，「腦」向「心」內注入負面的模糊信念，混沌的「心」聽信了魔咒，誤認為自我缺少價值、世界充滿危險，因而惶恐不安，過度防禦，慢慢生成「防禦型心智網絡」。

　　在恐懼驅動下，精神維度向潛意識庫中錄入、儲存的資訊大多為衍生、扭曲的資訊內容，在這些資訊基礎上生成的「防禦型心智網絡」也是局限的心智模式。

　　防禦越重，經驗網絡越閉鎖，生命資源越受限，思考方式越是褊狹、浮淺。

◆ 意識主導注意力

　　有意識地掌握注意力，「感覺」外部世界、「認知」外部世界，可以向潛意識、意識兩個資訊庫中同時儲存資訊內容。

　　注意力和「外感官」一起，有意識地關注當下，可將少量「感覺經驗（記憶）」收錄進「意識」，也可將大量「感覺經驗（記憶）」收錄進「潛

意識」。因為「有意注意」在同一時間內能夠關注到的對象數量有限，而「感應性關注」可廣泛捕捉大量資訊內容。

「恐懼」會限制「外感官」，導致選擇性關注，一旦在意識主導下回歸「愛」的動力，將「注意力」從恐懼中抽離出來，便可同時呼叫潛意識的力量（「愛」的力量），廣泛關注外部資訊，收穫大量資訊資源。

「注意力」和「認知」一起，有意識地關注由「感覺」錄入、回應、儲存到「意識」裡的資訊內容，可將其整理成知識，再進一步運用邏輯思維分析、處理，獲得認知經驗。

一方面，這些知識、經驗可繼續儲存在「意識」裡，以備不時之用；另一方面也可強化練習，將認知經驗轉化成直覺經驗，轉而存入「潛意識」。比如學會開車、學會打字等，先是用腦學習操作知識，指導練習；進而不斷強化，形成直覺經驗；最終掌握技能。

由「外感官」、「認知」錄入、整理，並儲存在意識或潛意識中的資訊內容，「內感官」都會做出回應，回應後的資訊以畫面、聲音、本體感覺、情緒感受的形式儲存起來。

這些感受經驗（記憶）少部分存入意識，絕大部分存入潛意識。

表 3　意識主導注意力

動力連接			意識儲存	潛意識儲存	投放注意力的意義	
意識主導 愛（自由意識）	注意力 +	外感官	感覺記憶(少)	感覺記憶(多)	錄入／儲存	帶動發展本能「成長型心智網絡」 √
		認知	知識、經驗	直覺經驗(強化習得)	錄入／儲存	
		內感官（生命回應）	感覺記憶(少)	感覺記憶(多)	錄入／儲存	
		認知	開啟「意識」，藉助「邏輯思維」分析資訊資源		回憶／解讀	
		內感官	開啟「潛意識」，藉助「直覺」感應靈感、體悟		回憶／解讀	

「注意力」和「認知」一起，有意識地回憶「意識庫」中收錄的資訊，取用其中的知識、經驗，可在其基礎上運用邏輯思維進一步分析、整理，也可在分析、整理的過程中獲得訓練，進一步發展邏輯思維。

「注意力」和「內感官」一起有意識地回溯「潛意識庫」中收錄的資訊，呈現其中的畫面、聲音、本體感覺、情緒感受，人們將會運用自己的「意識」開啟「潛意識」的大門。

當心靈不受評判干擾，能夠平靜下來，開啟心門，讓潛意識中的資訊在回溯過程中呈現出來時，「直覺」便會發揮神奇的能力，連線當中蘊藏的宇宙智慧，檢索出與人生課題相關的關鍵線索。

最終，這些與線索相關的靈感、體悟，都會交與意識，由「認知」接過，進一步拓寬心智網絡，發展思考方式。

人是有自主意識的動物，如果能夠有意識地調整注意力，沉下心來，充分體驗生活，讓感官如同攝影機的鏡頭一樣，經常保持在開機狀態，有意識地增加「感覺觸角」記錄世界的機會，讓潛意識得以收錄更多有價值的資訊。那麼，必要時，用「內感官」開啟潛意識，「直覺」藉助高維智慧將得以在更多資訊資源中尋找關鍵線索，將有更多機會獲得靈感。

雖然透過掌握注意力不能直接掌握「直覺」，但是，透過掌握注意力掌握感覺和認知、掌握心腦以開放的狀態面對世界和自我時，就能間接掌握「直覺」，獲得直覺的貢獻。

為了尋找靈感，藝術家們喜歡去世界各地採風，採風的過程就是運用感覺觸角收錄資訊的過程，從而為直覺儲備更多與創作相關的資訊資源。

企業家們常常需要憑藉直覺判斷未來趨勢，這些判斷同樣需要「採風」，只不過「行業採風」指的是對環境局勢抱持開放心態，不時運用自己的感覺觸角與行業、與世界敏銳接觸，有意識或無意識地錄入大量資

訊資源，豐富自己的資訊儲備（尤其是潛意識庫中的資訊儲備），以備確定目標課題時，運用直覺藉助高維智慧，從儲備資訊中攫取用以拿下目標、突破課題的關鍵線索。

想像自己是一塊龐大的海綿，放鬆下來，敞開心智，把自己「浸泡」在與目標課題相關的資訊海洋裡面，注意力與感官、環境、當下保持連線，自然吸取資訊養分 —— 在任何領域裡面，都可以運用這樣的方式「採風」，豐富潛意識中的資訊資源。

◆ 有意識掌握注意力的意義

掌握「注意力」非常重要，要麼任「黑匣子」驅動，活在恐懼裡，無意識地選擇性關注、衍生性回應、防禦性上腦，建構「防禦型心智網絡」；要麼拿回主導權，由「自我意志」掌握，釋放恐懼、脫離慣性，帶著愛的動力有意識地設定人生目標，發展「成長型心智網絡」。

兩種情形將帶來截然不同的人生狀態。

想有意識地掌握注意力，需要「智慧的腦」帶著「愛」的態度對待「心」、接納「心」，化解心中不安，與自己和解。只有帶著愛的力量化解不安，心才能自由，心智才能合一，自由意志才會出現。

與「心」制衡、爭奪注意力掌控權的「腦」，是充滿恐懼的腦，是受心驅動的腦。

爭奪、對抗是因為意識感到焦慮、恐懼；越焦慮、恐懼，說明受心影響越深。擺脫不了心的影響，又怎麼能夠控制心，掌握注意力呢？

人們常常想控制自己的大腦，不要胡思亂想，常常想控制自己的行為，不要喪失自律，但總是控制不住。

因為「想控制自己」已是一個防禦策略，已經啟動了評判的鎖，人們

正在用與愛相反的態度對待自己。這樣的方式根本不可能拿回主導權，不可能發展出「自由意志」。

帶著愛的態度接納不完美，溫暖、信任自己，從「恐懼的動力」轉向「愛的動力」，才能讓注意力從慣性經驗中解脫出來，轉而關注當下，關注真實的感覺、感受，慢慢在自我療癒中化解不安，獲得對生命的實相洞察。

在這個世界上，清楚自己想要什麼的人鳳毛麟角，清楚自己不想要什麼的人多如牛毛。注意力總是放在不想要的對象上（不想要的自我、不想要的現實、不想要的過去和未來……），必然使自己陷在焦慮、恐懼裡，難以自拔。

當人們覺察到自己的模式，覺察到受黑匣子影響的自己內心正隱隱不安時，帶著愛放鬆、接納，有意識地調整身心狀態，將注意力從「不想要」的思緒中抽離出來，擺脫「意識流」，轉而專注於感覺、感受，開啟潛意識，向原初回溯，就能發現當下的生命狀態是如何一步步衍化而來的，從而有機會鬆動直至破除「意識流（黑匣子）」裡的魔咒，慢慢找回真正的自己，弄清楚自己想要的未來。

是人就有人生功課，有植入潛意識裡的「黑匣子」。改寫魔咒預言，需要帶著愛的態度與自我和解；擺脫防禦慣性，需要掌握注意力，磨練自由意志。

當自由意志學會照顧不安的心靈，化解心靈的不安時，才能接管生命資源，掌握生命方向。

自由掌握注意力，便能自由掌握生命力、感覺、直覺、認知這些老天賦予的生命資源，將它們投放到更值得關注的方向、目標，做更有意義的人生投資。

在這個過程中，將會不斷提升、發展心智網絡，活出更好的自己！

第五章　平行時空

我：本自具足

　　零維是一個點，一維是一條線，二維是一個面，三維是立體的世界，是物理存在的「我」。

　　零維是生命能量（生命力），一維是感覺，二維是直覺，三維是認知。有了認知，生命有了自主意識、自由意志，有了選擇，有了獨立的精神世界，有了「我」。

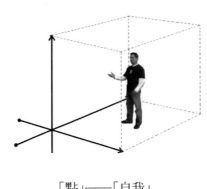

「點」——「自我」
圖 25　三維

　　三維的「我」進入四維，成為四維線上的一個點。四維是一條時間線，包含「我」的一生，有「我」一生中無數個點。

　　人生沿著這條線向前發展，沿著某種慣性向前延伸，如果沒有特殊機緣，也沒有覺察，一個人的人生軌跡將不會脫離這條時間軌道。因此，這條四維的時間線就是人們的「命運線」。

「線」

圖 26　四維

　　驅動命運的力量來自人的內心，它原本是生命的力量。只是靈魂尚未覺醒，生命不知道自己是誰，無法全然掌控自己的力量。當懵懂的生命分辨不出世界的態度、分辨不出世界對於自己的意義，恐懼無力掌控因而陷入不安時，生命能量將以低頻的形式注入精神維度，形成慣性驅力，形成防禦性的心智模式、思考方式，影響人們的生存風格，決定人們的命運。

　　驅動人們產生不同思考方式的內心力量（「愛的動力」或「恐懼的動力」），就是驅動命運的力量。不同的人，因思考方式不同，生活態度、處世風格都將不同，命運也因此不同。

　　「我」的人生線上有無數個點，比如大學畢業是一個時間點，這個點是一個選擇時刻。那一年，那一天，那一瞬，「我」可能選擇做一名醫生，可能選擇做一名警察，可能選擇成為一名演員、一名創業者或是其他。站在人生的路口上，「我」可以有無數種選擇，無論「好的」選擇、「壞的」選擇，容易的選擇、艱難的選擇，最終能夠實現目標的選擇或是最終無法實現目標的選擇，可能性和機會都是存在的。

　　不同的思考方式決定不同的選擇，每一種思考方式背後都有不同的內心動力（發展動力「愛」／防禦動力「恐懼」），所有內心動力都是驅動

命運的力量。

在不同命運驅力的無形推動下，「我」將會在選擇時刻做出各種不同的選擇，每一種選擇都是一條新的時間線，所有時間線匯聚在五維的「時間面」上，構成選擇時點的全部可能性，無限多條時間線，無限多種可能性。每一條時間線都有改寫命運的可能。

人的一生有無限多個「時間點」：關鍵的時間點，比如出生、入學、就業、擇偶；平常的時間點，比如聽歌、旅行、吃飯、讀書。每一個時間點都是一個選擇時刻，在關鍵或平常的一刻，任何一種選擇，無論是主動或被動，都有可能影響之後的人生軌跡，從而讓人們進入一條全新的時間線。

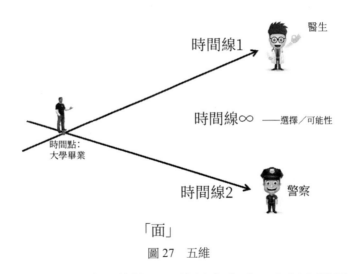

圖 27　五維

比如在大學畢業時，基於不同的思考方式，人們會選擇不同的職業，從而進入不同的時間軌道；再比如某一個時刻決定旅行，在旅途中獲得了不同的體驗、感受，雖然旅行結束，又重新返回出發點，但假如人已因這段經歷變得不同，看待生活的視角、態度、思考方式已發生改變，那麼，接下來的時間軌跡也將進入一種嶄新的可能性。就業如此、

旅行如此，聽一首歌、讀一本書、遇見一個人也是如此。

或許因某個選擇、某種經歷收穫到某些內在體悟，思考方式變得更加開闊，因而接下來會主動選擇不同的人生；或許因某個選擇，發生某種意外，陷入創傷、低頻，思考方式變得更加閉鎖，因而接下來會被動接受某種處境、某種人生軌跡；又或者經歷了意外，但從意外中得到領悟，思考方式因此提升，進而在被動的處境下仍能主動選擇。再或者，經歷了很多，但心智模式和思考方式從未改變，因而人生看似有很多拐點，但實際上並未曾改變過時間軌道。

人一生當中經歷的每一個時間點都是一個選擇時刻，每一個選擇時刻都能延伸出無限種可能。但假如思考方式受制於防禦動力，一直處於封閉狀態、慣性之中，從沒有改變過，那麼，儘管一生當中每一個時間點都包含無數可能性，但防禦動力下的慣性選擇總是唯一的。只有帶動自主意識，掌握選擇，才有可能掌握自己的命運。

人一生當中，每一個時間點都能延伸出一張包含無限可能性的五維「時間平面」。一生中所有時間點加在一起，每一個時間點延伸出的所有可能性加在一起，也就是所有時間平面加在一起，就構成了一個六維的「時間立方」。一個人經歷一生，每一個時間點上的每一種可能性都包含在時間立方裡。

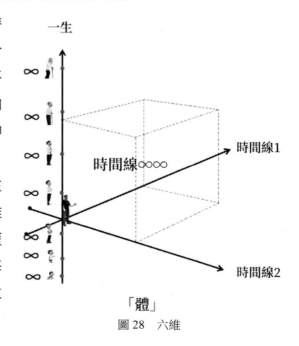

圖 28　六維

然而，這並非一個人的全部。

作為基準線的「一生」不是唯一的，任何一個時間點上的任何一種可能性都是一條新的時間線，都可以作為一生，成為一條新的基準線。一條基準線（一生）衍生出無數時間線（可能性），人生無限，是六維的「時間立方」；無數時間線（可能性），每一條都能作為基準線（一生），也就是無數基準線，再衍生出無數時間線（可能性），無限的無限，是七維的「時間元」。

「時間元」包含了一個個體全部的可能性。它既是最小的時間單位，是一個時間點，又是無限可能；它既是一個人，是他的當下，又包含了他的無窮未來。

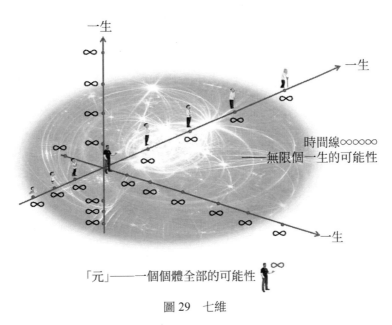

圖 29　七維

我們只能感受到三維的存在方式，但高維離我們並不遙遠，我們在「四維線」上行走，在「五維面」裡選擇，在「六維體」中經歷，在「七維元」中找答案、找自己……

「七維」智慧告訴我們：任何一個人都是一個無限可能的個體，只要掌握好當下，就能為自己創造無限的未來。

只是「未來」有太多不確定性，「當下」要如何掌握，才能掌握未來呢？每一個時間點上的選擇都很重要，如何確保自己做了正確的選擇？我們在每一個時間點上的選擇都有可能把我們帶離原來的時間線，進入新的機會維度嗎？進入的是更好的維度，還是更糟的維度？

任何一個人都有無限的可能性，但不是任何一個人都能了解到自己的無限可能，也不是任何一個人都懂得如何開啟自己的無限可能。「黑匣子」在成長過程中植入內心，釋放出「魔音」干擾人們的判斷時，人們對自我、生命、意義愈加困惑、憂慮、迷茫，找不到真正的方向，做不出恰當的選擇。

沒有一盞心燈照亮內心世界，黑暗中的能量會驅動我們被動反應，被恐懼裹挾著、被憤怒裹挾著、被不甘裹挾著、被欲望裹挾著，每一個當下都受慣性驅動、受防禦動力驅動，沿著一條叫做「命運」的時間線向前行走。

一個人能否改寫命運，取決於他是否能夠掌握自主意識，擺脫自己的慣性動力，擺脫無意識中低頻能量的影響。

生命會因為在某一個時間點上的某一個選擇，進入新的機會維度嗎？

動物沒有這個機會，因為動物幾乎不存在自主意識和獨立意志，牠們沒有自由選擇，只有受潛意識驅動的本能反應（即便某些簡單的意識行為，也在本能動力驅動下完成）。好在沒有太多意識的動物，牠們的潛意識裡也沒有「黑匣子」釋放魔音，因此牠們的潛意識智慧很客觀，就算被動跟隨直覺的選擇，也足以進化出適應生存、繁衍的天性本能。

人類有意識，貌似有了自由選擇的機會。但事實上，我們每天、每時、每刻做過的無數選擇當中，有多少是運用自主意識，主動調整、改變習慣，突破了防禦動力的（前提是看得懂自己的防禦模式），又有多少是在固有的思考方式、防禦模式下，受慣性驅動被動反應呢？

每一條時間線上都有一個慣性驅力，這神祕的驅力就是命運的力量。

世上萬事萬物都有自己的執行軌跡，都有自身的命運驅力，但世上只有人類擁有「七維元」。除了人類，其他萬事萬物都不能自由改變自己的執行軌跡，因而沒有主動掌控命運的能力，一切都在自然法則、自然驅力之下，當然，它們也有可能受到人類選擇的影響，但最後萬物執行終究還是要謙卑地拜服在自然之下。

其實人類也是如此，人類擁有自由選擇的能力，因此擁有了無限的可能性（「七維元」）。當人類的自主意識提升到極致，破譯了無限可能，掌控無限可能的人類智慧即是宇宙自然智慧，二者合而為一。

那時，人類自主意識做出的所有選擇都將合乎自然法則，與自然智慧相容、並存。

但人類的智慧遠未及此，當人們不能順應自然、順應天性時，自身創造無限可能的天賦資源必然封印在心智城堡中，能量轉化為低頻狀態、驅動防禦模式，循環限制我們的人生。在防禦模式下，人們停不下追逐欲望的腳步！豈知最終，違背自然智慧的人類意識必將遭到自然之力的懲罰。

命運之力隱藏在每個人的慣性模式中，而慣性不是那麼容易擺脫的，慣性越大的人越難擺脫慣性。每一個固守思維模式、不肯改變的人，他的四維線都將成為唯一的命運線。不突破慣性，化解四維線中的

慣性驅力，人類將沒有自主選擇，命運也將無法掌握在自己手裡。

「防禦型心智網絡」和「成長型心智網絡」，兩者最大的不同在於前者是封閉的網絡，已經形成了固定模式，而後者更加開放、包容，會不斷更新、不斷成長。

固定模式的人命運已定，只有一條時間線，由生至死；而成長者每天都是新的未來、新的可能性。

七維空間裡容納著全部機會，零維生命力、一維感覺、二維直覺、三維認知是生命賦予每個人的、用於創造無限可能的全部資源潛能，沒有分別、本自具足。

開放心智，不停拓寬心智城堡、拓展經驗網絡，才有可能用發展出的自身資源、潛能去掌握好每一個「當下」，掌握好每一刻、每一秒的選擇。

時光旅行

美國國家航空暨太空總署和密西根大學的天文學家們，宣稱在中子星周圍觀測到一些鐵氣體的線形拖尾，證明的確存在時空扭曲現象，這再次為愛因斯坦（Albert Einstein）時空扭曲理論的正確性提供了證據。美國國家航空暨太空總署戈達德太空飛行中心和馬里蘭大學的研究小組成員表示，由於科學家們曾在黑洞甚至地球周圍觀測到過同樣的扭曲，因此此次發現並非驚人之事，然而它對於解答物理學的基本問題意義重大，比如是否存在蟲洞，是否能夠穿越時空。

時空扭曲已被證實，平行空間、多重宇宙、高維世界，這些量子物理學界曾經提出過的瘋狂設想，在不久的未來或許都會被一一證實，可是我們怎樣能夠見證這一切呢？拿掉遮擋在眼前的二維的手，就能見到三維世

界。那麼，拿掉禁錮靈魂的三維的籠子，是不是就能見到四維世界了？

人類的身體是靈魂的衣服，有一天，赤裸的靈魂穿上了這件衣服，它在冥冥中選擇從矇昧走向文明。文明的力量不是衣服，是人體衣服為靈魂提供的大腦，擁有了大腦，便擁有了智慧，因而也便擁有了邁向文明的可能性。

可是，穿上三維的衣服，靈魂被三維禁錮，將無法到達高維世界；脫下衣服，若因此也脫下了文明和智慧，那麼，面對高維時空時，靈魂依舊矇昧。

人生是靈魂的旅行，為的是藉人類的身體、藉人類的智慧和意識在旅途中漸漸點一盞明燈，用智慧的光開啟「太陽」的能量，驅散月光森林中的幽暗，從矇昧中覺醒。

當靈魂覺醒時，哪怕它離開自己的衣服，也會帶著衣服（意識）貢獻的光明看清更大的世界、看懂更高的宇宙。完全擺脫混沌、矇昧的靈魂，將會擺脫無意識中幽暗莫名的驅力，獲得無限自由。

我們渴望穿越時空，去高維旅行，然而，帶著三維的身體是根本不可能完成時空穿越的。但我們又不能輕易脫掉自己的衣服，因為不確定脫下去了還穿不穿得回來。況且，當真脫掉了衣服和智慧，這樣去到高維，我們能分辨什麼呢？又能記住什麼呢？

「心」有穿越時空的能力，做夢的時候它就開始了旅行，旅行時，它脫掉了衣服，因此僅在即將甦醒前、在即將穿回衣服的那一刻，夢中的內容才會進入意識，因此我們也只能依稀記住將醒前夢到的一點點內容。

解夢是需要智慧的，召喚「太陽」、普照夢境，需要意識的火種，需要成熟、智慧的大腦。在心、智尚未全面合一時，「智」無法與「心」同行，又豈能共同穿越。

不過，我們可以試試在智慧提供的「想像力」中，讓感覺和直覺牽引我們做一次穿越時空的暢想之旅，看看過去、看看未來⋯⋯

過去是當下的因，未來是當下的果。

未來將要去採摘的美好的果，會不會在未來得到，人們不確定；當下手裡已經收穫的美好的果，會不會在未來失去，人們也不確定。這就是生活 —— 永遠不知道下一秒會發生什麼。

太多不確定性成了人們生存焦慮的根源，也成了防禦模式的根源。但「夫物芸芸，各復歸其根」，其實萬事萬物都有本質規律可循。

情感關係、人際往來、生活安排、學業計畫、事業走向⋯⋯人生是一步步走出來的，是一個個選擇、決策累積起來的。命運是驅動人們行走、累積的無形力量，那些神祕的力量不在外面，而是在人們身體裡面 —— 一切皆在「我」！

人們對外部世界所有的不確定都來自對自我的不確定，焦慮、防禦的真正根源是人們終究未能認識自己，未能掌控自身資源，因而擔心自己無法掌控世界。

我從哪裡來？為何一路走來，我成為今天的我？為何是我今天的心智模式、思考方式？

如果能夠進入四維時空，回到過去看看，會發現什麼呢？

一位30歲的女士，因情感關係不順利感到苦惱。在心理諮商師的幫助下，她做了一個「夢」，在夢中，她穿越時空，回到童年，看見自己小時候發生過的事⋯⋯

她看見4歲的自己，正慢慢跟在媽媽身後，一邊啜泣、一邊呼喊。

媽媽終於停下腳步，卻轉回頭訓斥：「我哪有手抱你，幾歲了，還這麼不懂事！不想走路，你就自己待在這裡吧！」說完，媽媽丟下她轉身

大步走開，4歲的女孩放聲大哭，拚命追趕。

在「異度時空」，女士看見媽媽兩隻手裡提著東西，表情嚴肅；她還看見4歲的自己特別傷心。她能感覺到媽媽煩躁、焦慮、無奈，很生氣，同時又在克制，因為在街上發生這一幕有些令她尷尬、難堪；她更能感覺到自己的傷心、無助、恐懼，她非常熟悉那種感覺，那是一種被忽視、被冷落，甚至被丟棄的感覺。

4歲的小女孩看著媽媽的臉，似乎聽到一個聲音在說：「沒有人愛你，因為你不值得，因為你很糟糕！是因為你，媽媽才這麼生氣、尷尬，甚至覺得丟臉。」

穿越時空的女士，聽到了自己心裡的「魔咒」，她在夢中回到4歲、5歲、7歲……經歷相似的情境，聽到相似的聲音，傷心流淚。

那些眼淚在兒時沒有充分釋放，因而一直壓抑在潛意識裡，影響她的心智，影響她的思考方式。

這一次，她帶著30歲的認知回到童年，告訴兒時的自己：「媽媽的態度不是因為不愛你，更不是因為你不值得、不夠好，媽媽有自己的原因。」她用30歲的智慧告訴兒時的自己：「你很棒，哪怕無人看到；你很好，哪怕無人懂得欣賞。」她終於能夠對自己的心說：「我長大了，有能力愛你，你不用再去外面尋找了。」

從26年前穿越回來之後，女士不會再常常質問自己的老公：「你的工作重要，還是我重要？你的狐朋狗友重要，還是我重要？你的球賽重要，還是我重要？……」

因為她的心已然安穩：「媽媽手裡的東西並不比我重要，媽媽不會真的為了手裡的兩袋東西而拋下我。」

自這個當下起，未來再面臨相似的處境時，那位女士不會再有那麼

多不安、防禦了，她將更有力量敞開自己的心智 —— 開啟心門，在情感關係中，多包容對方；開放思維，看到對方的感受，看懂對方的模式，進而不再容易受對方影響。

她帶著愛的態度擁抱自己、信任自己，幫助自己看清自我的價值，看清兒時的真相，釋放了壓抑經年、不斷衍生的恐懼能量，進而破除了黑匣子的影響，不再受魔咒困擾，她的心智網絡、思考方式都獲得成長。

自穿越回來的那個當下起，她將會學習以成長的狀態面對自己的情感關係，因此在未來人生無數個選擇時刻，都有機會擺脫命運的束縛，進入新的時間軌道，開啟無限未來。

過去是當下的因，未來是當下的果。

假如我們有機會穿越到未來，同樣有可能從未來拿到「因」，改變當下這顆「果」，進而自「當下」進入不同的時間軌道。

如果一覺醒來，你發現自己老了50歲，行將就木，躺在病榻上等待死神。那一刻，你將會怎樣回顧自己的一生？假如彌留之際，你見到從50年前穿越而來的自己，只能對他說一句話，你會告訴他什麼？

將中獎樂透號碼告訴他，回到過去能兌換很多錢；或是，將這50年間出現的某個重大機會告訴他，回到過去就能功成名就、受人仰望……想想那種畫面還挺搞笑的 —— 垂垂危矣的你怎麼會有心情講這些呢？

樂透兌換了多少錢，50年後你帶不走半分；人生猶如白駒過隙，匆匆走完50年，在即將休止的生命面前，那些虛榮、浮華又有何意義？

如果在生命的彌留之際，你見到了穿越至未來的自己，那時，你一定想告訴他這一生當中最大的遺憾是什麼，沒有人願意帶著遺憾離開人世。因此，你一定希望自己當年更努力一點、更勇敢一點，不抗拒敞開

心智，不懼怕突破舒適圈，不討厭挫折和挑戰。沒能勇敢地做自己、痛快地活一次，才是人生的最大遺憾。

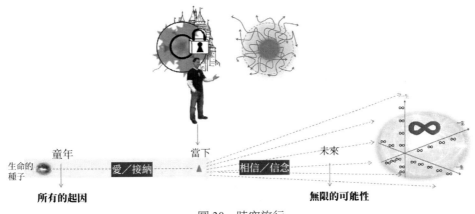

圖 30　時空旅行

　　如果，又是一覺醒來，你發現自己沒有死去，反而年輕了50歲，重新回到此刻的年紀。然後再去回想50年後的自己剛剛說過的話，你會在這個當下如何選擇？

　　是否會鼓勵自己把握機會，擺脫命運的束縛，從而進入新的時間軌道，開啟無限未來……

　　封閉、固鎖的防禦型心智模式決定我們將會沿著一種可能性、一條時間線過一生，過程中每一個選擇是偶然更是必然。一旦在某一個時間點上，我們改變了心智模式，突破了以往的慣性，就會在新的思考方式指導下做出新的選擇，於是，我們便會從這個時間點穿越到另一個平行空間，過另外一種不同的人生。

　　每一個選擇時刻都有可能成為蟲洞，只要改變模式，我們就可以從一條時間命運線穿越到另一條時間命運線。

　　這種穿越是真實存在的，在每個人身上都有機會發生。當然前提是我們能夠弄懂自己的「根源」，弄懂自己所有模式反應背後的內心動力，

從而慢慢化解、釋放壓抑在潛意識中的、驅動命運的低頻能量。

當命運用來裹挾我們的力量慢慢消散時，回歸當下就是穿越的開始。

每一次成長，敞開心智，發展經驗網絡，都是在呼叫自己的內在資源，透過活出自己，來驅除慣性、改寫命運。生命本自具足，呼叫出的資源越多，我們離真實的自己越近，離無限的未來也將不再遙遠！

夢想、欲望和專注力

小v有一個夢想 ── 栽種出一枝美麗的生命花朵。

他每天期待夢想到來，期待花開燦爛，期待眾人豔羨的目光，同時又會擔心花期不至，擔心眾人不識，擔心夢想破滅。

於是他總是心慌意急地澆水施肥、修枝剪葉，但花仍是不開……

心智城堡中，「黑匣子」開始釋放魔音，評判小v異想天開。小v很是挫敗，種花的興致和動力漸漸消減，慢慢地葉瘦花凋，依然看不到期待中的燦爛。

小v很困惑，不知道為什麼自己嚮往結果，卻沒有耐性靜待花開的過程。

也許，在內心深處他並不相信自己有種花的能力吧，也不相信自己配得上擁有那樣明媚的花朵。那麼美的花，應該種在天邊；而自己，只能在城堡裡遙遙奢望。這樣久了，他不免困惑：「種花是我想要的生活嗎？」

想得心累了，就把問題也拋向天邊，躲進城堡，再尋一處安逸填滿自己。然而，浪費光陰，一事無成！可這是小v願意面對的結果嗎？

小ｖ有一個夢想 ── 栽種出一枝美麗的生命花朵。

他每天期待，也每天擔心，他仍是很心急，太想要那個結果。但越是如此，心智越是對他說：「不能犯錯！」

小ｖ小心翼翼，努力又克制，鞭策自己堅持，也許後來真的完成得很好……他終於鬆一口氣，能驗收自己想要的成果了 ── 花開燦爛、眾人豔羨，小ｖ很享受這一刻。然而，僅僅只有這一刻而已。

眾人散去，小ｖ問自己：「我想要的是那朵花嗎？」花已經種在意識花園，小ｖ靜靜看著它，心中卻不再泛起漣漪。

不安再次襲來，「心智網絡」自言自語：「花很快會凋謝的，下一朵讓它開得久一點。」

於是，小ｖ又陷入了緊張，進入下一個循環，難道注定凋謝的結果，就是小ｖ努力追尋的目標？「生命的花朵」到底應該開在哪裡？

夢想是追尋的過程，坎坷而又漫長，如果對這坎坷漫長的過程心中升不起絲毫「享受」，又怎麼算鍾情於夢想呢？

感受是自心底發出的聲音，如果聲音告訴小ｖ，他並不像自己以為的那樣喜歡自己當下從事的事業、熱愛自己趨向「夢想」的腳印，那麼他到底為什麼要奔跑，他到底在追逐什麼？

金錢、身分、權力、成就、榮耀、思想、知識，漂亮的衣裳、奢華的物品、美食、娛樂，他人的認同、關注、陪伴，信任、理解、妥協、豔羨……有人把這些目標當作夢想，有人說這些目標都是欲望。

人不同於動物，不滿足於只為了活著而活著，人類有生存之上的追求。然而，什麼樣的追求是夢想？什麼樣的追求是欲望？

單純依靠本能生存的動物，沒有夢想，也沒有欲望。牠們只在固定的季節交媾，只在冬天來臨前囤積食物，肉食動物飽餐後便不會再大肆

殺戮。除了人類，所有動物都是食物鏈上的一環，是生態環境的一部分，牠們與宇宙法則相呼應，在大自然的制衡下，融入環境，確保生態平衡。大自然中的牠們，唯一的目標就是「活著」，滿足生存需求即可。

人類則不同，人類有思想、有意識，因此人類不僅有生存需求，還有生存想要。需求之上有更多想要的 —— 要麼關乎「夢想」，要麼關乎「欲望」，而人類自己，時常分不清這兩者之間的區別。

每個人的心智都是一座城堡，城堡中有一個神祕的地下室，沒人知道裡面藏著什麼樣的能量。那裡是思想連線心靈的「結界」，入口處漆黑一片、深不見底，四周浮游著不安，似欲待吞噬的「大口」，透出詭異、莫名的匱乏⋯⋯

或許，在那詭異的怪力驅使下，人們會設定很多目標，心中渴望「吞掉」那些目標。

人們需要它們嗎？人們不確定，但還是會追逐它們，因為人們以為只要吞下這些目標，就會感受到「力量」和「溫度」。

財富、身分、榮耀、成就、裝滿思想的頭腦，他人的信任、贊同、妥協、豔羨，關注、陪伴、理解、支持，美食、娛樂⋯⋯人們下意識地把這一切當作目標，沉醉在貪、嗔、痴的欲求裡，哪怕只是虛幻的充實、飄渺的溫暖，也努力用它們填滿心裡的匱乏、驅散浮游的不安。

可是，通往心靈的入口彷彿連線著無底的深洞，怎樣都填不滿，這就是人們常說的慾壑難填嗎？

人生為什麼需要目標呢？遠方的目標到底有什麼意義？

有人說，目標是我的「夢想」，有了目標就有了動力。為了前方的美好願景，就能忍受當下的苦。

顯然，「心」在遠方，期待和結果在一起；而當下是苦，「心」即便妥

協、忍受，亦難以安住。

假若「遠方的美好願景」是一個人行動的核心動力，滿心寄希望於結果，若拿不到結果便動搖心智，這樣的人內心必定暗藏著恐懼。恐懼驅動下，「感覺」進入了選擇性關注模式，「認知」開始籌措防禦性策略，思考方式變得閉鎖、狹窄。

結果牽動著人的欲望，渴望直取結果的「心」怎會不急迫，怎會踏實享受過程？渴望直取結果的「思考方式」怎會接受試錯，專注細節、踏實累積？

被欲望驅趕的人總是即時滿足的，鞭策自己要有耐性，卻難以在成長中帶動追夢的腳步，難以在體驗中靜候結果、靜待花開。

「心」、「意」都不在當下。

貪婪的「意」說：「未來如此美好。」「心」嚮往之。

疑慮的「意」說：「未來到底能否兌現，誰說得準呢？」「心」隨即陷入不安。

嗔怒的「意」開始質問：「你夠好嗎？值得那個目標嗎？你有力量嗎？能贏得結果嗎？」「心」壓低了能量，時而不服，時而沮喪。

在追「夢」的路上，在填充「匱乏」的奔求中，一顆心疲憊不堪。

有人說，不要打擊我的夢想，我追求的不是物質欲望，而是精神滿足。

可笑的是，誰的欲望不是為了精神滿足呢？

滿櫃的漂亮衣裳，何嘗不是為了精神滿足；無休的財富占有，何嘗不是為了精神滿足。美味的食物，滿足的是肚子、舌頭，還是精神呢？

如果是為了肚子，生理上根本需要不了那麼多；如果僅僅是為了舌

頭，就不會狼吞虎嚥，急匆匆嚥下，細細品味不是更會滿足舌頭對滋味的欲求？為什麼越是好吃的東西，就越是急於吞掉？

原來，就連「食慾」也是為了精神滿足，因為精神要「占有」，從而填充匱乏、緩解焦慮。

獲取榮耀、知識、權力、地位、成就、情愛……如果意識行為背後暗藏的目的，是為了削弱對無能、不配的恐懼，這樣的精神滿足何嘗不是欲望？

假如所謂的「夢想」只執著於結果，奔向結果的路根本不是生命熱愛的路，不但沒有發自內心的欣喜，反而自內心生出厭煩，只在結果到手的一剎那獲得稍縱即逝的精神滿足，那麼，這何嘗不是欲望？

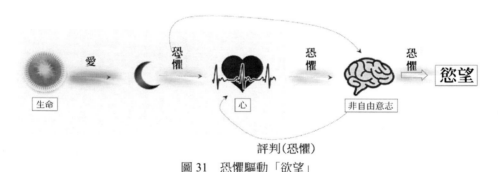

圖 31　恐懼驅動「欲望」

「防禦型心智網絡」在恐懼（低頻能量）推動下，總是拚命外求。

「認知」篩選出契合「準則」的欲望 —— 財富、地位、成就、榮耀；「感覺」篩選出契合「喜好」的欲望 —— 物質、享受、娛樂、他人的矚目（愛、理解、豔羨、嫉妒）。

匱乏不安的能量推動人們，追逐這些所謂的「目標」：占有它們，使它們成為我的財富、我的地位、我的榮耀、我的聰明、我的美麗，我的一切擁有。彷彿這樣就能證明自己存在的價值和意義，進而消弭內心的

虛空和不安。

　　但這種消除總是短暫的，人們於是變得愈加「貪婪」，因為生存恐懼一直在害怕自己不夠有力量，不能掌控生活；害怕自己沒有價值，不受歡迎、不配擁有，繼而更加害怕已經擁有的一切隨時也可能消失無蹤。

　　心中一定渴望聽到肯定的聲音：「不錯，你很好」，「你真漂亮」，「你太體貼了」，「你很有魅力」……人們喜歡這些聲音，渴望內心能夠在外部世界的佐證之下提升資格感、價值感，但這些聲音從外面聽進來，很快就會被匱乏吞噬，被魔音覆蓋。

　　為了對峙魔音，人們不停追逐、求證，直到力不從心，直到總是換來相反的結果 —— 否定的眼神、評判的態度、未知、挑戰、意外、弄不懂的難題、受不住的考驗、令人困惑的真實自我、使人迷茫的人生意義、揣摩不定的他人態度等等。這些聲音、影像被「評判之鎖」篩除，「分別之門」拒絕它們進入城堡。但它們非但不會消失，還越來越刺耳、灼目，彷彿總在重擊生命的價值、批判生命的存在。

　　心累的時候，人們對自己說：好吧，何必為難自己？踏出城堡需要承擔風險、付出代價，何必弄到心力交瘁，又把自己拖上審判席？不如乾脆關上城堡的大門，活在舒適圈裡。

　　「欲望」幻化的目標終究無法證明內在的價值，孤獨無助的時候，心彷彿空了一個洞，很難踏實下來。

　　當人們找不到答案，也抓不到期待中的外物填充心靈的匱乏時，便常常會躲在自己的舒適圈裡，用食物、遊戲、肥皂劇、碎片化的資訊，或是無望的期待、虛幻的偶像投射、白日夢境繼續填滿自己！

　　無止境地吞下多少精神慰藉，才能化解心靈的空虛呢？純粹的物質需求能有多少？額外占有並浪費掉的，都是心靈的止痛藥。

人類最深的恐懼在內心，若一個人從不敢面對自己的心，從沒有發現自己的人生功課，那麼，他渾身上下，都將成為商業時代可被挖掘的消費痛點。群體的痛點成了可被利用的最大資源，商品──過度消費出來的部分都被用於精神止痛，差別在於有人是清醒的，有人不清醒。

那些沒有厚度，僅能在欲望層面刺激消費的商品，通常只有短暫的生命週期，沒有長久的生命力，因為欲望總會不斷膨脹，追逐欲望的眼神也會不停轉移。

月光之下，昏暗無明，人們看不清自己的目標，也不會知道自己究竟想要些什麼，究竟什麼是自己的夢想，什麼是自己的使命，什麼是價值，什麼是意義。發現功課之前，人們分不清這一切。

自己認為對的、好的，一定是對的、好的嗎？或許只是因為那是欲望喜歡的；自己認為錯的、壞的，一定是錯的、壞的嗎？或許只是因為那是欲望討厭的。而喜歡的、討厭的，追逐的、放棄的，這些一定來自真心嗎？還是不過因為「恐懼」？

因為恐懼無知，而拚命學習；因為恐懼無能，而拚命努力；因為恐懼貧窮，而拚命賺錢、不敢花錢；因為恐懼自己不配擁有，而拚命囤積、難斷捨離；因為恐懼失去掌控，而拚命用自己的標準要求世界；因為恐懼受傷、恐懼遭到拒絕，而拚命用鎧甲包裹自己……

終有一天，發現心好累，到底是在追逐目標，還是在逃離功課？到底是渴望奔向所愛，還是急於躲避「無能、糟糕的」自己？

為了所謂的目標，人們常常會自我克制、自我鞭策，努力求索，但假如是「匱乏」在驅動人們追逐，終究又能從內心拿得出什麼資源去創造價值、連線世界呢？被不安驅動，內心匱乏的人們，終究又能獲得什麼？

　　「欲望」是人類對痛苦的最大的防禦，由欲望激發的思考方式，是封閉、防禦的心智網絡，無論欲望執著的目標是什麼、執著的結果是什麼，都必有局限。

　　人人都有功課，於是人人都有欲望。偶爾，生命也會需要藉助暫時的慰藉，幫助心靈釋放一些痛苦，避免壓抑的情緒和生命動力沒有出口，低頻能量無限積壓，導致更加負面的後果。但這個出口是即時滿足的，無法化解內心恆久的疼痛；若長期深陷其中，縱情隨欲，只會替心靈、人生平添更多負累、羈礙，以致迷失自己、迷失方向。

　　因此，人們需要一盞心燈，帶著智慧的光，清醒地看到自己的欲望，平衡自己的欲望，才不致付出慘痛代價。

　　在恐懼中，人們慌亂追逐的一切都是「欲望」，若任由自己陷入「無明」，慣性追逐、慣性防禦，命運的車輪將會沿著一條欲望之路徐徐滾動，輾壓夢想和未來，人生將因此喪失「七維元」中的無限機會，喪失「穿越」的可能。

　　「命」是天定，「運」在人為，生命只差一盞心燈來改寫命運。

　　當人們願意用愛和信任做一盞光明的心燈，帶著它走進自己的內心，照亮昏暗無明的內心世界，幫助自己看到人生功課時，人們才有機會藉助這盞光明為心靈解鎖，開啟能源，連線「太陽」。

　　「太陽」會推動心智網絡發展，有了光明，人們將會憑藉自由意志，發現自己的夢想，為夢想設立真正的人生目標，此時的目標才具備長遠價值、深刻意義。

　　那時，看向目標、看向遠方，心中就有了方向！然後會知道自己要走什麼樣的路，要過什麼樣的日子，人生準備好經歷什麼，想要一個什麼樣的活法！

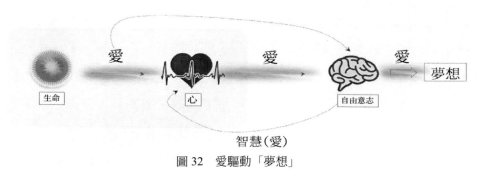

智慧(愛)

圖 32　愛驅動「夢想」

　　人生需要目標，「目標」能夠提醒人們安住心性、專注當下，因為真正的意義在過程裡！

　　把每一個當下的意義活出來，不但有機會獲得外在成果，更有機會掌握真正的價值、活出自我，活出生命的全部資源。

　　通向任何目標的路都是成長的路，找到方向，接受過程中的磨礪，才會讓心靈世界中的功課得以化解。

　　有一天，成長的心解除防禦的桎梏，終於能夠藉助「直覺」通向高維，獲取靈性智慧，進而不斷突破、成長、穿越，為世界創造價值的同時，改寫自己的命運。

　　那時，我們將會一步步活出更好的自己，活成一個更好的人 —— 內心淡然、溫暖、自在，不再受匱乏困擾，去到哪裡都會創造價值，面對怎樣的困境都能由心掌握，因而，已不必刻意執著外在占有了多少，更不會懼怕無常和喪失。

　　沿著內心選定的方向走下去，心靈會越來越自由無礙，生命會越來越隨心綻放，世界也會越來越大，外部的資源也會越來越多，卻漸漸不會再被外物所累。

　　沿著內心選定的方向走下去，思考過程不需要太久，專注當下已是全部的意義。生命的花朵，開在路上。

　　因匱乏而縱慾占有的有形或無形的一切，終將成為雞肋、變成負累，丟又不捨得，放又不甘心，那時，世界被填得越滿，心越深陷囚牢。無論擁有多少，仍擔心自己不能相配；無論城堡多大，仍擔心自己無力駐守。

　　無止境地追逐，終究難填慾壑，因為能夠令人們獲得真正滿足感的，不是終會凋零的外物，而是安定內心的答案，是能夠點亮心燈的智慧，它在說：「你是有價值、有力量的，即使失敗受挫、即便身無長物。」它在說：「你有資格做真實的自己，真實的你值得世上的美好和愛，即使無人懂得，即便無人悅賞。」

　　成長的心會在路上、在體驗中尋找答案，找到了答案就會找到自己的能量。受能量驅動時，更容易專注於過程，實現夢想；而匱乏的心驅動人們追逐欲望，執著結果，內在卻仍舊消耗、缺少能量。

　　前者的經驗網絡越來越豐富、越來越自由，而後者，內心的負累越來越多、羈絆越來越多。

　　「夢想」來自愛的動力，來自開放性心智網絡中的發展動力，由「自由意志」掌握選擇；而「欲望」來自恐懼的動力，來自封閉性心智網絡中的防禦動力，是「非自由意志」的慣性選擇。

　　逐夢的人憑藉自由意志掌握自己，堅持不懈，進而有能力獲取長遠價值；逐慾的人常常心急、難以自控，為了當下好受一點，失去長遠價值或真正的意義。

　　欲望中的人們是不自由的，真正自由的人能夠掌握自己的心智，想看書的時候看得進書，想起床的時候起得了床，想做事的時候不會百般拖延……他們才是真正能夠掌握心性、拿到力量、趨向目標的自由的「太陽人」，這樣的人才能改寫命運。

每個人都有自己的成長功課，有諸多資源潛能尚待挖掘。

但思考方式固化的人看不到自己的功課，他們心裡的不安得不到有效化解，因此「欲望」越來越多，受防禦慣性驅動，非自由意志著力外求。

而勇於開放心智網絡的人，一方面勇於堅持「夢想」，一方面也會受自身欲望影響。但他們的意識不會一直被恐懼裹挾，他們會憑藉自由意志調整能量狀態，故而能夠在關鍵時刻掌握自己，掌握成長的功課——透過調整內心動力、開放經驗網絡，一邊拿到力量趨向「夢想」，一邊打破慣性平衡「欲望」。

只有成長型的人，才會在實踐的路上不斷突破慣性、改寫命運，趨向真正的人生目標！

第六章　心內宇宙

世界：奇妙的緣分

七維是「時間元」，包含了一個人全部的可能性，是一個擁有無限可能性的人；而八維是一條「緣分線」，宇宙間任何兩個個體都有可能透過一條緣分線建立連繫。

因此，一個擁有無限可能性的人 —— 七維時間元，是「八維線」上的一個點；而另一個點，可能是一個人，可能是一件事，也可能是一樣東西。

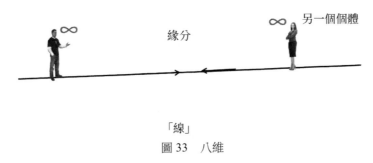

「線」
圖 33　八維

緣分存在於不同個體之間，是一種彼此牽引或彼此牽制的力量，是不同個體的內在動力在交會過程中呈現出的融合或對抗的效果。

我們與世間不同的人、事、物都有潛在的緣分，每當相遇，就會感受到緣分的力量，或強，或弱，或吸引，或排異，那些力量從有緣者雙方心裡瀰散出來。於是，面對有些人、事、物，我們的心會很想靠近；面對另一些人、事、物，我們的心會很想遠離。

「七維元」告訴人們：每個人的內心都擁有生命賦予的本自具足的資源潛能，但是，當人們受限於自己的動力模式、思考方式，無法呼叫足

夠的資源去改變命運時，同樣也無法改變自己與其他人、事、物之間的關係和緣分。

一個人討厭另一個人，另一個人也開始討厭討厭自己的人。

兩人的關係在雙方防禦性的相處模式下，越來越緊張微妙，或是避開彼此，或是歸結為對方的問題。假若兩個人都沒意識到應該敞開心智，容納對方帶來的成長功課，以對方為鏡，回觀自己的心，思考自己需要突破的問題，那麼這段關係、緣分只能為雙方帶來諸多困擾和苦惱。

今後，不管他們當中的誰，再次遇到相似的對手、相似的處境，貌似產生新的關係、新的緣分，但也仍舊只是重複相似的問題、相似的苦惱，重複相似的緣分而已。

一個人喜歡另一個人或欣賞另一個人，於是他用自己的「喜歡」或是自己的「欣賞」抓住對方，期待對方回饋自己同樣的喜歡、同樣的欣賞，以及同樣的關注、支持，同樣獨一無二的心理位置。當彼此都做不到無微不至時，兩人的關係也會變得緊張微妙，一個人更渴望得到，一個人更渴望被理解。

越是相近的關係，緣分中越多糾葛、牽纏，越多彼此消耗，人們總是希望對方滿足自己的期待，而不是接納對方成為一個獨立完整的個體，尊重對方的選擇。

當一個人內心對認同、對愛的渴望太過強烈，卻始終沒有被滿足時，今後他還會尋找相似的人，在相似的情境下，重複相似的糾葛、相似的牽纏，重複相似的緣分……

一個人討厭一個人，喜歡一個人。討厭的人不願理，喜歡的人抓不住，討厭的關在心門之外，喜歡的卡在心門之間，於是，一顆孤獨的心與討厭的人不改緣分，與喜歡的人也不改緣分。

　　一個人討厭一件事，喜歡一件事。討厭的事不願做，喜歡的事做不了，討厭的繼續討厭著，喜歡的繼續遺憾著，於是，站在原點上，一顆無力的心與討厭的事不改緣分，與喜歡的事也不改緣分。

　　一個人喜歡一個既定的目標 —— 人、事、財富、權力，世上一切美好。追逐的動力是什麼，緣分就是什麼。愛（太陽／高頻）是動力，緣分是在逐夢的過程中收穫領悟和成長；恐懼（月光／低頻）是動力，緣分是欲望驅使下，內心重複體驗到的不安和匱乏。

　　內心不省，緣分不變，命運不改。緣分承載命運之力，呈現命運之果，我們與世界的緣分即是我們的命運。

　　九維是成長者的維度，這個維度提供了轉化緣分的可能性。

　　成長型的人不斷開放自己的心智模式，他們的心智網絡不斷發展，因此總是能夠突破自己，根據環境、目標、任務的需求，發展自己的應對策略，進而獲得最大化的效果。他們有更大的影響力，能夠憑藉自由意志主導緣分線，轉化自己與其他人、事、物之間的關係、緣分。

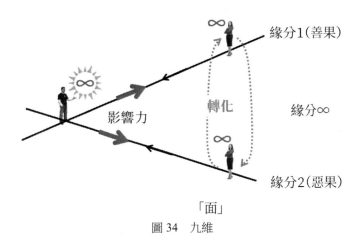

圖 34　九維

　　緣分很奇妙，貌似捉摸不定，但其實所有的緣分都是我們自己創造的，無論善緣還是惡緣。

我們的心智模式裡有生命能量，那些能量是生命的驅動力量，它驅動生命動起來，每分每秒做不同的事，做不同的選擇。當然，也會在不同的選擇之下遇到不同的緣分，創造不同的命運。

有些緣分是我們在無意識狀況下製造出來的，我們常常會覺得那些緣分難以捉摸；有些緣分是我們運用自主意識和自由意志主動創造的，那些緣分得益於我們的影響力；還有一些緣分貌似是意識主動創造的，其實是潛意識能量驅動固有的思維模式，進而採取的慣性選擇。此外，還有更多不可預測的緣分，貌似不來自於「我」，而是來自於「天」。然而「天」是誰？是充斥在宇宙萬物之間的規律、道法，還是我們那個選擇穿上文明外衣之前的混沌靈魂？

有沒有可能，我們和父母的緣分也來自我們自己呢？那時靈魂還沒有穿上外衣，會不會沒有智慧的靈魂在混沌中，跟隨冥冥之中的動力曾經做出過無意識的選擇，只是沒有認知、記憶，沒有大腦的我們已然不記得了？

八維是一條既定的緣分線，九維是兩個個體之間緣分的無數可能性所構成的「緣分面」。

九維緣面，包含了我們與某一個個體之間可能產生的全部「緣分」。其中有受命運之力裹挾，非自主意識主導下的慣性選擇，也有受高頻能量驅動，自主意識主導下的自由選擇。

人們時常覺得自己與這世上人、事、物之間的緣分，自己沒有力量掌控半分。那是因為人們尚且沒有轉向自己的心，面對人生功課，因而未能發展出足夠的影響力來改變命運；而且人們也沒有足夠的覺察，領悟到緣分的意義，究竟是讓我們占有自己期待奪取的人、事、物來填滿自己的匱乏，還是在連線、逐夢的過程中珍惜當下的體悟，提升自己的影響力。

世界那麼大，何不去看看，看看我們能夠經歷多少、連線多少。萬

事萬物之間皆有緣分，一個人能否影響自己的緣分、引導自己的緣分，
取決於他的自由意志，更取決於他是否開啟了「七維元」中的無限資源。

我們與任何一個個體之間都有無數種緣分，這些緣分包含在「九維
緣面」裡。我們與世上萬事萬物的所有緣分，所有的「九維緣面」，都包
含在「十維緣體」，也就是「十維元」中。

「十維元」是「我」與整個宇宙的緣分，是「我」與整個宇宙的連線。
它既是最小的點，是內含所有機緣的「我」（機：四至七維，緣：八至十
維），又是最大至極，是無窮「宇宙」。

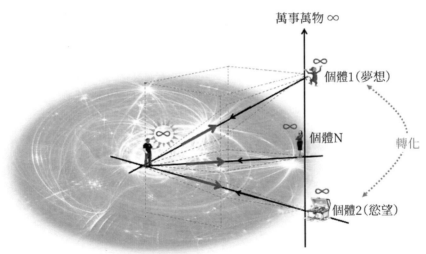

圖 35　十維

動物受自然之力驅動，被無意識裹挾，不可能做出自由選擇，牠們與
世上萬事萬物之間的緣分只有一種可能性；而人類雖有「意識」，但更多情
況下，非自主意識在「無意識」動力驅動之下，選擇性關注、防禦性思考，
若如此，也無法逃脫命運掌控，與世間萬事萬物的緣分也將是注定的。

除非一個人懂得在成長中，開啟自己的無限資源，才有可能在當下
終止惡緣、累積善緣；才有可能運用自主意識，發揮自己的影響力，在

關係中不斷轉化緣分，影響最終的結果。

　　起先我們的城堡很小，能夠裝下的東西不多，一個否定的態度、一個討厭的人、一個挫敗的結果、一個艱鉅的挑戰擾亂了我們的心緒，莫名驅動我們用防禦的態度（恐懼動力）回應這些目標，我們把它們擋在心智城堡之外，用逃避、攻擊、各種操控方式對待它們，最終累積的都是惡緣、痛緣、逆緣、違緣。

　　後來，我們慢慢成長了，帶著勇氣打開心靈的大門、接納真實，耐心傾聽自己、療癒自己，再帶著勇氣打開思維的大門、邁向世界，耐心傾聽當下、容納更多。終於我們的城堡慢慢變大了，能夠淡然地裝下更多未知、更多挫折、更多挑戰，更多不同的聲音、不同的人，生命賦予我們的寶貴資源（生命力、感覺、直覺、認知）在慢慢發揮作用，於是創造出更多善緣、順緣、助緣。

　　在十維世界裡，萬事萬物都能相互轉化：逆境轉化成順境，貧窮轉化成財富，疾病轉化為健康，問題轉化為機遇……

　　只要我們弄清自身的驅動力量，轉化能量，善用資源，掌握主動，就有可能把握住機會、緣分，實現自己的夢想。但如果我們弄不清自身的驅動力量，被命運之力、無明之力裹挾，那麼，追逐夢想也有可能變成追逐欲望。

　　十維，意味著「我」處於一個龐大的宇宙系統裡，正面向宇宙中的萬事萬物。但我的資源智慧尚未呼叫至極，無法影響那麼大的系統。我的世界是小小的世界，我處於我的世界之中，正面向我世界之中的所有人、事、物。而十維的智慧，仍然投射並隱藏在「我」的小小世界中的每一個小小的細節裡。

　　假如「我」能夠呼叫生命資源，幫助自己連線更大的世界、更大的系統，連線更多人、事、物；假如我能夠運用生命資源，影響我與系統中

人、事、物之間的緣分，影響系統中其他個體之間的緣分、動力執行，那麼「我」就能夠管理好這整個系統，管理好自己的世界。

十維是一個包含萬千連線的系統，其中，最小的系統是自己，最大的系統是宇宙，最小與最大之間的系統是人生。人生又包含無數系統，其中「家庭」和「組織」是人生中最重要的兩個系統。

「家庭」或「組織」當中，每一個成員的內心都有驅動命運的力量，這些力量流動在系統之中，相互碰撞，於無形中影響著整個系統，影響著系統中個體與個體之間的連繫和緣分。

家庭系統當中，來自所有家庭成員的內心動力相互影響，牽引或牽纏、支持或消耗，共同匯聚成整個家庭的系統動力，反過來影響著家庭中每一個成員的狀態；組織系統當中，來自所有組織成員的內心動力相互影響，同樣是牽引、牽纏、支持、消耗，以不同的緣分共同凝集匯聚，形成一個組織的系統動力，反過來影響著組織中每一個成員的狀態。

系統當中，最靈活的人最能夠執掌大局。所謂「最靈活的人」，是最能夠擺脫慣性動力，憑藉自主意識做自由選擇的人。

這樣的人有能力呼叫自身資源，發展思考方式，根據當下的實際狀況靈活調整策略，從而有意識地影響自己與他人之間的緣分，影響系統中所有個體之間的緣分，最終掌握系統動力、掌握大局。

最靈活的人，首先能夠掌控自己，然後才能擁有掌控系統的機會，成為系統中最有影響力的人，或是終將成為系統中最有影響力的人。

在自身系統中掌握不了自己的心，就呼叫不出自己的影響力；在組織系統中影響不了他人的心，就掌握不了人心碰撞產生的系統動力；掌握不了系統動力，執行再多家法、制定再多規章制度、提出再多要求，

都會形同虛設、於事無補。

修身、齊家、治國、平天下，由小至大，層層系統，核心在於己，在於修己修身。

十維之中只有兩種驅力，即人心與自然。最小的系統是人，一顆人心即是一道驅力；最大的系統是天，世上最大的驅動力量是涵蓋萬事萬物的自然之力，人心亦在自然之下。心力越趨近自然之力，影響力越大。若人心修練至極，與天齊，便能統御十維之中的所有緣分，到那一天，心即是神！

〈擊壤歌〉中唱道：「日出而作、日入而息，鑿井而飲、耕田而食，帝力於我何有哉？」一切都在順暢的因緣際遇之中，百姓感受不到「帝力」的控制，但「帝力」卻在無形中順應著天地自然之力，影響著天下百姓的心理動力，進而驅動萬民的行為，主導國之因緣。所謂帝力，即是能夠影響萬民系統的帝心。

在十維當中萬物一體，「我」與整個世界都是一體的。因此越是呼叫生命資源，提升自身影響力，越是能夠影響更大的世界，這就是吸引力法則，或者叫影響力法則。

也許有人會疑惑：假如萬物一體，我即是世界，那麼，我與金錢也是一體，為什麼我的錢還是那麼少，為什麼世界上那麼多錢我卻拿不到？

這好比你的腳踝長在你的身體上，跟你是一體的。現在你必須像瑜伽士一樣，把腳舉過頭頂，讓手在頭頂的位置能夠摸到腳踝，只有在這個位置手觸到腳踝才算數、才有效果。如同金錢放在銀行裡，雖然萬物一體，錢跟你是一體的，但是錢在銀行的位置，對你來說產生不了效果，它必須裝在你的口袋裡才行。

腳怎麼才能舉過頭頂？錢怎麼才能裝在口袋裡呢？

　　腳舉過頭頂，讓手在頭頂觸控到腳踝，需要合乎人體規律的訓練，需要時間，也需要耐性。如果心急，馬上想要得到結果，不符合自然規律地硬掰，腿就掰折了。

　　賺取財富也是一樣的，要借勢、順勢，用符合宇宙十維中包含的與萬物之間的緣分法則、影響定律才能達成效果。無視規法，要馬上拿到手，這可能嗎？

　　對修行者來說，腳到了頭頂的位置才算得到效果，效果是瑜伽士般的柔軟身體、放鬆心智；對渴望財富的人來說，錢到了自己口袋裡才算得到效果，效果是實踐過程中提升的賺取財富的能力、影響力。

　　隨便把腳搬一個位置，把錢換一個口袋放，能夠達到效果嗎？人心如果太貪了，肚皮太大，彎腰都搆不到腳踝，就更別說將腳舉過頭頂。

　　十維包含整個宇宙，包含了大大小小的系統，「關係」是系統中個體之間的連線，「命運」是流動在關係當中的驅動力量，成長的個體能夠用自身「影響力」改變命運的走向，最終呈現出的「我」與萬事萬物之間的「緣分」是主導力量影響下產生的結果。透過「緣分」的呈現，能夠窺見暗藏在「十維元」中的所有奧祕。

　　人類世世代代都在探索「十維」中的智慧，儒釋道等典籍，不同國家、民族的科學、哲學、藝術等都在揭示其中奧義，而萬法歸宗，核心無一不是「修心」。

多維穿越

　　「七維元」給出了一個答案：生命本自具足，因而生命的「價值」根本無須去外面求證。「十維元」也給出了一個答案：掌握自己，就可以擁有世界，因而生命的「資格」根本無須他人給予。

　　七維、十維之中包含無限機緣、無限可能性，須用修心的方式掌握。修心獲得了智慧，才有可能幫助靈魂覺醒，提升心智的維度，在更大的世界獲得自由。

　　但假如有機會反過來，提前帶著衣服（身體）提供的幫助，讓心帶著智慧、帶著腦力，一起穿越時空，進入「十維空間」，會不會直接見證那奇妙的未知世界呢？

　　電影《乘風破浪》，主角「太浪」穿越時空，回到自己出生前，與父母相遇，和父母一起經歷了他們年輕時經歷的故事。那些時光太浪未曾經歷過，藉助緣分線穿越到父親的時空線、母親的時空線、其他相關人的時空線上，才得以看見異維空間裡故事的全部內容。

　　太浪帶著23歲的心智回到過去，與父親相處，見證了曾經發生在父親身上的故事，那一刻，他終於敞開了心門，理解了父親對待自己的方式，在理解的基礎上，他終於感受到父親的情感、苦衷，兩顆心連線了，愛終於有機會在父子之間、在他們的相處關係裡流動。

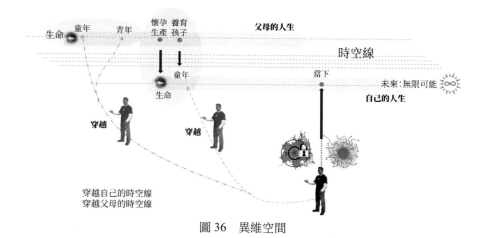

圖 36　異維空間

　　我們經常會需要一個讓自己能夠理解對方的理由，有了能夠理解的理由，才會說服自己敞開心門，去感受對方的不容易。

如果沒有得到那個理由，心智城堡的大門就會關閉起來，不願意對外敞開，尤其不願意對那個能夠影響到我們，令我們不安、痛苦的人敞開。

人們常說「可憐之人必有可恨之處」，而可恨之人又何嘗不是必有可憐之處呢？但我們看到可憐時，可能看不到可恨；看到可恨時，又可能看不到可憐。

萬事萬物的發展必有因果，但很多因果都發生在細微、不易察覺的地方，發生在看不見、讀不懂的人心之中，甚至發生在我們自己能夠經歷到的時空線之外，因而我們發現不了，或是無法親身見證整個過程。

人們太過相信、依賴自己的大腦，而一個為防禦痛苦，將感覺和直覺觸角限制起來的「理性大腦」，更願意相信看得見、摸得到的東西，更願意依靠自己意識之中的認知經驗和思維邏輯。那些看不見、摸不到，拿不出實證來檢驗、推導，再加以說明的事物、現象，「理性大腦」想不出來，也不願想、不願理解。電影《乘風破浪》的男主角太浪就是這樣的。

穿越之前，太浪對父親有恨，有諸多不理解，內心的情緒化作防禦動力。於是，他一定要把父親想像成一個不負責任的人、一個糟糕的人，以此抵消父親對自己的否定、傷害，以此保護自己心中那羸弱的價值感和資格感。

在防禦動力下，他用冷漠、叛逆的態度和父親相處，用貌似逐夢的方式向世人，尤其向父親證明自己的力量。然而，只有他自己知道，短暫的榮耀麻醉過後，內心的痛苦、不安、糾結、遺憾從未減少。

因為是電影，所以主角得到了穿越時空，進入「十維世界」的機會。曾經看不到、聽不到、感受不到的一切，主角終於有機會聽到、看到、

感受到、體悟到了，他的觸角終於能夠舒展出來，碰觸到實相。

穿越回現實之後，主角會發生哪些改變呢？

首先，他和父親之間的關係改善了，情感能夠連線在一起，進而藉助情感相互理解——兩座「海島」伸出手，在深海中、在海床上交握，愛的能量終於在彼此的關係中傳遞。

這是一個頗具意義的時刻，因為在主角理解了父親、釋放了怨恨情緒的同時，多年積壓在心裡的父親對自己的否定所形成的魔咒也被化解。月光森林中，有一盞燈在慢慢亮起，這是一個好的開始，內心浮現的光明會幫他一點點看清自我、看清現實、看清未來。由此，主角的命運也將發生改變。

假如每個人都有一個「月光寶盒」，能幫自己穿越回童年，見證自己的成長，見證爸爸媽媽的不容易，甚至去到爸媽的童年，見證他們的成長，見證他們為何會是這樣的思考方式、處世風格，那麼，心裡太多積壓的疼痛和恐懼也就有機會釋然了。

我們將會知道，父母不是不允許我們犯錯。

每一次犯錯時，他們不是想說「你是一個沒有力量掌控生活的無能的人」，他們是想告訴我們：「我把你當作自己的一部分，因為愛你，所以看到你犯錯時，擔心又焦慮。我還沒有處理完自己的人生功課，因而總有很多恐懼，影響我的判斷，才會害怕你將來沒有出息，照顧不好自己的人生。」

他們也不是不允許我們做真實的自己。

每一次他們感到失望，表現出來的態度並不是想說「你是一個糟糕的人，不配擁有我的愛，不配擁有世上的美好價值」，而是想說：「我想用我全部的人生經驗來護你周全，可當你成了我認知之外的樣子時，我

該怎麼保護你呢？」

父母們也有自己的人生功課、有自己的局限，因而看不到更多可能性。因為擔心做不到更多、更好，他們常常希望把孩子拉到自己的經驗維度、經驗網絡能夠涵蓋到的範圍之內，好好守護。這是他們的防禦、操控、局限，也是他們的愛。

只是，這些愛藏在恐懼背後，深感無力。

生命初來時太過弱小，智慧有限，在幼年的無助、恐懼中理解更加有限，因此，「黑匣子」才不知不覺植入潛意識，隱藏在心智深處釋放魔音，影響人的一生。

假如真有機會穿越時空，見證全部，那時，人們親見到答案，想必終會釋然。

答案點亮心燈，驅散黑夜，迎來太陽，大海也回歸平靜。不會再有那麼多無明動力驅動著自己，不停追逐，不停外求。

只可惜，這不符合天道，反過來是行不通的！靈魂須先修練出智慧，以此為前提，才能心智合一、靈魂覺醒，帶著意識穿越時空。

覺醒的靈魂，才能隨時藉助緣分線，穿越到任何人、事、物的命運線上見證因果、見證實相；穿越到任何一個人的「七維元」中 —— 進入「七維元」包含的任何一條潛在時間線上，見證他全部的可能性。

在穿越中，覺醒的靈魂得以見證萬事萬物相互間的全部關聯、因緣際遇，甚至得以發揮影響力，轉化因緣際遇。

如果真的有那麼一天，我們的靈魂豈不是像神一樣，預知一切，主導一切？

這種情形大概類似電影《露西》(Lucy)中刻劃的情節，女主角意外吃下一些藍色粉末，然後大腦被百分之百開發出來。所謂百分之百開發大

腦，大概意味著心智間的「結界」被完全破除，潛意識中的靈魂被意識之光照耀，完全覺醒，她的觸角能夠探及所有，因而她的心智能夠在一個瞬間以牛頓的「上帝之眼」勘破十維，勘破暗含在萬事萬物中的全部機緣、全部祕密。

只可惜我們還不是神，也不知道何年何月，靈魂能夠完全覺醒，脫掉身體這件衣服，無論如何都能帶著聰慧的智慧，自由穿行在十維世界，到達神的境界。我不知道，那實在太過遙遠了！

我們能夠知道並掌握的是每一個當下，不要讓心智限制我們的觸角。

因為，即便靈魂不能脫掉衣服，即便我們不能真的穿越時空，「感覺」和「直覺」這兩隻觸角也能夠把「十維空間」裡的訊息帶給我們，幫我們了解更多的意義。

我們的內視、內聽、內感能夠觸到高維的影像、聲音、感受（閉上眼睛試試），我們的直覺能夠連線「高維之眼」，藉助那裡的智慧在系統視角上，感應到奧祕（前提是放空內心的低頻能量，讓直覺從防禦動力中解脫出來），然後交給智慧解讀出來，讓意識清晰地知道、記住這些祕密……

假若《乘風破浪》不是一部電影，假若現實生活中有這樣一對真實的父子，假若父子之間存在著真實的隔閡，那個叛逆的兒子沒有機會穿越時空，但是他有機會坐下來，面對自己的父親。

那一刻，他是否願意敞開心扉，看著父親的眼睛，看著父親的表情、動作；他是否願意先打開自己的城堡，用「感覺觸角」觸碰父親心底的感受，用「直覺觸角」觸碰人性的被動、尷尬、防禦；他是否有勇氣走進父親的城堡，也邀請父親走入自己的城堡，告訴父親自己是多麼期待

他的認同，被他否定時自己是多麼難過。

當父親也卸下防禦，吐露情感，那一刻，兒子是否能夠感同身受，從那份情感中體悟到父親的人生，體悟到那份苦衷、不易！

我們不曾去過另一個時空，但未必感受不到那裡發生的故事；我們不曾用眼睛看見另一個世界，但未必不能用心看見！

一個好的編劇能夠撰寫可靠的劇情，一個好的導演或演員能夠掌握複雜的人物角色，一個好的偵探能夠拿到犯罪心理側寫，一個好的產品經理能夠讀懂消費者的心理，一個好的管理者能夠引導系統動力，一個好的科學家能夠抓住奇妙的未知……

在任何一個領域裡，懂得敞開心智，舒展觸角，都能探向高維，用心去看。

靈感

高維其實並不遙遠，高維是一隻眼睛、一個系統的視角。連線這隻眼睛，就能藉助它的視角擁有它的智慧，從高維獲取靈性感應。

如果我們以為這個視角是俯瞰整個客觀世界的上帝之眼，他擁有獨立於世界之外的人格，擁有獨立於人類之外的意識和思考，我們需要向他請教，然後他再把答案告訴我們，那麼恐怕我們是看輕了自己的智慧，也忽視了自己的資源潛能。

如果高維真的是上帝之眼，也只會是我們心中的上帝之眼，因為它能看到的世界是我們心裡的世界，是外部世界在心靈世界中的投影。

如果心靈世界明亮清澈，能清晰、準確地投映出宇宙自然的樣貌和智慧，那麼直覺連線到的「眼睛」就是「高維之眼」，是「上帝之眼」，它

的解讀將會幫助人們改寫自己的命運，創造自己的人生。

如果心靈世界幽暗不明，滿是戰火硝煙，那麼，直覺連線到的那隻「眼睛」就是「黑匣子」，是「命運之眼」，它的解讀將會限制人們的資源潛能、限制人生發展，推動命運之輪，在舊模式中往復循環。

因此，如果我們看到外面的客觀世界，心靈投影出來的也是客觀世界，那麼，屬於我們的「高維之眼」就會看到世界的實相、規律、關鍵奧義，直覺感應到的智慧會非常準確地對應客觀現實。

反之，如果我們看到外面的客觀世界，但心靈投影出來的是主觀的危險世界，那麼，屬於我們的「命運之眼」就會看到更多侮辱、輕視、惡意、傷害、危機、困境……這隻「眼睛」將這些偏差的解讀藉助本能交給心智，「心」慌了，引發防禦動力，「智」備戰，籌措防禦策略，慾念、執念、怨念、意念、痴念、慮念……全部是雜念、妄念，這時，大腦從「命運之眼」接過的不是靈感，而是「魔咒」。此時的直覺偏離了實相，怎會準呢？

一旦起心動念，我們與世界的緣分就注定了。

因為「起心」，起的是欲望之心，貪心、嗔心、痴心，必將擾動出防禦之力、命運之力；而「動念」，動的是無明執念，是防禦動力激發下的慣性評判、限制性思考。

「天地不仁，以萬物為芻狗」，不是天地有一個主觀人格，且這個主觀人格不仁慈、很殘忍；而是天地無所謂仁與不仁，無所謂殘忍與不殘忍，它是客觀的自然規律、宇宙法則，沒有起心，自然沒有心上的動念。

因此，天地只是靜靜地看待萬物循環往復，沒有好惡，沒有分別；只是靜靜地呈現出因果機緣、高維智慧，沒有偏妄，沒有評判。

　　有人採風的時候能夠拿到靈感，有人洗澡的時候能夠拿到靈感，有人打坐的時候能夠拿到靈感，但沒有人在起心動念的時候能夠拿到靈感。

　　因為欲望之心蠢蠢欲動時，心靈世界裡熾火紛飛、潮汐翻湧，「命運之眼」從中能夠捕捉到的只有魔咒之音或防禦魔咒的欲望之音。

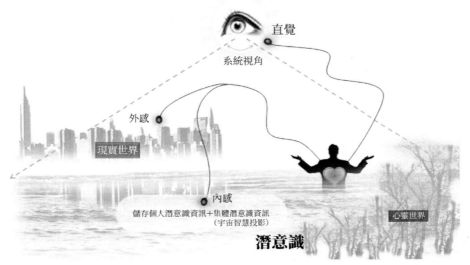

圖 37　靈感

　　潛意識就是我們的心靈世界，它像幽暗的森林，又像無邊的深海，但其實，它既是一個龐大的資源倉庫，又是一個龐大的資訊儲存倉庫──生命能量在裡面，靈魂的兩隻觸角在裡面，集體潛意識中投影的宇宙智慧在裡面，感覺觸角隨時採錄的資訊也都儲存在裡面。

　　人類感官就像攝影機的鏡頭，潛意識是記憶卡，只要心靈在關注當下（內感官）、身體也在關注當下（外感官），只要注意力沒有無意識地上腦，「心」、「身」沒有被防禦模式完全鎖住，「感覺」就會源源不斷地向潛意識裡儲存大量感官資訊。

感官時常在不經意間忙於工作，大腦注意到的只是很小很小的一部分，這一部分當中，有些資訊大腦之後還會忘掉，但它們從未消失，仍然會儲存在潛意識倉庫裡。

從出生起至當下一刻，潛意識裡會收錄多少資訊？再加上先天繼承的、祖祖輩輩共同累積的集體潛意識智慧，所有內容共同匯聚成一個多麼龐大的資訊倉庫！

倉庫裡容納了一面巨型鏡子，整個宇宙都投影在其中，只是，鏡子是碎片化的，無窮無盡的資訊碎片零零散散地灑落在潛意識裡，灑落在不同的時空維度之中。

容納萬物機緣的「十維世界」以碎片化的方式，在每個人內心投下影像，每一枚資訊碎片都能折射出無極世界的樣貌，折射出宇宙自然的規律、實相、法則，因此，潛意識裡擁有無窮無盡的智慧。

但破碎的資訊、散落的線索，在漆黑無明的夜色中難以找尋，也難以拼湊；在魔咒擾亂的森林、海潮中難辨真偽，更難破虛妄。

若此時，心靈世界有了光，天慢慢亮了，所有虛幻慢慢消散，人們帶著愛和勇氣開啟心門，潛意識中的資訊碎片有機會全然呈現出來，俯瞰全局的高維視角就能在其中發現關鍵線索，找到重要關聯，讀出超越維度才能拿到的智慧，為意識貢獻靈感。

傑出的藝術家、科學家、企業家、思想家、運動員，以及各領域中內心靜穩的普通人，他們時常沉浸在自己熱愛的領域裡，有意無意地舒展感覺觸角，收集大量資訊。

關鍵時刻，若能保持平靜、開放的心智狀態，他們的直覺觸角就能連線「高維之眼」，俯瞰自己的資訊倉庫，從中擷取靈感，幫助自己成就文明，化解疑難。

　　靈感幫助了很多人，有時靈感是直給的行動決策，有時靈感是交託給意識的智慧資訊，無論何種形式的靈感，都只會在身心自由的狀態下湧現。

　　一旦它以資訊的方式出現了，要趕快強化記憶，用認知抓住它，否則它很容易消失在資訊流裡。因為它是直覺發現的實相祕密，是潛意識攫取的智慧，如果不穩穩交託在意識手上，很快它又會流進資訊的汪洋，沒入潛意識，隱藏起來。

　　這種情形與神遊很像，腦中思緒萬千，但是回過神來，沒多久，想過什麼就都忘記了，什麼也沒記住，然後就以為自己什麼也沒想，放空了好久。其實人在發呆、神遊的時候，大腦一點都不空。

　　那些未曾覺察的神遊思緒，通常是慣性動力下由黑匣子發散出來的不安資訊，不是靈感。神遊時若未覺察，不安的資訊流同樣會沒入潛意識，但它依然存在，並且在流動過程中衍化出更多不安，只是大腦並非發覺。

　　靈感與神遊有本質的不同：靈感湧現時，心智是開放、自在的，帶著愛的動力、發展動力；而神遊、發呆、思緒萬千時，心智默默帶著恐懼動力、防禦動力。

　　善於運用直覺攫取靈感的人，都不同程度擁有一顆平常心，或不畏得失，或臨淵不亂，或即使面對重大的困局，也願意調整自己，讓心扉敞開，接納處境和挑戰。當心態能夠回歸寧靜時，再靜靜覺察、體悟，直覺會變得非常靈敏，輕易收穫靈感。

　　一顆不會肆意起心動念的平常心是修練得來的。當人們擺脫慾念裹挾，採風、沐浴、打坐、吃飯、行路、梳頭時回歸當下，和世界保持連線，讓自己放鬆下來，從而敞開心智，此時的平靜即是「正念」，是一盞心靈之燈。

　　提起「正念」時，人們可以有意識地用感覺連線當下，用直覺連線自己的高維之眼，連線「十維元」中的根本智慧。

　　「十維」包含宇宙萬物，而宇宙萬物皆是「我」的緣分，皆會投影在「我」的內心，投影在潛意識裡。只是沒有「正念」的心，天依舊是黑的，什麼也看不清，什麼也摸不明。

　　《黑鏡》（*Black Mirror*）是英國科技倫理單元劇影集，其中一集〈你的人生〉，講述了一個發生在未來世界裡的故事。

　　在並不遙遠的未來，每個人都可以將一塊小小的晶片植入大腦，記錄自己的人生細節，所有感官資訊都會儲存在記憶晶片裡。它很像人的潛意識倉庫，不同的是，人們可以隨時調取晶片上儲存的內容，投射在螢幕上，一幀一幀回放、一格一格放大，查閱事件發生時被意識漏掉的任何細節。

　　故事的男主角是一個律師，面試新公司不太順利，他從晶片中調取面試過程回放，想看看自己表現如何，但顯然那並不是他期待看到的畫面⋯⋯回到家，家中正在開派對，敏感的律師發現妻子和一個陌生男人有點曖昧，眾人離去後，律師播放記憶晶片，找到蛛絲馬跡，對妻子一點點逼問、施壓，要她坦白交代，並且公開自己記憶晶片中的相關內容⋯⋯

　　終於，他一步步挖出了妻子背叛自己的整個過程。羞愧的妻子被迫離去，男主角也痛苦萬分，深陷在被拋棄感、無價值感中，他每天查閱與妻子共同經歷的美好回憶，最後，糾結、掙扎、怨悔的男主角，終於挖出了植入自己腦內的記憶晶片。

　　「潛意識」和「意識」之間，也就是心、智之間存在不易跨越的「結界」，造化這樣設計，是有一定道理的。一顆敏感、易傷、充滿防禦

的「心」接納不了太多內容，就算潛意識倉庫已經收錄了相關資訊，但「心」承擔不了的時候，「腦」最好不要具備揭曉祕密的能力。

原來「無明」也是一種保護，在沒有做好準備的時候，貿然揭開這層保護，用評判的態度在月光森林中燃起戰火，藉火光審視，脆弱的「心」就會像故事中的男主角一樣，驅動感官選擇性關注「危險證據」，驅動大腦防禦性思考並反覆校驗。

「你這個糟糕無能的人，到底被人拋棄了吧」的魔咒在他心中響起，於是，抗拒魔咒的男主角發瘋地檢驗「真相」，直至自己瀕臨崩潰。

凡是心智裝不下的問題，都在解決能力之外。

當心智足夠成熟時，再開啟潛意識倉庫，就不會帶著主觀評判去選擇性關注、防禦性思考那些內心抗拒接納的內容，而是會系統性檢索、體察資訊的全部。其包括：影響事件發生的各種相關因素、一切因果機緣，包括人性就是不完美的，有各種弱點、防禦、欲望，也包括對方的初心、痛苦，自己的期待、真實的意圖等等。

此時，人的意志才是自由的，意識才是自主的，不會不受控地做出讓自己懊悔的事，而是會清醒地知曉自己要做什麼樣的選擇，並且藉助系統視角找到解決問題的鑰匙。

這大概也解釋了為什麼沒有足夠的成長修練，不能提前穿越時空。因為就算提前穿越了，有了見證全部因果的機會，又能如何？若沒有全然敞開的心智，終究還是無法容下全部。

穿越的眼睛看得見所有，而曚昧的心仍舊還是盯住危險、追逐欲望。最後，未曾覺醒的靈魂，還會像在三維世界裡一樣，帶著未曾化解的慣性動力選擇性關注，帶著恐懼和防禦偏頗解讀。命運仍在延續，就算進入高維，心智仍無法自由！

做夢時，我們在異度空間看到的畫面，清醒時，我們在三維空間看到的世界，那些投射在內心的影像，真的還原了本來的真實嗎？我看到的、你看到的、他看到的為何會如此不同？

評判讓思維變得狹窄，讓眼中看到的世界也變得狹窄，只有心智開闊的人，才能看到更大的世界，才能藉助高維視角於更大世界中看到根本規律。亞里斯多德（Aristotle）提出「第一原理」，老子提出「夫物芸芸，各復歸其根」，都是在提醒人們要從本質著眼。

「十維元」中包含了宇宙自然於「我」的全部根本、全部第一性，既有宏觀，也有微觀。每一次獲取靈感，都是在連線十維的智慧啟示，從系統視角上探尋本質，再從本質推演規律，推演出細節上的可能性。

這個過程需要我們動用自己的全部資源——生命能量、感覺和直覺兩隻觸角、不斷發展的認知經驗，以及這所有資源共同整合出的心智網絡。

各種生命資源並不矛盾，三個精神維度——感覺、直覺是感性資源，認知是理性資源，人們完全可以做到既感性又理性。

有人可能會誤解邏輯思維和感性思維是兩種對立的思維形態，不能同時存在，因此邏輯思維很強的人，直覺力必然會差，這顯然是錯誤的。很多偉大的科學家，比如牛頓、愛因斯坦、霍金（Stephen Hawking），都是邏輯思維強大，同時直覺也很強大的人。事實上，無論任何領域，只要在前端探索，必定需要靈感。

邏輯思維和直覺並不矛盾，直覺需要思維敞開，思維也需要直覺餽贈。

人們的「思考方式」雖然以腦力形式呈現，但「心智網絡」本身是所有維度經驗的總和。感覺經驗和直覺經驗帶著潛意識的力量，對網絡發

展做出了重大貢獻，是非常重要的網絡組成。

然而，生活中不乏這樣一類人：他們偏好強調理性邏輯，脫離體驗和感受；他們不善於談自己的感覺（感受），而是更願意談自己的想法；他們也不善於同理他人的感受，而是更喜歡講道理和原則；他們重視強調或證明自己的邏輯是對的，卻對環境變化不是很敏感，或只選擇性地關注自己經驗內事物的變化。總之，他們和自己的內心、和他人、和環境都沒有太多感受上的連線，如此一來，強大的潛意識資源倉庫就這樣棄用在一邊，著實可惜！

腦是一個資源倉庫，那裡存放著認知能力和逐步累積起來的知識、經驗；潛意識是一個更加巨型的資源倉庫，那裡有太多寶藏，除了強大的生命力、兩隻觸角，還有數不盡的資訊碎片，以及資訊碎片中折射出來的根性規律。

知識見聞是無窮無盡的，依靠大腦累積去掌握生存技藝。一輩子做一件事情，能做好已經不錯了。但是，如果找到根法，掌握規律，就可以應用於萬物，自由暢行在更大的世界。到那時，人們就可以嘗試各個領域。

善於發現根性規律的人，思考方式與常人明顯不同。

大眾習慣的常態視角沒有廣度和深度，有很大局限，因此善於發現根性規律的人運用的不是常態思維，而是系統性思維、第一思維。把問題交給他們，他們的出發角度總是讓人意料不到，卻又總是巧妙有效。看得到的，是他們異於常人的思考方式；看不到的，是他們的心性修練、內在寧靜。

「多聞數窮」，欲望驅使下，外取占有再多資訊量、死知識，人們終究難以憑藉單純的腦力擺脫困境。人類具備很多天賦資源，然而欲望是

防禦動力的副產品，人心在防禦模式下，為避免衝突，會遮蔽很多資訊，天賦無法盡用，最後大腦肯接受的資訊不多、誤判的資訊不少，如何破解困局呢？

「不若守於中」，「中」是根本，是心。心是世界的投影，包含「十維元」中的全部機緣：三至七維，是一顆心自身的全部可能性，見七維時，見自己；八至十維，是一顆心影響世界的全部可能性，見十維時，見眾生！

第七章　重要使命

勇氣

作為一名心理學工作者，輔導個案是我探索人性、發現生命資源的重要途徑。

曾經有一位女士，來到我的工作室尋求幫助，她強調要在第一諮商室裡接受輔導，原因是，她喜歡暗一些的燈光，在明亮的燈光下，她有恐慌感，彷彿無處躲藏。

隨著輔導一點點深入，我們終於會談到她需要面對的人生課題，她顯露出一份習得性無助，問我該怎麼辦。

我跳出這個話題，反問：「第二諮商室的燈光會令你感到恐慌，但假如我只有這一間明亮的諮商室，你還願意接受我的輔導嗎？」

她點點頭，回答：「願意。」

於是，我又問：「那你猜猜看，人在什麼時候是最勇敢的？」

她彷彿悟到了什麼，脫口而出：「沒有選擇的時候！」

圖 38　勇氣

　　人在一生當中要經歷無數選擇時刻，每次總會面對兩個「房間」：一間通往舊的模式，跟隨習性，屈服於命運；一間通往成長，突破自我，改寫未來。

　　為何一定要等到無路可走時，才能勇敢面對、無畏選擇呢？生而為人，不就是為了能夠藉人身修練，自由前行嗎？

　　困惑迷茫時怎麼辦？只要不放棄，世界那麼大，總會找到屬於自己的燈塔，指引方向，引導光明。面對抉擇時怎麼辦？只需多一點勇氣，哪怕只是鼓勵自己，讓心門開一道縫，允許光照進來，藉著光亮，勇敢試煉，直到終於點亮自己。

　　有面對、突破的勇氣，才有成長和自由！

　　靈魂在混沌中選擇人身，開啟旅程，也許這只是冥冥中一個無意識的選擇、一個無意識的開始。但是，或許某一天、某一個機緣下、某一個逐夢的途中，心裡那盞燈會在「勇氣」支持下慢慢亮起，溫暖、智慧的光會幫助靈魂逐漸脫去野性、蛻去懵懂、驅散迷濛，幫它慢慢學會用成熟駕馭自己的資源、駕馭能量和智慧。

　　不論腦中是否有明確的認知，人們心裡始終都有一個渴望 —— 活出自己。

　　活出自己的生命力，活出獨特的生命資源，為世界留下自己的價值，我們不過是期待用這樣的方式活出更好的自己，詮釋更好的生命意義！這一趟來過，真實的自己多活出來一些，混沌和遺憾就會少帶走一點！

　　財富、榮耀、外部世界中的一切美好，是生命在體驗中成長，獲得自由、變得更好，進而自然獲得的結果。

　　這些外在的結果雖然美好，卻不會常駐，人生總要面對分離、無常、喪失。該失去的，多執著也總會失去；永遠保存下來的，是生命在

體驗中，將感悟收進內心，喚醒心靈，於是終於遇見了真實的自我，了悟到生命的意義，又將智慧和生命力活了出來，創造價值，留給世界一份禮物。

當我們在自我與自我、自我與世界之間的衝突、混亂中一次次掌握自由意志、獨立意識，一次次帶著勇氣，找回迷失的自己時，心靈才會真正踏上逐夢的路途，那時，靈魂才會背負起使命真正前行。

我們終究會離死亡越來越近，喪失越來越多，直到最後慢慢失去健康，失去生命，失去一切。但是，假如靈魂已經在開放體驗、逐夢修心的旅途中，帶著勇氣去完成自己的使命：多化解一些恐懼，驅除魔咒；多釋放一些真實，還心靈自由。那麼，一點點覺醒的靈魂，將會帶著安穩的力量，坦然地面對死亡。否則，在身體日趨衰亡、大腦幾近退化的時候，一生積壓的恐懼、魔咒將會魔化成一個個幻象，襲向病床上瀕臨終末的自己。

「修心」是一生的功課，不修心無以見自己，不見自己無以前行。

王陽明倡導「致良知」，「良知」與「知」不同，「知」是知識，是認知經驗，而「良知」是智慧，是開放的「成長型心智網絡」。

「致知格物」是向外探究；致良知「格心」，須內觀自我。

心才是心智網絡的核心資源。除此之外，潛意識倉庫中還儲存著十維世界投下的無盡影像，宇宙「智慧」暗藏其中。「無心外之理，無心外之物」。

有一天，我們將會感受到，自己心裡的資源是完美的，但承載資源的「我們」並不完美！

那就接納自己的不完美吧，只是不能活得太糊塗。因為如果我們不懂自己，不懂自己的心，這顆無明的心尚在慣性動力裡受命運驅使，我

們又如何追隨它逐夢人生、無憾此行呢？

「Follow Heart」，糊裡糊塗地「從心」，是一個「怕」字！那顆充滿恐懼的心裡面，總有很多防禦、很多對抗，在慣性動力下，這顆不斷退回安全區、向生而死的心，不是「怕」，又是什麼呢？

修心的旅程，是要找回自己那顆「如如真心」。打開心門，鼓勵自己帶著勇氣裝下未知的自己、裝下世界，才有可能讓自己的潛能、資源在面對挑戰、人生試煉的過程中一點點活出來，實現價值。為「如如真心」解鎖的那個動作叫做「恕」，恕己、恕人、恕境、恕天！

一旦成長開始了，人們將會發現自己在「成長」和「防禦」這兩種模式之間不停切換，尤其面臨逆境、挑戰時，不停地自我肯定，生出勇氣和信心，然後又不停地自我否定，令自己灰心沮喪。

人們總是站在兩間房門口，艱難抉擇。每當魔咒響起，否定生命的價值、否定存在的資格，將自己投入恐怖的境地，人們都必須做出選擇：要麼進入防禦之門，踏上欲望之路；要麼進入成長之門，踏上夢想之路。

掌握自由意志，將心智模式調整到成長狀態並不容易，但是，只要帶著勇氣，多鼓勵自己，就會慢慢帶動起心裡的力量，帶著渴望投入前行的過程，把心裡的想法一點一點實踐出來，靠近夢想。

當然，若是一不小心，再次陷入防禦狀態，又會被命運之力裹挾，欲望升起，要麼想留在原點，不願前行，要麼想一步到位，立取結果。

然而，這不就是人生嗎？何妨經歷呢！帶著勇氣面對，不放棄，足矣！

不論曾經經歷過怎樣的傷心、無助，不論內心埋藏了多少恐懼、魔咒，生命早已把一切能量、智慧都賦予我們，帶著如此多的資源財富，還怕些什麼呢？

回觀自我

回觀自我，必須帶上自己的靈性觸角 —— 內感官和直覺，用這兩隻觸角「內觀」，在覺察、體悟中走向自己。

只有掌握自主意識，主動運用這兩隻觸角，藉助它們在高維視角上向內探查，才有可能發現真實的自己，了解生命的實相，進而擺脫命運，掌握人生中的關鍵選擇。

所有本體感覺、情緒感受，不論起伏明顯抑或細微隱晦，都在講述埋藏在心底的祕密。兩隻心靈的觸角，一隻用心聽，一隻用心讀，才有可能看見真實的自我，看懂心裡的衝突，發現隱藏的恐懼動力，然後明白自己每一個關鍵選擇到底是為了什麼，什麼才是隱藏在背後的真實動機。

也許我們以為自己在主動爭取，但很可能「心」在被動逃避。

也許我們以為自己在解決問題，「心」卻更可能一步步把結局推向相反的境地。

也許我們以為自己很在乎某個人、某樣東西、某件事，殊不知是「心」懼怕分離、喪失、無常和未知。

也許我們以為自己很真實，想說什麼就說什麼，想發脾氣就發脾氣，然而「攻擊」、「抱怨」何嘗不是偽裝和防禦，何嘗不是「心」在拒絕面對真實的自己？

也許我們以為自己知道自己要什麼，然而捲入情感的漩渦、陷入挫敗的谷底時，初衷在哪裡、方向在哪裡，「心」恐怕已難記起。

我們需要學習如何與自己相處、如何掌握自主意識，進而讓自己從情緒中抽離出來，不被掩埋，讓自己從慣性中抽離出來，不被裹挾，然

後才有可能呼叫資源維度，連線高維，藉助高維智慧進一步覺察、體悟，傾聽自己、讀懂自己。

人若不能了解自己，持續陷於矇昧無明，將會辜負靈魂於冥冥中的選擇，辜負這人身智慧提供的覺醒機會。

回觀，需要覺察和體悟，最基本的覺察是發現自己的「緊」。

這與駕車時的體驗很相似。將車交給「新手」，新手害怕駕馭不了車的動力，會用手緊緊掌控車的方向盤；將人生交給「無明的心（孩童／小野獸）」，無明的心害怕駕馭不了生命的動力，駕馭不了自己的能量和資源，因而會帶著恐懼防禦性上腦，緊緊把持、企圖操控自己、環境和他人。

然而，用手緊緊握住車的方向盤，並不會讓車行駛得更好；用腦緊緊握住人生的方向盤，也並不會讓生活一切順遂，讓命運的車輪轉向更好。

起心動念時，「心」緊，「腦」也緊；心身相關，「心」緊，「身」亦緊……它們在同步表達不安和防禦。一旦「緊」出現了，身體繃住、情緒擾動、腦急躁地求取防禦策略，則必有恐懼動力，此時，需要覺察恐懼前後是否有魔咒響起。

若能提起「正念」，掌握自由意志，向內覺察自己的「緊」，就能體悟到這些「緊」，與當下真實存在的危險情境有多少關係，與缺少安全感的心、與魔咒製造的恐怖氛圍又有多少關係。

每一次覺察到身、心、腦的「緊」時，都可以把握時機，做心靈的成長功課──掌握自主意識，用放鬆打開身體、用勇氣打開心靈、用接納打開意識，靜靜地陪伴自己，在覺察、體悟中，釋放恐懼能量，以便從慣性中抽離，為自己解除桎梏。

「正念」入心

多數人都期待成長，而且常常很心急，急迫的心情似乎表現出成長的決心，但背後實際隱藏著什麼樣的內心動力呢？

回觀自我，解讀心裡的感受，就會知道很多時候我們並不想見到真實的自己，並不能接受不夠完美的自己，因而很想快些逃離——透過馬上拿到成長果實，讓此刻「糟糕、無能的自己」快點消失，這何嘗不是一種防禦？何嘗不是張開了欲望之口？然而，心門關閉了，成長怎麼可能開始呢？

無接納，毋寧緩。

「接納」是一份面對自己的態度，人是不完美的，會犯錯，會與他人的期待不同。但就是這樣一個不夠完美的「我」，更需要找回勇氣，回歸真實，坦然自處。

「正確」固然重要，但比正確重要萬倍的是「真實」！不尊重真實，正確只會讓人壓抑、分裂，能量從高頻轉向低頻，隨之啟動評判、防禦，封閉心智網絡、固化思考方式。

多少人一輩子都在期盼，期盼世界能夠接納完整真實的自己，期盼得到世界的允許——做自己、做真實的樣子。小時候盼長大，以為長大了，就沒有人再管束自己，就可以做自己想做的事了；待到真的長大了，又懷念小時候，因為小時候，禁錮自己的囚籠還沒有向內植入，那時的心還自由自在。

囚籠裡禁錮了多少真實自我，就禁錮了多少資源潛能，那些身負資源潛能的真實自我都是尚未歷練成熟的「小野獸」，放它們出來會闖禍，會遭人非議、受人指摘。但是不把它們放出來歷練、試錯，我們永

遠不會知道如何駕馭那些生命能量，永遠不會知道如何使用自己的資源維度。

當年，它們被「負念（黑匣子）」禁錮起來，如今，要用「正念（心燈）」為它們解鎖。

「真實」沒有好壞的分別，沒有對錯的分別，但它有幼稚和成熟的分別。幼稚的真實也是真實，需要被尊重，需要被接納，但幼稚的真實還需要長大。

「正念」是帶有正向態度的信念。它有很多種子，最重要的兩顆是「信」和「愛」。

這兩顆種子是與自我和解的接納態度，也是記錄在十維世界裡的最重要的密文 ——「七維元」裡的密文是「信任」，憑藉信任回歸真實自我；「十維元」裡的密文是「愛」，憑藉愛連線萬物眾生。

擁有無限可能性的智慧生命，值得被信任；心納宇宙機緣的奇妙生命，值得萬物的連線、萬物的愛。一切機緣潛能都記錄在高維宇宙，需要用正念的種子開啟。

沒有這兩顆種子、這兩種態度，再正確的道理、觀念也只能儲存在腦中。

當腦內的認知與心內的動力相悖時，又會產生糾結、壓抑的情緒，擾動低頻能量，活化防禦動力，那時，再正確的道理也無法種入內心，發揮作用。

用「信」的態度對待自己，我們會靠近「七維元」中的智慧，慢慢認識真實的自己，看到自己的生命力、資源維度，看到自己的無限可能性；用「愛」的態度對待自己，我們會靠近「十維元」中的智慧，慢慢認識自己與世界之間的關係、微妙連線。

當我們因為愛的能量內心溫暖時，就會開始慢慢理解世界並不拒絕我們，並不反感我們，於是我們可以坦然做真實的自己，不必害怕失去世界；當我們因為愛的能量內心強大時，就會開始體悟到世界和我們一樣渴望愛，因而「愛」就是最強大的影響力，能夠幫我們連線更多人、事、物，連線更多美好，轉化更多緣分。

「信」和「愛」會幫助我們成為獨立的人，心智獨立的時候，才能掌握自由意志、自主意識，進而掌握生命資源，掌握自己的選擇，去掌握命運軌跡，提升自己對世界的影響力。

「愛」是一種全然接納的態度，當中要包含「耐心」。

從小我們就渴望愛，渴望不附加條件的愛給予我們「做自己」的權利。

如今，我們知道了，可以自己釋放自己，自己給予自己一直期待的溫暖和權利，因此，我們對自己要耐心一點，缺少耐心意味著我們仍然不接受當下的自己、不接受自己不夠完美、不接受自己的獨特與不同。

一急又「緊」了，心又被鎖了回去；一急魔咒又被擾動出來，慣性動力也出現了，再正確的道理也依然無法種入心田。

「信」也是一份全然接納的態度，當中要包含「勇氣」。

我們從小就渴望信任，渴望在挫折中還能透過一雙信任的眼睛，看見自己的潛能，那時，不論多痛，都會多出一點勇氣，從挫折中爬起來，繼續試煉。

如今，我們知道了，可以自己信任自己，做自己的支持力量，因此，我們也要鼓勵自己多一點勇氣，因為雖然生命擁有本自具足的資源潛能，但是，如果不能帶著勇氣突破自己，迎向更大的世界和挑戰，在試錯中成長，我們就依然無法呼叫被自己封禁的潛能智慧，無法活出

自己。

「信」和「愛」是點亮心燈的火種，慢慢強化、種入內心才能發揮作用；如果只存在於腦中，每天不用心地對自己說兩聲「信自己、愛自己」，那將毫無意義。

當智慧的種子種入心田，心燈會慢慢亮起，成為照亮自己、喚醒靈魂的光。

當系統視角上的全部智慧終於能夠和靈魂合為一處時，靈魂脫下身體這件衣服，也仍然會帶著智慧，帶著被智慧點亮的「眼睛（內視）」、「耳朵（內聽）」、「本體（內感）」進入高維。那時，智慧的心才真正擁有了系統視角、第一視角。

那樣的視角是「神性」的視角，我們在「人」的維度上，不能親見，但藉助直覺也能企及那裡的智慧。

何必心急呢？理雖頓悟，事需漸修，一天比一天多一些光亮，多一些晴朗，已然很好。

「信」和「愛」是「十維元」告訴我們的智慧。

當下的「我」還做不到更好，是因為過往自己時間線上的因，重要他人、他物時間線上的因，重要他人、他物和自己之間的緣等因緣際遇共同促成的。

若能自當下掌握自主意識，擺脫過往因緣際遇促成的慣性動力的裹挾，就能自當下重塑未來、建構新的可能。

因而要面對但不要憎恨犯錯的自己，擺脫慣性比不犯錯重要得多。

沒有完全擺脫慣性、清除無明動力時，我們掌握不住自己的資源潛能，發展不出更多能力，所以無法以強大的心態面對現實問題，也無法用更好的心智網絡解決現實問題，那麼犯錯就是很自然的事情，何必苛

執、糾結？何必審判尚會犯錯的自己呢？

　　從法律角度、從社會系統價值觀出發，應該把一個「罪犯」押上審判席；而從人性角度、從生命系統價值觀出發，更應該鼓勵一個「罪犯」在看懂生命價值和意義的基礎上，透過懺悔來寬恕自己。

　　任何一個人，假如他有機會擺脫恐懼，發展出更加開闊的心智網絡，擁有更成熟的判斷力、更強的能力，能有效解決自己面臨的現實問題，那麼，他怎會放棄更好的方式？怎會寧願觸犯法律，做出害人害己的糟糕選擇？

　　想要擺脫恐懼驅力、發展心智網絡，先要打開心門，勇敢面對自己。

　　如果一個人憎惡自己，不想和真實的自己見面，又怎麼可能會願意面對自己的錯漏、面對人生功課，積極改變呢？

　　很多惡習不改的「罪犯」，首先不是法律囚禁了他們，而是他們自己先囚禁了自己，因為不願改變的人，必然不願見到真實的自己，不願見到自己已被幻痛困鎖的心。

　　而真正的寬恕，必然同時萌生改變的願望，「寬恕」是重要的心理救贖，是為心解鎖，釋放潛能，從而試錯發展，改變命運的重要動作。沒有自我改變的自我寬恕，一定是假的寬恕，是逃避自己、不願面對的藉口而已！

　　「寬恕」必然帶著「信任」和「愛」的態度，信任自己的資源潛能（生命力、感覺、直覺、認知），無條件地接納、關愛尚不夠完美的自己，因而能寬恕自己犯錯，允許自己試錯、糾錯，耐心地發展自我。

　　於是，心性在成長、試煉的過程中，會一天比一天更真實一點點，一天比一天更自由一點點，一天比一天更成熟一點點，慢慢發展出越來

越多力量，發展出更加成熟的心智網絡。這樣，才會具備在重要的人生時刻轉向未來、掌握選擇的能力。

能夠寬恕自己的人，不害怕面對自己的錯，因而必然也能夠面對世界，容納世界。

有一天，我們能夠用信任和愛的態度寬恕（裝下）自己，找到內心的力量時，就能帶著心裡的力量，用信任和愛的態度來寬恕（裝下）世界。

寬恕（裝下）並不意味著消極放任、逆來順受，這個心理動作真正的意義，是讓我們在拓寬格局、開放心智網絡的基礎上，釋放兩隻觸角，從而能夠連線系統視角、第一視角。如此一來，便可更加有效地解決問題。

「我」裝下完整的自己，在系統視角上，「我」理解人無完人，因此「我」允許自己有犯錯的資格，於是再面對錯誤時，便可內心安穩、靜思己過。

「我」裝下完整的他人，在系統視角上，「我」理解每個人都是獨立的，同時也是不完美的，因此「我」尊重他人也有選擇的權利、犯錯的資格，於是在面對自己與他人的矛盾分歧時，便能從容地表達自己的觀點，但不強加於人，便能從容面對他人的態度，不會喪失自我。

「我」裝下完整的世界，在系統視角上，「我」理解世事無常，因此「我」接納一切發生、接納各種機緣和不確定性，內心安穩，從而能靜靜體悟，尋求突破。

裝下自我，才能發展自我，發展出「七維元」中的無限潛能；裝下世界，才能影響世界，建立「十維元」中自我與世界之間的無限連線。

愛和信任，先從自我開始，先從真實、自由開始。

習慣捆綁自己，怎能展開雙臂？不展開雙臂，怎能擁抱世界？倘若

過往我們習慣了用評判性的態度對待自己，用魔咒幻化的火鞭馴化心裡的野獸，那麼此刻，學習帶著愛和信任的態度，發自內心地對自己說一聲「對不起」吧，很多奇蹟會從那一刻出現！

清理低頻

心燈越燃越亮，驅散黑暗時，心靈將會看清一切魔音、幻痛都是虛妄，評判是虛妄，煩惱也是虛妄，「本來無一物，何處惹塵埃」。

負念的種子，壓抑生命力，閉鎖心智；正念的種子，點燃生命力，活化網絡發展。不管是哪一類意念種子，都非常容易植入孩童的心靈，年齡越小的孩童越易植入。

假如帶孩童來到世上、陪伴孩童起步的人，懂得用「信」和「愛」這兩種態度對待孩童、引導孩童，讓孩童感受到自己的生命力被世界完整接納，那麼，孩童也會自然而然地學習用這兩種態度對待自己，勇往直前：在挫折谷底中，支持自己，相信自己，給自己力量；在孤獨無援時，擁抱自己，接納自己，給自己溫暖。

這樣一路慢慢長大，遵從內心，釋放生命資源，心會越來越成長，思考方式也會越來越成熟、靈活。

然而，「世界」不是完美的，給不出完美的態度，「負念」總是帶著評判的態度裝在黑匣子裡，從幼年便植入心靈，使得每個人都不同程度地受魔咒影響，時而害怕自己無能，時而害怕自己不配擁有。

衝突的心裡時常戰火熊燃，魔音響徹千遍萬遍時，人們對自我、世界的質疑已根深蒂固。

心裡積壓的恐懼能量越多，越是難以放下防禦、敞開心門，於是，

不但很多正確的道理滯留在腦中、變成廢話，連「信」和「愛」這兩顆正念的種子，被根深蒂固的負念否定著，也終難令惶恐的心靈由衷響應。

就算透過學習，人們的大腦知道了心裡的魔咒都是假的，知道了人類擁有「十維元」中的全部智慧、全部資源潛能，但掩埋在情緒、低頻能量之中無力抽離的時候，魔音仍然還是會響起，心智仍然還是會受到影響，防禦動力仍然還在驅動人們的思想、行為。

不安的時候，魔音說「你無能，掌控不了世界」，人們相信了魔咒預言，心裡開始痛苦：「如果做不到更好，我憑什麼值得信任呢？」於是只好努力向世界要證明、認可，當短暫的慰藉終究填不滿心靈的匱乏時，人們更難相信世界的信任，也無法將信任留給自己。

不安的時候，魔音又說「你不配，世界根本不歡迎你」，人們相信了魔咒預言，心裡開始痛苦：「如果不符合世界的期待，世界怎會容下我呢？我憑什麼值得一份愛？」於是只好努力向世界要關注、溫暖，當短暫的慰藉仍舊填不滿心靈的匱乏時，人們更加難以相信世界的愛，也拿不出愛給真實的自己。

久而久之，人們已經不知道怎樣用無條件的「愛」和「信任」對待自己了，尤其在沮喪、挫敗、痛苦、失意的時候，魔音響起，對內的攻擊越來越多，被防禦反應一次次壓抑在身體裡面的恐懼能量越積越多，防禦慣性越來越大，人們在慣性動力之中更不容易接收正念。

壓抑在身體裡面的低頻能量需要清理，一邊清理低頻能量，才能一邊種入正念種子。

防禦危險是生存本能，人類警覺到危險時，心、身、腦都會緊張活動起來，集結資源應對危險、同步反應。「心」調取防禦動力推動指令下達到腦和身，「腦」組織防禦策略，「身體」立即為生命貢獻防禦屏障——

肌肉、皮膚、血管繃緊，活動生物能量，投入備戰狀態。

身、心、腦相關，因此，觀察身體反應，就會觀察到整個防禦過程中生命能量的變化情況。

假如危險是客觀現實，只在身外，身體這層防護屏障會試圖把問題繼續攔截在身外，以便保護生命本體，帶動能量集中處理現實中的危險問題，這就是身體無意識繃緊的意義。但假如身外的問題只是誘因，真正的危險是受誘因擾動時心內釋放的魔音、復起的幻痛，那麼身體這道屏障會把問題攔至何處呢？

魔咒雖然並非實相，但魔咒催生念念思緒，啟動防禦向內攻擊時，衍生出大量負面情緒，這些負面情緒長期積壓會導致身體病痛，內部衍生的問題的確會為生命帶來極大傷害。

此時，「心」在無明中喚起防禦動力，「腦」採取克制的策略試圖掌控方向盤，而「身體」的皮膚、肌肉、血管等生理屏障緊緊繃起。就這樣，傷害性的情緒能量、情緒轉化的病痛竟然被自己攔截在身體裡面。

痛苦時，人們把痛苦攔截在裡面，不論是心裡的痛苦，抑或是身體的痛苦，當它從內部產生，人類自身的防禦模式會習慣性地用心、身、腦三重防禦，掌控它們，對峙它們，壓抑它們。但這些能量並不會消失，就算用盡各種防禦策略，也無法將它們真正消除。

痛苦積壓得越多，「虛幻的危險」越大，魔咒預言彷彿成真，越來越難以破除，人們因此進入惡性循環的慣性模式，被命運之力裹挾。

痛苦積壓得越多，「真實的危險」也越大，因為慣性模式使得資源受限、心智網絡發展受阻，因此，人們不但活不出自己，還會時常陷在迷茫、痛苦、病痛中難以自拔。

「心」裡的低頻能量是恐懼、痛苦，「腦」內的低頻能量是雜念、妄

念，「身體」的低頻能量是病、痛 —— 心、腦、身體都需要解鎖、清理。

提起正念，用自由意志掌握注意力，回歸當下，關注呼吸及身體感覺，便可清理低頻能量。

「一呼一吸」，隨生命起伏，隨心力起伏。內心和諧，心力自由時，身體和心靈隨一呼一吸自在、鬆弛；內心暗藏衝突，衍生低頻能量，心力防禦時，身體和心靈隨一呼一吸收緊、克制。

平時，不主動關注呼吸的時候，潛意識管理它們。

若人們受限在防禦動力中並不自知，生命在一呼、一吸之間暗暗收緊身體、關緊心門，此時，就算身體停下來不動，就算睡著了，也未必能夠全然放鬆、充分休息。

防禦動力中一呼一吸間，身體的肌肉、細胞、血管、組織仍繼續上緊發條，暗暗較勁，難以鬆弛。如此，低頻能量只會在身體裡面越積越多，內在的衝突、自我攻擊越來越多，思考方式也越來越閉鎖。

有意識地關注呼吸時，提起的一念是自主意識，一旦將注意力放在一呼一吸上面，自主意識就接管了它們，人們將會在正念提起的一刹那，藉助呼吸、放鬆、冥想打開身體、打開心靈，做內在清理，從而擺脫防禦動力。

打坐、冥想、瑜伽、生活禪都是很好的「清理方法」。附錄分享「小 v 冥想」，可以平時修習，也可以在遇到問題、擾動出積藏的低頻能量時做自我清理，從而掌握自己的心智網絡，調整自己的思考方式。

修練是一生的功課，時而突破慣性模式，時而又復入慣性模式；時而清理低頻能量，時而又復積低頻能量。成長是螺旋式的上升過程，需要帶著耐心不斷堅持、不斷累積。

迎接使命

每個人都擁有「七維元」中包含的屬於自己的全部機會、可能性，擁有「十維元」中包含的自己與世界的全部機緣。

生命已將全部資源能量賦予我們，只是需要一點勇氣、一點耐心，帶著愛和相信的力量去經歷，累積豐富的人生體驗，在體驗中不斷成長。

回觀自我、正念入心、清理低頻，當人們能夠正視自己的人生功課，處理好自己和自己之間的關係時，就能夠一步步開啟心智網絡，呼叫資源，處理好自己和世界之間的關係，找到人生的方向，完成自己的使命。

靈魂帶著任務來到世上，渴望藉助人身，活出自己的資源、潛能，實現自我。

因此，每個人都要選一條路走，如果這條路能夠讓自己感受到意義，感受到活出了生命的價值，感受到心越來越篤定、安穩，那麼這條路就通往夢想，走完這條路，就是自己的使命。

每個人都有使命，使命是屬於一個生命的獨特活法，在實踐中無畏向前，在體驗中尋找答案，直到感受到生命的意義時，人們就會知道自己想要什麼，知道什麼才是屬於自己的獨特使命。

不論最後選擇了哪一條路，只要清楚自己的選擇、熱愛自己的選擇、專注自己的選擇，只要為了這個選擇勇敢突破、無畏向前，那麼，生命就是找到了自己的活法、自己的使命！

成長的路殊途同歸，路上，修心者眾。

附錄
清理練習 —— 小 v 冥想

當我們回觀自我，覺察到暗藏於心底的防禦動力、積壓於體內的低頻能量時，就可以練習「小 v 冥想」，釋放負能量，解除防禦動力。

擺脫負面情緒和防禦動力的影響，更容易敞開心智，呼叫內在的資源潛能，探索未知的自己和未知的世界，在探索過程中不斷發展心智網絡，日趨成長。

生活中遭遇到的任務難題、挫折處境、壓力挑戰，一切令人排斥、反感的人、事、物，都可以作為功課，幫助我們修練成長。

一旦覺察到內心的不平靜、覺察到身體的緊張、覺察到防禦性上腦的衝動、覺察到行為上的慣性反應，就可以找一個安靜的環境，閉上眼睛，調整呼吸，讓身體放鬆下來，嘗試做下面的清理練習。

（1）回想你需要面對的問題 —— 人、事或物，讓與之相關的畫面、聲音浮現出來，鼓勵自己面對眼前的一切，允許心底的感受也慢慢浮現。

用抽離的眼睛（內感觸角）靜靜觀察，觀察心底的感受，觀察身體的感覺，發現自己的評判，發現自己的控制，靜靜地陪伴自己，接納所有感受，放下評判，放下控制，放下與自己的對抗、較量。

（2）調整呼吸（腹式呼吸），放鬆身體。

吸氣時，想像自己打開了身體；呼氣時，想像體內的能量獲得了自由。讓負面情緒隨氣息一同慢慢撥出體外，想像身體上的緊繃感也一同卸下了。

繼續調整呼吸，打開身心，接受問題，接受自己。允許不舒服的感受浮現，接納痛苦的存在；也允許不舒服的感受離開，放下對痛苦的執著。放下控制，允許氣息和能量自由存在，自由流動。

（3）繼續保持，面對內心的課題，放鬆、接納，覺察情緒的變化。

當心情變得相對平靜時，深吸氣，想像眼前的畫面、場景隨著氣息的納入向自己靠近了一點點。覺察情緒和身體的感覺，是否隨著畫面靠近產生波動，是否有更多低頻能量被擾動出來。

（4）繼續調整呼吸，放下控制，打開身體，讓氣息自由地進出身體，繼續觀察身心的感受，允許感覺浮現，同時也允許感覺離開。

想像不斷擾動出來的情緒能量，隨同氣息一起慢慢撥出；想像所有緊繃感隨同氣息一起慢慢釋放，讓能量自由。

（5）再次深深吸氣，想像畫面隨著氣息納入又向自己靠近了一點點。

想像自己的身體是一個過濾器，當畫面越靠越近時，由畫面擾動出的負能量、緊繃感被慢慢濾掉了，將留下的一份價值、一份成長的意義收入心底。

不論這一刻是否能夠體悟到這份價值和意義是什麼，都可以將它保留下來，感受它帶來的力量。

（6）再次調整呼吸，放鬆身體，接納所有感受，放下所有控制，透過呼吸和放鬆讓能量自由，讓自己自由，慢慢過濾、釋放擾動出來的負面情緒能量。

（7）循環重複上面的步驟。

透過呼吸、冥想，慢慢過濾、釋放低頻能量，為成長留下一份價值和意義，用這份價值和意義激發生命的動力，驅動心智網絡發展。

多少人，年輕時遇到新鮮事物時會莫名興奮，待到有了一些年紀，再遇到新生事物時就變得莫名抗拒。

從少年、青年到中年、老年，填滿時間的是經驗閱歷，這些閱歷會轉化為越挫越勇、向死而生的「成長型心智網絡」，還是會轉化為越經歷越怕事、向生而死的「防禦型心智網絡」，取決於人們如何對待自己經歷的未知和難題。

生活中難免遇到諸多挑戰 —— 不如意的處境、不喜歡的人、分歧對立的觀念、不易理解的新生事物。透過防禦模式看待，它們就是敵人，是對手，是危險。帶著防禦動力，人們不敢面對「危險」，害怕接受「危險」賦予的挑戰，甚至連想像「危險」呈現出的畫面時，也能夠感受到自己心裡擾動出的那種不安和抗拒。

越是企圖控制情緒，越是難以控制翻湧而出的情緒能量，一邊自我克制，貌似律己有禮；一邊對抗環境，貌似「解決」問題。但心緒不寧時，怎能找到好的解決辦法？不安局促時，又怎能做到進退有度？

判斷一個人是否成熟，最簡單的方法，是看他在難題、挑戰面前是否從容不迫，在重大壓力面前是否足夠沉穩。

從容、沉穩是一種面對、容納的力量，心智裝得下多少，就能影響、轉化得了多少。解除了心裡的「對抗」和「控制」，把生命能量集中起來投放到更有價值的方向，才能有效化解難題。

越是敞開心，容納更多、化解更多，越是得以連線更大的世界，讓心性在更大的世界裡如如安穩、自在自由。

當不安放空時，心底升起的「安穩」就是力量！將這種高頻力量注入生命賦予我們的資源維度 —— 感覺、直覺、認知，那時，心智網絡會自動開啟高維智慧，破解現實難題，穿越命運的時空線！

附錄　清理練習—小ｖ冥想

結語 ——————————————————

花開時，靈感自然會從天上降落下來。

世上有無數「小v」，我是其中一個。

1977年5月22日，是一個值得我銘記的日子，我的靈魂在那一天、在無明動力中，選擇尋一盞明燈……

我要感謝靈魂在那一天的選擇，也要感謝在那一天成全我這份機緣的爸爸、媽媽！

高維智慧，發現你的內在成長力：

十維空間理論解讀內心深處，解鎖潛在力量，探索自我與存在的深層意義

作　　者：李淡

發 行 人：黃振庭

出 版 者：崧燁文化事業有限公司

發 行 者：崧燁文化事業有限公司

E-mail：sonbookservice@gmail.com

粉 絲 頁：https://www.facebook.com/
　　　　　sonbookss/

網　　址：https://sonbook.net/

地　　址：台北市中正區重慶南路一段六十一號八
　　　　　樓 815 室

Rm. 815, 8F., No.61, Sec. 1, Chongqing S. Rd.,
Zhongzheng Dist., Taipei City 100, Taiwan

電　　話：(02)2370-3310

傳　　真：(02)2388-1990

印　　刷：京峯數位服務有限公司

律師顧問：廣華律師事務所　張珮琦律師

國家圖書館出版品預行編目資料

高維智慧，發現你的內在成長力：
十維空間理論解讀內心深處，解
鎖潛在力量，探索自我與存在的
深層意義 / 李淡 著 . -- 第一版 . --
臺北市：崧燁文化事業有限公司，
2024.03
面；　公分
POD 版
ISBN 978-626-394-091-8(平裝)
1.CST: 靈修 2.CST: 潛能開發
192.1　　113002644

定　　價：385 元

發行日期：2024 年 03 月第一版

◎本書以 POD 印製

電子書購買

臉書

爽讀 APP